连锁终端的商品精细化运营

裴晓煜　著

中国财富出版社有限公司

图书在版编目（CIP）数据

连锁终端的商品精细化运营 / 裴晓煜著 . —北京：中国财富出版社有限公司，2023.4

ISBN 978 - 7 - 5047 - 7870 - 3

Ⅰ.①连… Ⅱ.①裴… Ⅲ.①连锁经营—经营管理—研究 Ⅳ.①F717.6

中国国家版本馆 CIP 数据核字（2023）第 061727 号

策划编辑	周　畅	责任编辑	邢有涛　刘康格	版权编辑	李　洋
责任印制	梁　凡	责任校对	卓闪闪	责任发行	杨　江

出版发行	中国财富出版社有限公司		
社　　址	北京市丰台区南四环西路 188 号 5 区 20 楼	邮政编码	100070
电　　话	010 - 52227588 转 2098（发行部）	010 - 52227588 转 321（总编室）	
	010 - 52227566（24 小时读者服务）	010 - 52227588 转 305（质检部）	
网　　址	http：//www.cfpress.com.cn	排　版	宝蕾元
经　　销	新华书店	印　刷	宝蕾元仁浩（天津）印刷有限公司
书　　号	ISBN 978 - 7 - 5047 - 7870 - 3/F · 3625		
开　　本	710mm×1000mm　1/16	版　次	2024 年 5 月第 1 版
印　　张	21.25	印　次	2024 年 5 月第 1 次印刷
字　　数	359 千字	定　价	68.00 元

念念不忘，必有回响！

谨以此书纪念我在零售行业工作的 25 年！

序 一

随着电商平台化与垂直化发展不断深入，直播带货、即时零售和社区拼团等新型模式层出不穷，传统的实体零售企业正经历着前所未有的压力与挑战。

线下零售企业如何突破现状，如何转型发展？什么样的企业经营模式、发展方式能够更加适应未来的消费、市场和经济新环境？企业主在持续思考与探索中形成的一个基本共识是企业要从外延式扩张转向内涵式发展。内涵式发展的核心是精细化，通过精细化管理和运营，培育企业增长的新动能。

精细化表现在很多方面，如精细化选品、更加接地气的餐食和生活提案、更贴心的服务、更有吸引力的高性价比的产品等。企业精细化管理之后，形成了一种对顾客的吸引力，它也成为实体零售企业能够让顾客再回到线下的核心竞争力。

进行精细化管理，需要一系列能力打磨和积累来支撑。从当前行业发展的趋势以及发展中的突出矛盾来看，这些能力主要聚焦在三个关键的方面，即商品能力、全渠道能力以及组织能力。

本书与企业当下要回归到零售的本质——商品本身不谋而合。书中从零售企业的真实案例出发，详尽诠释了零售企业如何通过商品精细化运营打造商品能力，并将打造商品能力对上链接到零售企业的顶层架构设计，对下贯穿到终端门店的切实执行，使企业聚焦在以商品为主导的业务模式下，实现跨部门业务的系统化运作与协同。

本书通过品类规划、陈列规划、布局规划和组织赋能四个核心要素的彼此赋能，从360度全景分析，到品类方向与策略、商品组合实战、品类级别的构建，以及品类规划的实施与评估，将商品精细化夯实在商品管理的各个业务领域，并通过陈列与门店布局规划，实现了商品配置与门店商圈、面积和执行有效融合，驱动管理效率和商品效能提升，是对连锁企业差异化竞争壁垒的直接打造。

作者通过对商品全链路管理的思考与实践，总结和提炼了很多极具实操性的原创方法，并通过图文并茂的形式一一呈现给读者，值得每一位从事零售管理的实践者阅读。

未来也许会出现更多的商业模式，对于实体零售企业来讲，最重要的是找到自己价值的源泉。只有回归零售的本质——商品本身，才具备实现全渠道业务融合和供应链管理能力持续提升的基础和动力。

裴亮

中国连锁经营协会名誉会长

序 二

时代更替加速，新概念、新理念层出不穷，新技术可能使"迭代"变成"替代"，然而总有那么一些知识和技能始终是这些新生事物的底层逻辑，根本绕不过去。本书探讨的连锁终端的商品精细化运营就属于连锁零售领域——无论线上或线下——的底层逻辑和关键知识点之一。

连锁零售企业在不断成长中或多或少会遇到扩张瓶颈和其他困难，特别是在连锁门店对生鲜和冷链产品日益依赖的今天，由于地域、气候、资源、消费习惯等带来的差异，管理的复杂性大大增加，因此零售企业跨区域扩张、全国性扩张的成功案例并不多。是否要进行这种扩张属于企业战略问题，但只要企业涉及经营、连锁，商品精细化运营就必定是个重要课题。企业要想立于不败之地，傲视同侪，就要不断学习、勇敢突破。

沃尔玛与宝洁的合作开启了品类管理的先河，它们将之带到了中国，对于中国的连锁零售业有着不可磨灭的贡献。在我担任中国连锁经营协会副会长期间，沃尔玛曾受邀积极参与了中国连锁经营协会相关品类管理书籍的编写，就是希望与同行伙伴进行更多分享切磋，带动中国零售行业腾飞。

沃尔玛，素有"零售业的黄埔军校"之称，本书作者裴晓煜作为"零售业的黄埔军校"的出色"校友"之一，曾经是沃尔玛品类管理的骨干力量，她身上有着沃尔玛体系的明显印记——勤勉、务实和积极阳光。她在零售业前线的营运部、商品部均工作过，且经历过大型企业的并购整合，现在自己创业做咨询，对大、小业态均有涉猎，这是非常难得的经历，所以她在实战中形成了经验的积累和方法论的沉淀。

本书包含大量实用的实操工具包和生动的实践案例，深入浅出地介绍了商品精细化运营的方法论和管理模型，是一本专业的管理理论与实践相结合的实战类书籍。

作者写作本书的立足点就是"从授之以鱼，到授之以渔"。因此，我特别想聊聊方法论的重要性。在长期的企业管理和投资的实战经历中，我接触过大量的企业，也看过很多企业的成与败，我认可"天下武功唯快不破"，但深感"快"是必须建立在方法论基础上的，是对方法论的娴熟掌握、融会贯通和触类旁通，而不是踩着香蕉皮滑到哪里是哪里、乱拳打死老师傅。方法论并不是死板的知识点，它能引领我们的思维方式，当我们能够娴熟掌握并使用时，它可以更迅速、更准确地帮我们输出思路、结果，使我们反应更加精准、快速。

有了基础的方法论，再辅以技术，如大数据、人工智能、云计算、5G（第五代移动通信技术）等层出不穷的智能化升级技术，可以使信息和数据分析事半功倍。而一旦不懂如何利用数据，方法论就会不幸变成垃圾，就是我们常说的"Garbage in，garbage out"（垃圾进，垃圾出），还得花时间和人力维护这些垃圾。有用和没用，就在一念之间！

在商品精细化运营中，以终为始是非常重要的。也就是说，企业希望达到的战略、策略和业务结果需要先行确定，即进行顶层设计，而后在此基础上分级、分段地展开整个方法论体系。那么，想要以终为始，企业一把手的重视和引领就是必需的。可以通过加强一把手的重视程度、一把手的决心，令商品精细化运营管理体系建设得以在企业落地。例如，一家地方龙头企业找了全球顶级的咨询公司和国内头部的信息化系统供应商进行一对一深入沟通，希望对未来3~5年的企业战略进行重新梳理，并对信息化系统进行升级改造，以促进企业数字化变革，但中间的阻碍很多，包括团队响应、上市计划、成本考量等，其实这说明了企业一把手并没有真正下定决心，因此总会出现理由影响行动推进。如果要找借口，就永远没有对的时间行动！

天下大事，必作于细。零售业从业者喜欢说的一句话是"Retail is detail"（零售即细节）。精打细磨，未必能够立竿见影，但势在必行，一定会从量变到质变，使思维改变、方法论改变、工具改变、团队改变、结果改变。可以因地制宜分阶段、分步骤去完成设想，但一定要动起来。例如，一家企业如果因为计划上市而不得不暂停了非常重要的自我提升行动，那么可能还没等到上市成功，企业就已经不行了，就已经被注重"内功"的竞争对手赶超了。不少连锁零售企业由于商品供应链或系统这些基本功跟不上，失去了很好的机会。这是书到用时方恨少，事非经过不知难的真实体现。

真正的世界级零售企业都是花了大量别人看不见甚至认为没必要的台下功夫才能度过风险或低迷周期，如全球性企业沃尔玛、优衣库等。企业既要为长远的目标而天天练功，又要该出手时就出手，才能在变化状况下出快招、出奇招。否则企业只能望洋兴叹，看着其他企业在商业舞台上尽情展现，而自己这个无法支撑、那个不能实现，逐渐被行业边缘化。

登高必自卑，行远必自迩！

王 培

愿驰资本创始合伙人

阿里巴巴原集团副总裁

中国沃尔玛原首席行政官 & 高级副总裁

关于本书

线上电商平台的渠道下沉，以及拼团、直播等新兴商业模式的崛起，的确给传统的实体零售企业带来了前所未有的压力与挑战，很多人担忧未来实体零售门店的前景，这完全可以理解。

人类作为社会性动物，始终有一颗好奇之心，想去了解、接触和体验新事物，感受所见即所得，这使得线下实体门店的消费场景无法完全被线上模式所替代。实体零售企业如果能专注于打造出有温度的线下消费场景，在引领顾客完成购物的同时，让顾客领略和体验当下的科技与潮流，并让顾客感觉被尊重、被关注，甚至在无意中被打动，那么寄托着这种情感链接的实体门店只能让人们憧憬，又怎会前景堪忧呢？

这几年，国家也一直在强调发展实体经济。在这一方向下，实体零售企业要做的就是顺应时代发展趋势，拿出老鹰重生般的勇气和动力来更新和迭代自我。这种更新和迭代主要集中在组织建设能力、数字化能力、线上线下融合能力、对消费者研究和服务的能力，以及商品精细化运营能力。其中，商品精细化运营能力是零售的基础，是很多成功企业必修的功课，也是本书创作的初衷之一。

在实体零售企业连锁化发展的过程中，终端数量在区域或全国的增加，给企业带来了规模效益的提升，同时给企业带来了地域差异的困惑、终端面积和商圈多样化后关于商品配置的困惑，以及人才缺乏导致的终端经营管理水平和执行上的困惑。连锁终端的商品精细化运营管理体系就是在解决这些困惑的实践中，不断思考引发积极效益的因素和产生问题的根源，不断尝试解决问题而衍生出来的。

商品精细化运营管理体系在 2008 年至 2021 年得到不断实践，历经大卖场、综合商超、社区店、便利店、药店等多个业态检验，最终形成一套对商品和终端进行系统化管理的方法论和管理模型，并在 2022 年萃取成书。

　　本书的创作一方面源于我曾经工作了 15 年的中国沃尔玛，另一方面源于与我有一面之缘的物美集团董事长张文中先生。在沃尔玛这样一个伟大的企业里，我一直被滴水穿石的人文精神关怀着，被简洁而深刻的零售哲学和传奇服务滋润着，被严谨的 SOP（标准作业程序）流程制度影响着，被强大的供应链和系统管理能力震撼着。我希望通过本书，让更多的中国本土零售企业学习到先进的管理理念和体系化的管理方法，并运用起来，促进企业在连锁化发展过程中进步。

　　本书深入浅出地分析了实体零售企业如何实现终端发展策略、商品策略、运营策略和组织策略上的“四策合一”，从而推动企业内部业务系统化运作与协同。我原创的商品精细化运营管理体系，是对连锁企业差异化竞争壁垒的直接打造，使企业在以商品为主导的业务模式下，通过品类规划、陈列规划、布局规划和组织赋能四个核心要素的相互成就和彼此赋能，将商品配置与终端面积、商圈和终端执行有效融合，驱动终端的运营效率和商品效能的提升。该体系对过程指标的精细化管理，提升了结果指标的达成效率和终端标准化的运作水平，使终端具备快速复制和健康成长的能力，实现连锁的规模化效益。本书用图文并茂的形式介绍了商品精细化运营的方法论和管理模型，并配有报表和重点流程等实操工具，前后贯穿了对多个实践案例的解读和分析，是一本专业的实战类书籍。

　　本书对提升商品效能、提高管理效率、进一步增强服务满意度与团队绩效有一定的参考价值。书中所提供的方法论、分析工具、业务实操流程等，对实体零售终端具有普适性，未够详尽或不足之处，敬请谅解。

　　本书在原创过程中，为使内容更加清晰和易于理解，部分知识点匹配了少量的图片配合说明，这些图片一部分来自在实体零售卖场中的实际展示，一部分来自互联网站下载，如对某部分内容有疑问，请原出处或原作者与我们联系。

致　谢

　　本书的创作要感谢沃尔玛对我长达 15 年的培养，以及所给予我的文化熏陶。在沃尔玛开放融合的工作氛围下，我的思想和行动得以不断升级，个人得以不断成长。我对零售行业的学习和思考都衍生于在沃尔玛工作的岁月。2004 年，作为国际领导发展人才库的成员，我被中国沃尔玛外派到美国工作一年，学习商品管理、运营管理和领导力发展建设。感谢 Shawn Gray（时任沃尔玛营运部副总裁）和 Stephanie Wong（时任沃尔玛人力资源部副总裁），给了我去美国原汁原味地学习零售管理知识的机会。这段经历对我的思维和日后的职业发展有着非常重要的影响。可以说，没有在沃尔玛这段宝贵的经历，就没有今天的商品精细化运营管理体系。

　　2007 年 8 月，我被调到总部采购部，告别工作了 10 年的营运主战场，转型做商品方面的管理工作。这使得我在美国所学的知识开始被调用起来，而过往营运的工作背景又使我对每项决策都必须考虑终端的可操作性，所以我对商品精细化运营管理体系的雏形构建，始于这个阶段。感谢我当时的老板 Lily Zeng，她给予了我巨大的信任和发挥的空间。我在刚调到总部采购部的新店建设组时，部门编制 4 人，实际到位的只有我和另一个刚转职到部门的伙伴。到 2013 年 1 月我离开沃尔玛时，部门有 77 名员工，所管理的部门包括商品原型规划部门、陈列规划部门、终端布局规划部门和促销规划部门。

　　2013 年 2 月，我加入了大参林医药集团，出任空间陈列管理部门总监一职，商品精细化运营的实践之路开始在民营企业的医药领域展开。感谢董事长柯云峰先生和执行总裁牛和义先生的诚意邀请，对我这样一个前外企员工而言，能快速适应民企的工作环境，并带领团队取得不错的业绩，源于他们的信任、授权和支持。沃尔玛教导我尊重个人、服务顾客、追求卓越和诚信行事的外企文化；大参林医药集团赋予我忠诚、敬业、追求卓越的民企务实

1

的力量。

我还要衷心感谢良品铺子的创始人、董事长杨红春先生，他在与我沟通的半小时内就确定了在良品铺子内部推行我的这套对商品管理的原创模型，使我的实践延伸到了高端零食专卖店领域。当时我将这套原创模型命名为"空间管理"，后来在一次项目内部的研讨会上，杨红春董事长嘱咐供应链和营运部的几位高管，要把这套模型对商品的精细化运营理念贯彻到良品铺子的日常管理中，也许是说者无意，我这个听者醍醐灌顶。空间管理模型从初期实践，到逐渐成形，再到合为一个整体，过程中所追求的就是这种无所不在的精细化运营精神。2018年4月，"空间管理"被我正式更名为"商品精细化运营"。

萌发写本书的想法是在2013年5月，当时我应邀到北京物美，为管理团队分享品类管理规划与实施，彼时物美已是北方的龙头企业。我的分享在高管早餐沟通会后，张文中董事长原本计划旁听半小时，最后参与并互动了整场。我分享了品类管理在中国推行时需要注意的事项，以及在实践中我改版的一些内容和原因后，他准确地提炼了我的一个原创概念，并告诉物美的高管们那是核心中的核心。在我所认识的企业老板中，他对品类管理的认知是最深刻并且客观的。培训结束后，他对我说："裴老师，这套方法应该让更多的人知道。"我在机场的书店看书时，脑海里忽然冒出他的那句话，写书的想法油然而生。此刻我由衷地感谢张文中先生早期预见性的点拨，是他成就了本书。

感谢王玉雄兄，当我提到写书的意向时，他帮我精准地对接出版社，并给了我很多非常有建设性的指引意见。

感谢本书的第一个读者管智琳老师，她专业、严谨地帮助我修改和校正了每一个章节。

感谢在我的职业生涯中，曾给予过我帮助和信任的每一个人，你们的认同和支持一直鼓舞着我，让我在自修的路上向善、向上、向前！

最后，再次感谢一路陪着我拼搏的兄弟姐妹们。我是何等幸运，在探索与践行商品精细化运营的道路上，能有你们的陪伴。那些与你们一起披星戴月的时光，时时刻刻温暖着我。

裴晓煜

2022年12月30日

目　录

第一章

我的商品精细化运营
践行之路

第一节 终端管理其修远，写给路上相遇的我们

零售业对我来说，不变的就是变化。学到的知识、结识的人、跌倒的跟头、收获的果实，让我在其中一直乐此不疲。我也希望本书的读者可以和我一样，能体会到沉浸于零售行业的快乐。

大学毕业后，我加入了中国沃尔玛，当时对其所有的认知就是"世界排名第一的零售商"。可以说，一个毕业生踏入社会后，对事业和生活的美好憧憬我都想到了，唯独没有想到的是，当同学们都在切换和体验白领们热衷的不同行业时，没想到我却进入了一个工作需要早出晚归，越是假期就越忙碌，一个别人休息时我去上班、别人上班时我要睡觉的行业。但正是这个"没想到"，让我一路前行到现在，我想这应该源于热爱。

零售企业在连锁化扩张过程中，商品管理和终端管理上的问题使我感觉路漫漫其修远兮，而商品精细化运营管理体系就是在发现和解决这些问题的过程中，通过不断思考、不断尝试解决方案，在理论沉淀与实践探索中衍生而来的。因此，商品精细化运营既是上下求索的过程，也是一个上下求索的结果。

商品精细化运营管理体系的基础方法论源于品类管理，品类管理的落地实践又扩大了其研究范围的广度和深度。本书中所提及的品类管理的基础理论，多来源于我在美国和中国沃尔玛工作期间的学习和实践心得，实施方法和步骤则根据中国本土零售企业的实际商业环境作出了相应调整。出于对原理论的尊重，我对修改的部分和新增的内容都做了备注，使读者可以更深入了解品类管理在本土化发展过程中的实施背景。

作为零售从业者，我见证了1996年美国沃尔玛等外资零售企业进入中国市场后，给中国的零售业和零售管理技术带来的颠覆式变革。特别是1997年，品类管理在中国被正式定义，一时间被本土零售企业众星捧月般地奉为

提升业绩的秘诀。但几年之后，相对于美国沃尔玛和宝洁强强联手所创造的品类管理的传奇佳话，其在中国并未形成燎原之势，市场对品类管理逐渐趋于冷静，更多研究与分析开始结合本土实际的商业环境展开。我很幸运能在美国沃尔玛这个品类管理实践根据地学习这一理论的原貌，并且能同中国本土的企业一起探索和实践品类管理的落地之道。我更敬佩那些在中国研究和推动品类管理的先行者们，在翻阅文献时，我从字里行间读出了那种"敢为零售先"的钻研和敬业精神，也正是这种精神鼓舞着我继续探索和前行。我深知零售领域的学无止境，故而时刻提醒自己秉持谦恭之心，行而不辍、履践致远。

我衷心希望这套历经多年锤炼的管理工具，可以帮助零售企业的管理者解决在连锁管理工作中所遇到的困惑与困难，帮他们少走弯路，用节省的时间去做更多有意义的事。

第二节　连锁路上喜与忧，你经历了多少

在连锁零售企业向区域和全国发展的过程中，终端数量、拓展省份与城市数量的不断增长，为企业带来了如下诸多的收益：①终端数量增长促进企业内部销售规模增长和外部市场占有率提升；②经营区域范围扩大使得消费人群增加，品牌的影响力也相应增强；③商品销量提升，与供应商谈判成本降低，获取资源的能力提升；④资源共享，待摊的管理费用降低；⑤企业平台变大，员工对企业的归属和自豪感增强，企业的综合竞争力也逐渐增强；⑥吸引外部投资和融资的能力增强。

与此同时，在零售企业连锁化扩张的过程中，商品管理和终端管理上的问题也逐渐显现并不断增多。这些问题总结起来分为四个方面，即策略、商品管理、商品陈列和终端运营。

1. 策略方面的问题

①企业没有整合顶层策略体系，业务经营策略或者缺失或者碎片化呈现，缺乏合力；

②企业有战略和策略，但是管理者的认知和行动不一致。

2. 商品管理方面的问题

①缺乏清晰的商品策略，选品、定价、竞争等原则飘忽不定，缺乏明确的业务方向，或缺乏在业务方向上的坚定；

②缺乏在整体规划下对商品组合的系统性管理，很多时候是为了引进新品而引进产品；

③缺乏商品与终端面积和商圈的匹配机制，总部与终端在商品品种配置上缺乏共识，无法形成合力；

④想实施本地化策略，又顾虑投入与产出不匹配；不实施本地化策略，又担心没有差异化，影响顾客满意度；

⑤商品种类增加了，滞销品也越来越多，缺乏无效商品的退场策略，终端库存积压，有库存临期风险；

⑥商品资料库更新不及时，品类结构层级不清晰，系统中积累了大量无效的商品资料，影响效率。

3. 商品陈列方面的问题

①没有对商品陈列进行系统化管理，店内货架上陈列的商品过多，不能通过陈列发挥视觉营销的效果；

②缺乏商品的陈列原则与指引，有的门店按商品销售奖励决定商品的陈列位置，有的按包装形态或大小陈列，商品摆放随员工主观意识的改变而改变，没有一致性，影响商品效能和企业的品牌形象；

③有的企业商品陈列没有系统支持，全手工作业使工作负荷重，影响员工的工作效率和陈列图质量；

④有的企业使用陈列图系统，但没有完全发挥出效能，没有对商品的动销、滞销、缺货、清理和库存做好管理和跟进；

⑤缺乏可持续的陈列监管机制，陈列图规划与陈列图执行脱节。

4. 终端运营方面的问题

①各品类的货架陈列组合方式多种多样，杂乱无章，增加了商品管理难度，部分品类产出低，但占用的陈列空间很大，产出高的品类陈列位置又不够，空间急需优化；

②经营多年后，终端实际布局与总部规划图纸不符，导致执行与规划出现差异；

③总部与终端缺乏商品配置上的共识，对商品无法形成有效管理，商品品种数量超过终端承载量，货架拥挤不堪，也给顾客购买和员工工作带来不便，急需建立商品配置标准；

④门店数量增加了，销售规模扩大了，但亏损门店的增多把规模扩大后的利润都侵吞了；

⑤对经营管理中的过程指标缺乏跟进，如商品缺货、不动销、库存等；

⑥没有系统化的运营标准与流程制度指引员工的业务操作，工作效率和质量不稳定，影响顾客服务水平和公司品牌形象，也影响销售目标完成。

看一看，连锁路上的喜与忧，你经历了多少呢？这些问题将随着本书内容的不断深入，在各自所属的章节内找到解决方法。问题不是问题，是我们进步的动力。

第三节　困惑下衍生的商品精细化运营管理体系

连锁零售企业在向全国扩张的过程中，终端数量和销售规模的增长使其品牌影响力相应增强，而随着终端销售版图的逐步拓展，管理方面的困惑也逐日显现并增强，企业所到区域的气候、资源、消费习惯等都出现了差异，使管理的复杂性加深。与此同时，随着终端数量的增多，终端面积和商圈也呈现出多样化，总部在商品品种的经营上对区域的管理力度减弱，再加上终端经营管理水平和执行力上的差异，让管理者在企业连锁化发展的过程中非常烦恼，急需提升企业内部的精细化管理水平。

一、气候差异

我国幅员辽阔，气候差异也非常之大。同是农历2月，南方已春暖花开，北方却春寒料峭，这就要求企业针对不同区域要有不同的品类经营和补货策略，一头是新品上市，另一头是过季品清仓，早一步销售未启动，慢一步则落后于竞争对手，同时有库存积压的风险。

二、资源差异

区域资源特征上的不同直接带来了商品品种和供应上的问题，如海鲜供应在沿海城市和内陆城市的差别就很大。一个比较典型的例子是，沃尔玛早期在中国开店时，海鲜部陈列冰鲜的台面长度达 12 米，这与早期开店的区域是沿海城市有关，沿海城市往往海产品丰富，当地的顾客也热衷于海产品的消费。

随着公司的发展，沃尔玛内陆城市的终端逐渐增多起来，内陆城市的海鲜相对于沿海城市的品种少，而且多以河鲜为主。当时非常注重标准化管理的沃尔玛并没有快速作出反应，内陆城市海鲜部冰台的长度仍然保持着 12 米，以至于为了冰台丰满陈列，终端不得不增加订货量和单品在冰台上的陈列量，但内陆城市顾客对海鲜的需求程度没那么大，消化不了陈列量和多余的库存，再加上沃尔玛对食品安全严格要求，超出货架陈列时间的商品必须报废，造成当时海鲜部损耗很大。

2007 年 8 月，我从沃尔玛营运部调到总部采购部，在一次内部研讨会上，我有机会向直管部门的负责人提出，沃尔玛生鲜部门应该因地制宜，根据各个区域的资源特征，调整终端商品布局设计和陈列道具配置，从而与商品供应匹配。管理层开明地接纳了我的建议，安排我作为总协调，与采购团队和其他相关部门配合，从商品端发出对终端商品布局设计和各种陈列设施设备调整的需求，并设定各省份生鲜设施设备配置标准。

2008 年，沃尔玛开始根据每个省份的地域资源特色，以及当时的门店标准面积、店型，配置生鲜部门的陈列设备。《各省份生鲜设施设备配置标准》的启用，不仅节省了固定资产的投入，同时减少了隐性的商品损耗。

后来，这个项目又扩大到食品分区，根据各地域消费者的饮食习惯和每个品类的属性，按省份来优化和重新分配食品各品类的货架陈列空间。比如，水果罐头在北方品项丰富，陈列的货架组数也多，而在新鲜水果丰富的南方，水果罐头调整为只保留基础品项的 1~2 组货架。又如，麻辣火锅底料、辣酱等，在无辣不欢的省份，种类琳琅满目，而在广东地区，根据当地消费者的饮食习惯，"辣"则会收敛很多。对生鲜设施设备和食品品类空间的调整是沃尔玛在全标准化业务管理模式下的第一次"妥协"，同时是中国沃尔玛特色化发展的一次进步。

三、消费习惯差异

不同地域的消费习惯也给商品经营带来了困惑。比如，某大型连锁药店，实行中央集中采购管理的商品约占80%，A口服液是公司的核心商品，在南方省份销量极高。到了北方，该口服液在货架上的陈列虽然很突出，但长期被顾客"冷落"，造成陈列空间与业绩产出不匹配，而当地生产的一款功效差不多的口服液广为当地人所接受，不管大型连锁药店如何促销，A口服液就是入不了当地顾客的"法眼"。结合地域消费习惯的差异，做好企业统一采购和地方采购间的协调，实现商品的差异化经营和管理，就显得尤为重要。

四、商品配置差异

很多连锁终端在面积上的跨越比较大，有的商场面积从2000平方米到8000平方米不等，有的便利店或药店面积从30平方米到300平方米不等，直接导致了终端对商品配置容量需求不同。在终端经营的商品数量上，因为缺乏整体规划与管理，总部源源不断地向终端发送商品，但滞销和淘汰商品的清理和退场不顺畅，无效库存积压在终端。

终端往往认为总部不了解地域特色和消费者需求，因此会对经营品种做自主性选择。一方面总部持续下发商品，另一方面终端会从商品库中自主选择商品，这使得终端经营的商品品种数往往超过货架所能负荷的常规数量，出现不同品种的商品密密麻麻地挤在货架上的现象，有的商品甚至要"侧身"摆放，不仅影响商品的策略性呈现，也给顾客购物造成了不便。因为终端自主订货，采购端对商品的订货需求没有预知，就无法争取到成本降低或是更多的供应商资源，甚至保证不了商品及时供应，可能造成缺货。

一个有着25家商场的连锁企业，仅茶饮料这个品类就有11种货架组合方式，2组货架的SKU（最小存货单位）数量为183个，7组货架的SKU数量为185个（见表1-1），可以看出其中无序和缺乏管理的状态，同时可以看出内部待提升的空间很大。这种情况在本土的很多零售企业里是常见的，最根本的原因就是没有从源头上对商品进行规划，也没有终端的商品配置管理。

表1-1　某企业各门店茶饮料终端货架陈列数量与商品数量对应情况

小类	子类	级别一 1.5组		级别二 2组		级别三 3组		级别四 4组		级别五 4.5组		级别六 5组	
		门店	SKU	门店	SKU	门店	SKU	门店	SKU	门店	SKU	门店	SKU
茶饮料	柠檬茶/红茶/绿茶/花茶/乌龙茶/凉茶/奶茶	1号店		2号店	183个	3号店	209个	8号店	164个	10号店	198个	12号店	193个
						4号店	172个	9号店	173个	11号店	187个	13号店	202个
						5号店	181个					14号店	180个
						6号店	180个					15号店	205个
						7号店	194个						
		级别七 5.5组		级别八 6组		级别九 7组		级别十 7.5组		级别十一 9组			
		门店	SKU	门店	SKU	门店	SKU	门店	SKU	门店	SKU		
		16号店	162个	17号店	190个	22号店	185个	23号店	216个	25号店	200个		
				18号店	194个			24号店	204个				
				19号店	192个								
				20号店	194个								
				21号店	184个								

五、商圈差异

除了面积差异，终端所处的商圈多元化，如社区、商业区、写字楼、交通枢纽、学校、医院或景区等不同商圈，也会导致消费者需求的多元化。即使都是社区终端，也会有顾客消费力上的差异，结合企业的商品策略，既能服务好商圈内的顾客，又能兼顾好商品定位和组合配置管理效率，对连锁企业的发展都尤为重要。

六、终端管理水平和执行力差异

企业对人才培养的速度跟不上终端发展的速度，人才匮乏导致不同终端经营管理水平和执行不同，同样使企业主非常困扰。面对分布在全国各地的终端，管理团队的经营意识，管理水平，员工的教育水平、服务意识等均不同，怎样使区域终端与总部保持意识和行动上的一致性，对企业业务操作流程与指引保持执行上的一致性，是企业需要不断思考的内容。

在连锁化发展的进程中，中国的本土实体零售企业在早期多以营运团队为主导，原因是在终端数量不多的情况下，营运团队作为工作在一线且与顾客紧密接触的团队，被誉为"听得见炮火声音的部队"，在企业的决策链条上快速高效发挥着作用。随着终端数量的增加，地域跨越大，终端在面积和商圈上出现的差异越来越复杂，商品管理难度增加，而且在快速发展的过程中，往往因为人才缺乏，管理水平良莠不齐，使原来快速和高效的决策无法再能覆盖复杂和多样的经营情况，如果再以营运团队为主导，则可能造成发展中的障碍。

因此，实体零售企业的连锁终端发展到一定的规模，迫切需要建立系统化的商品管理体系，并从以营运为主导的业务模式向以商品为主导的业务模式转型，巩固内驱力。只有从根源上对商品和终端进行科学管理，才能赶上时代和商业环境变化的步伐。商品精细化运营管理体系就是从地域的困扰（气候差异、资源差异、消费习惯差异）、商品的困扰（商品配置差异）、面积/商圈的困扰（商圈差异），以及执行的困扰（终端管理水平和执行力差异）中冲出的一条探索之路，拨开云雾见日出，如图 1 - 1 所示。

商品精细化运营

图 1 - 1　商品精细化运营产生的背景

第四节 品类管理是商品精细化运营管理体系的方法论之一

品类管理起源于美国零售商沃尔玛与制造商宝洁在 20 世纪 80 年代末的一次高层倡议战略合作，双方以提升消费者满意度为导向，通过数据共享与分析，在选品、陈列、促销、定价和补货等领域展开深入的合作，采购成本最终得以降低，利润、消费者满意度、供应链效率等方面均获得了提升，同期库存也得到了有效控制，缺货率降低，动销率提升。沃尔玛和宝洁在这一过程中的业务行为，后期被研究、分析、总结和定义为品类管理，快速被行业所接受并传播开来。

1997 年，在中国连锁经营协会的年会上，宝洁公司作为代表，首度提到了品类管理对零售商的帮助，至此，品类管理开始在中国零售行业崭露头角。

2004 年，我在美国沃尔玛作为国际领导发展项目组的成员时，接受了品类管理的正式培训，那是我第一次脱离营运的视角，从规划源头上开始思考商品管理。2007 年我从中国沃尔玛营运部调入总部，因为工作的原因，我有机会开始了品类管理实践工作。在这些年的学习、实践和认知感悟中，我将商品精细化运营管理体系划分为三个发展阶段，即品类管理原生阶段、品类管理进阶阶段（空间管理阶段），以及商品精细化运营管理阶段（见图 1－2）。

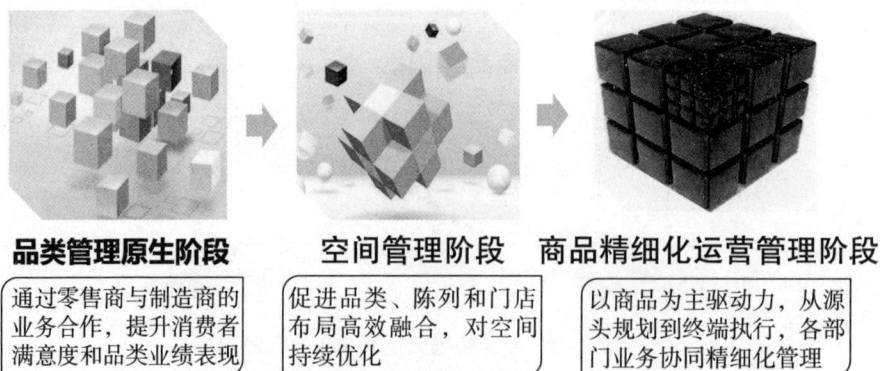

品类管理原生阶段　　**空间管理阶段**　　**商品精细化运营管理阶段**

| 通过零售商与制造商的业务合作，提升消费者满意度和品类业绩表现 | 促进品类、陈列和门店布局高效融合，对空间持续优化 | 以商品为主驱动力，从源头规划到终端执行，各部门业务协同精细化管理 |

图 1－2　商品精细化运营管理体系的三个发展阶段

品类管理原生阶段保留着原汁原味的美国特色。这一阶段可以概括为零售商与制造商通力合作，以品类为业务基础，通过分析消费者购买行为、品类发展趋势和销售数据，设定业务行动计划，从而提升消费者满意度和品类业绩表现的业务行为。

随着品类管理在中国的实践和演化，对空间持续优化和管理的体系与方法逐渐形成，该体系促进了品类空间规划、商品陈列规划和终端品类布局规划的高效融合，进一步提高了商品效能与运营效率。品类管理也从原生阶段进阶为空间管理阶段，品类管理是空间管理的起源，空间管理中的商品陈列与终端布局规划又是品类管理得以落地的基础。

在品类管理升级到空间管理后，渐渐发展成以商品为主驱动力，从商品的源头规划到终端的落地执行，将相关部门业务流程和业务协同贯穿在一起的全过程管理，意味着商品和终端精细化运营管理阶段的逐步成型。

第五节　本土企业为何难以尝到品类管理的"奶酪"

经常有零售圈内的朋友与我交流，品类管理作为科学和系统的管理工具，从美国传到中国已经二十多年了，理论都很成熟，在标杆企业也有成功的经验可借鉴，本土的零售企业也有意愿在企业内部推动品类管理，但往往还是难以落地，原因到底是什么？

有的企业花了很多人力、物力去实施品类管理项目，完成规划后，刚开始效果还不错，销量和毛利都有了提升，库存也有效降低了，但是缺乏持续性，慢慢又回到了以前的状态。我曾经半路接手过几个项目，品类管理前期的规划工作都完成得很好，到了终端执行的时候，诸多水土不服的问题就浮现了出来，如果要解决问题，就要回到源头去调整。也有的企业一开始对品类管理的期望非常之高，投入了大量精力和资源去推广，在长时间无法达到预期后，心灰意懒，甚至冠品类管理以"无用"之名。

往往遇到"品类管理为什么难以落地"这类问题，我会先问："我们应该在品类管理的哪个阶段去考虑终端的应用和执行呢？"很多时候我得到的答案是"还需要终端参与吗？终端按计划执行就好了"。这就是为什么品类管理的项目在本土企业实施时不容易落地的最表层问题所在。

关于为什么品类管理的项目不容易落地，我是这样分析的。

第一，缺乏怎样在终端执行的考虑。既然品类管理的工作最后要在终端呈现，那就要用"以终为始"的思维来做品类管理的规划与实施工作。单纯看品类管理的实施步骤，其有个完整的规划，是一个管理闭环。但即使品类管理的整体方案做得再好，商品组合的效能再强大，都需要有"用武之地"，这个用武之地一定是与顾客紧密接触的终端，前期所有的种子最后必须在终端这一环节播种，然后静待开花结果。因此，品类管理要想落地，必须在一开始就考虑种子能否在这块地里生根发芽，不能把顺序搞错了。

第二，没有清晰的终端面积和商圈的策略。美国沃尔玛是实施品类管理极成功的企业之一。在同一业态类型下，终端和商圈，甚至店面结构和卖场布局在美国可以做到标准化，而中国的终端面积和商圈百花齐放，极其多元化，在这种复杂的组合下，照搬适用于美国的品类管理步骤与流程就会造成水土不服。因此，中国的实体零售企业需要建立终端面积和商圈的策略，并且与企业的战略发展方向保持一致。也就是说，对于终端开多大和开在哪，分别有多少种选择，代表面积和代表商圈是什么等关键要素要考虑清楚，因为 500 平方米的终端和 1000 平方米的终端，所能容纳的商品数量是不同的，位于购物中心的终端和位于社区的终端在商品组合上也会有差异化的配置。

第三，缺乏对职责、授权和绩效的明确。品类管理启动后，对哪个团队或个人负责持续跟进，这个团队或个人是否有能力胜任工作，得到什么样的授权，怎样衡量和评估工作是否跟进到位等，都需要有清晰的定义。品类管理是长久的行动，经常需要跨部门沟通与协同，职责和权限必须明确。发展成熟和效益好的企业，应尽可能建立专职的品类管理团队。

品类管理是美国沃尔玛与宝洁公司战略合作的成果。它们一个是制造业的霸主，另一个是零售业的霸主，强强联手，各自输出资源，最终实现了共赢目标。针对大型的零售商，品牌商往往设有专属的服务团队，研究消费者行为与需求，研究品类发展趋势、做市场分析等，再与零售商共商大计。

在目前中国的商业环境下，除了针对一些重量级的零售商外，上游的制造企业很少为本土其他零售商投入建立专属服务团队的资源。对原本这个服务团队做的研究和分析工作由谁来做，就必须要考虑清楚。有组织、有清晰的职责和业务关键衡量指标，品类管理才可能有结果。成长中的企业如果受限于建团队的成本压力，可考虑在管理职责、授权与绩效上，将品类管理进行业务归属的划分。

第四，品类管理上游的策略端没有打通。有关公司的定位、使命、愿景、价值观，公司发展策略、经营策略和商品策略等，都要清晰明确，品类管理才有可能落地。

第五，企业管理者的态度和方向不明确。如果企业管理者坚定不移，将目标同时落实到采购和营运负责人肩上（采购部主导品类规划阶段，营运部主导执行阶段），品类管理这件触及零售本质的事情就一定可以成功，并植入企业商品管理的基因之中。如果企业内部设置了品类管理的团队，完成这项工作的效率就更高了。

在中国本土零售环境中，零售商和供应商之间对数据的敏感性、对工作的客观性，以及彼此间的信任程度，还不能像宝洁与沃尔玛一样共同致力在战略高度，这也是品类管理在中国实施中所遇到的现实困难。

第六节　案例解读：为什么品类管理在生鲜传奇迎来高光时刻

2019 年，听说生鲜传奇的品类管理实施比较成功，碰巧我在合肥出差，就到终端现场体验，后续我又做了一些研究和学习。品类管理在生鲜传奇的践行之路之所以被行业内认同为一个有代表性的成功案例，是因为生鲜传奇自身具备良好的土壤。

生鲜传奇的发展策略强调的是标准化和快速复制，追求的是极简管理。主营终端面积以 250 平方米居多，所经营的商品都从简单而清晰的定位出发，那就是"做小区门口的菜市场，解决中产家庭的一日三餐"。把终端定位为菜市场，把消费者定位为中产家庭，把商圈定位为社区门口，面积策略以 250 平方米为主，生鲜传奇用简单的内容将门店发展策略构建得清清楚楚。

构建了清晰的门店发展策略，还要使终端有人间烟火，这就到了商品策略端。我所到访过的 5 家终端，从商品布局，到品类陈列的货架组数，甚至货架上的商品组合都大同小异，这与生鲜传奇的终端业态、商圈和面积具有单一性和集中性相关，这是品类管理的精髓可以在生鲜传奇被萃取的关键。

在以面积约 250 平方米的标准店为主营终端的策略指导下，生鲜传奇的商品品种基本控制在 2000 个左右（数字来源于 2019 年 12 月我在现场走访时的清点）。从生鲜传奇对经营品种数量的控制，可以预估出其对单品的销售数量一定有要求，追求单品销量的突破，也就意味着通过量产追求商品的定价权，从而树立对于消费者而言的价格实惠形象，以及对于零售商本身的利润空间。

在菜市场和一日三餐的基本点被确定后，选品方向就变得简单而清晰了。在民生必备品牌商品的基础上，不断扩大基地直接采购的商品规模，持续开发自有品牌商品和联名品牌，并以高毛利商品作为补充，在总部策略性地规划品类角色和商品，在终端策略性地呈现这些商品的应用场景和视觉陈列美感。

在这种聚焦效应的规划下，在标准化和简单管理的运营策略驱动下，品类管理就拥有了生根发芽和快速成长的持续营养供给，商品的效能也可以被极力地挖掘出来。终端的管理效率高，员工就有更多的时间去满足顾客的需求，服务好，生意就好，库存周转也就更快，商品策略和运营策略的相辅相成构成了一个管理闭环。

后来我听说，生鲜传奇对常规品类实行陈列图管理后，又在生鲜品类方面启动了系统陈列图管理，极大地提高了终端管理的一致性和员工工作效率。生鲜品类陈列图管理的实施打破了一直以来只有标品才能进行陈列图管理的现状，在当代零售领域具有里程碑级别的意义。

生鲜传奇践行出了品类管理的高光时刻，如果对生鲜传奇在品类管理上的极佳实践做个条理性的总结，可以归纳出以下几点。

一是生鲜传奇对业务的定位或发展策略非常清晰。其关键词是菜市场、中产和一日三餐，潜台词是简单、坚持。

二是在定位这个中心明确后，生鲜传奇继续明确两个基本点，就是商圈策略和面积策略。其关键词是社区店和 250 平方米，潜台词是属性聚焦。

三是明确商品策略。其关键词是商品品种数、选品逻辑、商品组合（必备品牌、基地直采/加工、自有品牌、补充品牌），潜台词是单品突破、定价、价格形象、利润。

四是明确运营策略。其关键词是陈列图、标准化、效率、服务、关键指标，潜台词是快速复制。

五是以上四点的每个具体步骤下的工作，都对执行人有着要求，必须从组织架构上赋予清晰的职能、职责、权限和绩效指标。

六是如果想要品类管理实实在在地落地，发挥其优势，带领品类管理项目实施的最高决策人的权威与能力至关重要。

直到目前，我都不认识生鲜传奇的创始人，本篇撰写无任何公关倾向，所有的表达基于我对生鲜传奇终端走访过程中的现场发现、后续的研究与思考，以及对商品和运营管理的认知。上文中所提及的数字，在 2020 年后没有持续更新，仅作为本案例分析时的参考。

第七节　商品精细化运营管理模型的构建过程

2007 年，我从好又多整合项目组调到中国沃尔玛总部的采购部，看起来像是结束了营运部的工作，后来回顾这一段历程时我发现，在开启采购部新工作里程的同时，我进入了另一个可以从更高层面服务营运的领域。

我当时的部门是采购部下属的新店建设部，负责协调新店建设中有关采购的所有工作，以确保新店顺利开业。因为是新设立的部门，除了铺天盖地的新店图纸和简单的工作职责，其他什么都没有，但正是这从"0"起步的局面，使得我从一开始就可以把营运和采购的管理概念整合在一起，并融入新店建设的工作中。

一、建立终端布局策略与原则

商品精细化运营管理体系的创立始于对终端布局的规划。新店建设部早期的工作之一是把图纸规划部设计的终端布局规划图，分发给采购部各分区的负责人，由他们确定各商品分区所在的位置、内部品类的货架组数和品类之间的关联，然后将采购部确认好的图纸，转发给图纸设计部门去修改。看似简单的工作，过程中的沟通却极为复杂。

因为一个商场的物理结构中总有亮眼的位置和偏僻的位置，处于好位置的商品分区往往是被即刻接受的，而处于偏僻位置的分区就要看分区负责人的态度了。一番"比武"之后，结果往往是负责人比较强势的商品分区能占据较好的位置，然后据此去设计其他商品分区之间的关联。一份图纸至少要经过四轮回顾才能确定下来，这样的工作既不客观，也不高效。

不管商场的物理结构怎样多元，对于布局设计的原则与逻辑应该有一套指导思想，这套指导思想应该不受个人主观因素影响。带着思考，我抱着试试看的态度在一次布局讨论会上提出了这一观点，一下子引起了共鸣，关于建立商场布局策略与原则的项目，被决策层批准，我则作为采购部的代表，与营运部和图纸规划部一起合作完成这个项目。

在项目进行的过程中，参与终端布局工作的各业务部门，第一次多元化地做了思想表达与呈现，大家在聆听与讨论中统一了想法，各部门在终端的出入口设置、顾客动线、各商品部门的位置、部门之间的关联、动线上的亮点区、促销区的设置，以及收银台和租赁区的设置等方面达成共识。2008年，商品布局策略与原则的概念开始应用在规划新店图纸上。图纸规划部结合整体策略又设计了适合不同面积门店的终端模型图。

从那时起，不管终端的物理结构怎样不同，商品部门设置的逻辑和原则都是相同的，使图纸规划部从源头设计出来的图纸保持了方向上的正确性。这一应用，使总部各部门沟通图纸的效率大大提升。半年后，随着终端布局规划图应用日渐成熟，流程进一步优化，商品分区的采购从审核图纸的工作中退出，新店建设部被授权成为图纸审核的最终部门。

大概与中国沃尔玛早期的高管都是外籍人士相关，当时终端布局图纸上的文字都是英文，包括货架上陈列的品类名称（Label）。在一次与COO（首席运营官）讨论图纸时，我问他看图纸会细到哪个程度，是否有时间看图纸上的品类名称，他笑着说这应该是我的工作，我也笑着说想把品类名称改为中文，这样可以让商场的员工都看得懂图纸。他很郑重地站起来感谢我能考虑基层员工的感受和提高效率。这就是沃尔玛当年的文化。

连锁零售企业都应该建立一套自己的商品布局策略和原则，以及不同业态下有面积和商圈策略的终端布局模型，且能不断升级和优化该模型，用以指引终端的商品布局规划。关于如何建立商品布局策略与原则、如何建立终端商品布局模型，以及其所能产生的更多有益之处，我将在后文中详细介绍。

二、建立品类空间分配原则与方法

在解决了终端布局规划的问题之后，我又发现部分品类当时所分配的空间与其所贡献的业绩出现不匹配的现象。那个时期电商已经开始在线上发力，直接受到冲击的就是非食品部门，我们又开始分析和研究各品类当下空间的有效性和怎样对未来空间进行分配。分析报告和对未来各品类空间进行优化的建议出来后，很快就被采购部的决策层审批通过了。

最终，根据终端总体面积的大、中、小类型，部分非食品分区的面积被减少，其所释放出来的空间被分配给了食品和生鲜分区。这套实施空间评估与优化的方法后来被我们应用到对已开业终端各品类陈列空间的优化上，极大地提升了现有终端的平效①。

三、建立品类级别

空间增减的方向一确定，接下来就是应对在大、中、小面积不同的店型下，对各个品类的陈列空间进行增减的问题。这就需要从整体的商品策略出发，结合各品类在企业业务中的品类角色、业绩表现、品类发展趋势，以及对标的竞争对手的空间分布情况等，作出分析和决策。

各品类新的货架陈列空间的完成，为采购操作具体的商品增减和陈列道具的增减提供了指引，当采购根据品类大、中、小的陈列空间，完成相应的商品组合后，就建立了品类级别。品类级别的建立，形成了品类下不同大小的商品组合，从而满足不同面积和商圈的终端对商品配置的需求。品类级别的建立，使采购不再困扰于终端千店千面的复杂性，可以专注于管理品类下的各个级别，提高了在终端融合过程中的商品管理效率和商品效能。

四、空间管理模型的初步形成

2008 年年底，公司将商品陈列部划归我管理，并将当时的新店建设部更

---

① 平效就是指终端卖场 1 平方米的效率，一般是评估卖场实力的一个重要标准。

名为空间管理部，参与公司业态发展策略的制定，并直接管理品类空间规划、商品陈列规划、终端品类布局规划等工作。这些领域的工作促使我开始对品类管理和空间管理进行系统化的联合思考，渐渐形成了一套通过对空间的持续优化与管理，使品类空间规划、商品陈列规划及终端布局规划高效结合的管理体系和方法，这一体系和方法的实施标志着空间管理模型的初步形成。空间管理模型如图1－3所示。

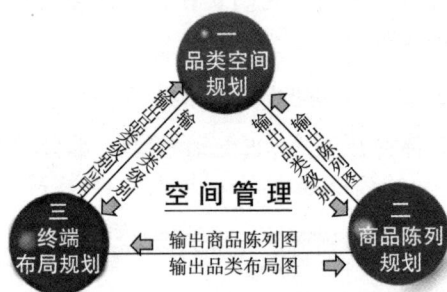

图1－3　空间管理模型

　　2008年至2012年，随着公司业务的发展，在终端数量不断增加、面积和商圈呈现复杂性和多样化的情况下，品类规划、商品陈列规划和终端布局规划这套对空间持续优化与管理的理念在实践中得到了不断验证与完善。品类级别、商品陈列图和终端品类布局图越来越紧密地融合在一起，为各自的落地实施提供了必要条件，同时带动了商品效能、员工效率、顾客服务水平和销售业绩的持续提升。

　　空间管理部门的关键业务指标（每平方米销售和毛利）连续四年双位数增长。空间管理模型是商品精细化运营模型早期的管理雏形。

　　从提议生鲜部门应该因地制宜根据各个区域的资源特征，来调整终端商品布局的设计和陈列道具的配置，到食品分区根据各地域消费者的饮食习惯按省份来分配各品类的货架陈列空间，再到提议建立终端布局策略与原则、建立品类空间分配原则和建立品类级别，以及建议将门店图纸上描述品类名称的英文改为中文，沃尔玛给予了每位员工畅所欲言的空间，我很庆幸自己能在如此开放的工作氛围下无所顾虑地发挥。我也非常感谢当时在总部的直属领导Lily Zeng，对我这个从营运部加入采购部的"新人"来说，她的尊重、鼓励和保护是我那几年创新的动力。

2013 年 2 月，我加入大参林医药集团，担任已空缺一年多的空间陈列管理部总监一职，直接向执行总裁汇报工作。如果说空间管理体系在沃尔玛探索的是针对几百家大型商超的业务提升，那么在大参林的继续践行则开启了空间管理体系针对小业态医药终端的业务促动与提升。

在实行空间管理体系的第二年，大参林医药集团业绩增长也达到了 20 年发展的最高点。创造这一增长的动力来自企业清晰的战略和业务经营决策，以及当时以执行总裁为代表的强有力的领导层。空间管理体系实施后将合规植入布局规划和陈列规划中，使大参林医药集团在商品陈列的规范管理上领先于医药界的同行。

品类规划加速了商品优胜劣汰的调整工作，使单品效能持续提升，对货架布局和层高的调整，增加了商品经营的品种，为销售增长奠定了基础。系统陈列图的应用不仅使终端员工在执行标准和效率上得到极大改善，还有效降低了缺货率，消费者满意度得到了提升。

在将近三年的发展中，空间管理体系对业务的促动获得了越来越多的认同，逐步扎根并在系统转型时与 ERP（企业资源计划）系统融为一体，成为大参林医药集团明显的竞争实力来源和有别于同行的差异化优势。

五、商品精细化运营管理体系模型的构建

空间管理体系在大参林医药集团践行时，先通过梳理团队的管理架构、岗位职责、部门绩效等完善空间管理部门的组织职能，然后提升团队的专业素质和工作效率，再以完善业务规则、加强过程管理来驱动业绩增长，最后通过 SOP 业务流程的设定，使空间管理体系植入和融合到整个公司的管理体系中，实现组织赋能，带来持续的业务增长。

2015 年，由品类规划、陈列规划、终端规划和组织赋能四个核心要素组成的空间管理体系，完成了整个闭环的构建，并在实践中持续改良和优化。

2018 年年初，当时我正带领团队为良品铺子提供终端空间管理项目的咨询服务，良品铺子杨红春董事长将空间管理体系的这套模型总结为商品精细化运营，让我极受触动，空间管理从初期实践，到逐渐成形，再到融为一个

整体，过程中所追求的就是这种无所不在的精细化运营的精神。2018 年 4 月，空间管理体系被正式更名为商品精细化运营管理体系。商品精细化运营管理体系的原创模型如图 1－4 所示。

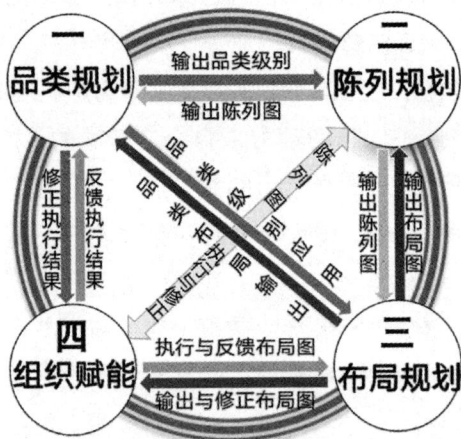

图 1－4　商品精细化运营管理体系的原创模型

第二章

先谋而后动，
方向比速度更重要

第一节　业务方向的共识是实现组织效率的基础

商品精细化运营管理体系在创立时所走过的历程，既是一个自上而下的决策过程，也是一个自下而上的验证过程。最佳的商品精细化运营管理体系是根据企业的战略定位，对上牵手企业战略定位和经营策略等；中间连接企业的年度经营目标、目标达成路径、激励与绩效；对下直通到各个职能部门的执行之中，上下贯穿，成为一个有方向、有策略、有目标、有达成路径、有执行的管理体系。

赋能体系有完善的运作标准与流程制度，有教育培训支撑员工的成长，有可以持续对业务优化、创新的基因，是在商品精细化运营管理体系构建过程中，逐步形成的对业务的赋能建设体系，并在企业发展过程中不断完善，促进组织进步与效率提升，为目标达成注入能量。

这种上下贯穿和左右相辅的形式，形成了商品精细化运营管理体系的策略模型，如图 2 −1 所示。

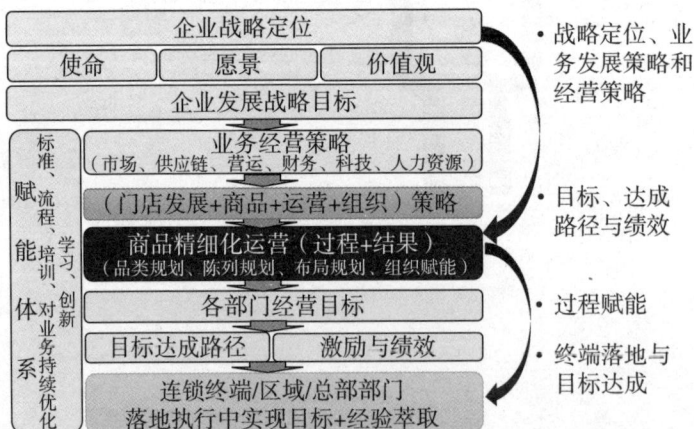

图 2 −1　商品精细化运营管理体系的策略模型

这种战略方向与经营方向的一致性，使得商品管理在顶层架构中保持着清晰的业务方向，不至于在制定业务规则的过程中左右摇摆。商品精细化运营管理体系步步为营的扎实基础，使商品在顶层可以健康规划，并得以在终端门店有效执行，形成核心壁垒和竞争力。

一、为什么商品精细化运营管理体系需要上到企业发展战略和经营策略的层面

商品精细化运营本身就是企业的经营策略之一，经营策略一定要与企业战略保持方向和步调一致。同时，作为经营策略之一，商品精细化运营不能只考虑自身的业务和条线管理，还要与其他并行的经营策略保持协同，各业务策略可能相互制约，但不能相互冲突和消耗。

如果商品端要发展生鲜部门的加工品类，就需要专业的技工支持，而运营端要实行的是组织优化和费用控制，两者存在着冲突和消耗的可能。药店要提升中药饮片的销售占比，做了一系列的营销方案，但每个班次抓中药的员工只有一个，使得顾客排队等候的时间过长，影响了顾客的消费体验，也给顾客留下了抓中药效率低的印象，久而久之，顾客也就不愿意来这家店购买中药饮片了。这就是业务行动间的不协同所导致的，各业务策略只有共享信息与协同，才不至于产生内耗。

二、为什么要在顶层链接到企业的使命、愿景和价值观

商品端要从加工品类上发力，有增加技工的需求，而运营端要从组织优化和费用控制上发力，有削减人员编制提升效率的需求。从业务部门自身的发展来看，两者的需求都有充分的理由，这时就需要根据企业的使命、愿景和价值观，由大家共同思考和决策真正需要做的事情是什么，然后讨论和确定大家如何协同做需要做的事和符合以企业根本利益为初衷的事。

有的零售企业管理者具有很强的业务思维，能够深度参与顶层架构和策略的规划。有的企业管理者基本上只抓到战略层级，权力下放到各核心条线的负责人，仅对结果进行管理。从实践的角度来看，企业管理者带领核心业

务条线负责人先讨论和确定战略方向和目标，核心业务条线负责人根据战略方向和目标，带领团队各自设定条线的经营策略和经营目标，然后以经营策略研讨会的形式，向企业决策层进行汇报，是较为常见也比较实用的顶层架构和策略的规划方式。需要特别注意的是，这部分内容属于企业的高度机密信息，参与战略制定和参与经营策略研讨会的管理人员必须是企业核心和高忠诚度员工，避免敏感信息外泄。

在经营策略研讨会上，各核心条线通过了解其他部门的经营策略，一方面可以思考自身策略的完善性和可行性，另一方面可以提前了解需要跨部门配合的业务策略，并落实到本部门的业务行动中。对与本部门有冲突的业务策略可以提出来，通过跨部门交流与研讨来处理冲突部分。此外，各条线根据自身的经营策略、年度规划和结果目标，设定目标达成的路径或行动计划，就形成了企业上下一致的 OGSM（目的—目标—策略—度量）管理体系，助力企业业务发展。

企业的战略方向和经营策略属于企业层级的业务决策，一经确定，需要有充足时间打磨和沉淀，除非市场或行业趋势发生变革，或者已经验证出战略方向和经营策略的不当需即时纠正，否则不要轻易变动。

正如我前面所提及的，商品精细化运营管理体系的策略模型所呈现的是企业对商品管理的极佳形式，这种布局可以使达成路径或行动方案在执行时效率高，使目标达成得到极大保障。但很多企业在计划提升商品管理时，本身并没有形成清晰的企业发展战略，经营策略也是碎片化的，在这种情况下，企业是否可以做商品精细化运营提升呢？答案是可以的。但是，企业决策者必须在着手提升商品管理前，同企业的核心高管团队认真地思考下企业的业务方向和指导思想，最终由企业决策者确认后，分享给相关业务条线的负责人，用以统一思想和行动。

即使是内部策略体系明确的企业，在开始商品精细化运营管理体系搭建前也需要再次确认下企业的业务方向和指导思想。在没有统一思想前，如果被问到业务方向和指导思想的问题，企业内部会有不同的声音。保持业务方向的共识，是实现组织效率的基础，这对企业来说至关重要。构建业务方向和指导思想的思考清单是企业的管理工具之一，如表 2-1 所示。构建业务方向和指导思想的思考清单参考模板如表 2-2 所示。

表 2-1　　　　　　　构建业务方向和指导思想的思考清单

序号	思考问题描述	思考结果
1	门店的主营业态是什么（门店定位） （思考与其相匹配的运营策略和商品策略）	
2	门店的主要消费人群有哪些（消费者定位） （根据消费人群的特征、需求，思考商品的定位）	
3	门店会开在哪些城市和商圈 （进一步明确消费者的特色，思考经营的差异化）	
4	主营门店的面积是多少，以及门店跨越的范围有多大（思考经营的品类与商品品种怎样配置）	
5	企业发展战略、经营策略是什么 （确保商品策略方面的行动与指导思想保持一致性）	
6	行业里该业态下的标杆企业是谁？还有哪些竞争对手 （思考要学习的对象，以及要防守和超越的对象）	

注：如果在思考的过程中发现企业的战略或经营策略还不完善，不要有过多的顾虑，因为在商品精细化运营管理体系搭建的过程中，会有其他业务环节反复推动思考企业的战略和经营策略。

表 2-2　　　　　构建业务方向和指导思想的思考清单参考模板

序号	思考问题描述	思考结果
1	门店的主营业态是什么（门店定位） （思考与其相匹配的运营策略和商品策略）	会员制商场
2	门店的主要消费人群有哪些（消费者定位） （根据消费人群的特征、需求，思考商品的定位）	中国一线、二线城市的中高端收入家庭
3	门店会开在哪些城市和商圈 （进一步明确消费者的特色，思考经营的差异化）	一线、二线城市，高尚住宅区附近，7~10 千米半径辐射 80 万人以上
4	主营门店的面积是多少，以及门店跨越的范围有多大 （思考经营的品类与商品品种怎样配置）	主营约 1.5 万平方米，面积 1 万~2 万平方米。旗舰店单独考虑
5	企业发展战略、经营策略是什么 （确保商品策略方面的行动与指导思想保持一致性）	拓展门店；OMO（线上、线下深度融合）；差异化商品体系；极致追求效率；会员第一
6	行业里该业态下的标杆企业是谁，还有哪些竞争对手 （思考要学习的对象，以及要防守和超越的对象）	标杆企业：山姆会员店 竞争对手：Costco（开市客）

第二节　"四策合一"下的商品精细化运营管理体系

多数企业的经营策略模型如图 2-2 所示。与此相比，商品精细化运营管理体系的策略模型，通过牵手企业文化，形象地呈现出对企业内部各职能协同的重要作用，以及在精细化管理过程中逐步形成对组织的赋能建设。在企业整个经营环节中，商品精细化运营管理体系的加入，向上反向发出对业务方向和指导思想的确认，将企业发展战略和经营策略上下贯穿，加速了从规划到执行的整个过程；对下通过商品精细化运营的四大核心要素，将商品管理从总部到终端的业务环节打通，贯穿"以终为始"的管理思维，将门店面积、商圈、团队执行与商品配置进行有效融合，使涉及商品管理和执行的业务链条更加高效，取得成效的概率更大，商品精细化运营管理体系在企业内部植入的根基也更深、更稳固。

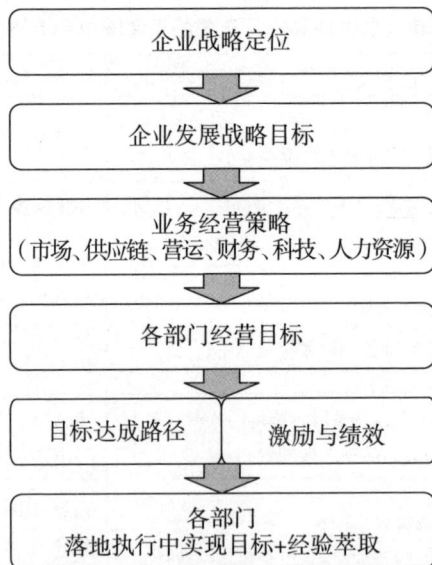

```
        ┌─────────────────────────┐
        │      企业战略定位          │
        └─────────────────────────┘
                    ↓
        ┌─────────────────────────┐
        │     企业发展战略目标        │
        └─────────────────────────┘
                    ↓
        ┌─────────────────────────┐
        │       业务经营策略          │
        │ (市场、供应链、营运、财务、   │
        │   科技、人力资源)           │
        └─────────────────────────┘
                    ↓
        ┌─────────────────────────┐
        │      各部门经营目标         │
        └─────────────────────────┘
                    ↓
        ┌────────────────┬────────┐
        │  目标达成路径     │激励与绩效│
        └────────────────┴────────┘
                    ↓
        ┌─────────────────────────┐
        │        各部门             │
        │  落地执行中实现目标+经验萃取  │
        └─────────────────────────┘
```

图 2-2　多数企业的经营策略模型

因此，商品精细化运营管理体系是企业顶层设计的一部分，在连锁零售企业运营管理中发挥着承上启下的作用，驱动企业在以商品为主导的业务模

式下健康、稳定和快速发展，并通过对过程指标的精细化管理，驱动结果指
标达成。

每个企业都会根据自身实际情况来制定经营策略，每项经营策略所包含
的内容也不尽相同，下面仅以与商品精细化运营有着重要关联的门店发展策
略、商品策略、运营策略和组织策略为介绍重点，从商品精细化运营实践的
角度，对"四策合一"进行说明，如图2-3所示。

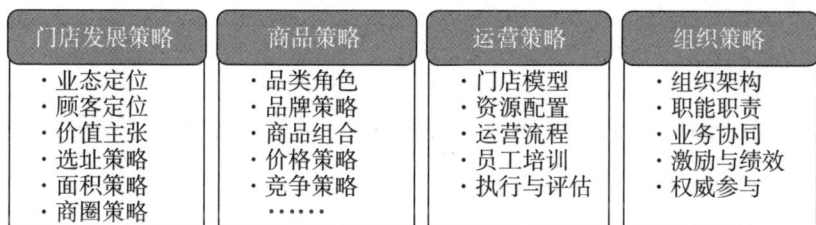

门店发展策略	商品策略	运营策略	组织策略
·业态定位 ·顾客定位 ·价值主张 ·选址策略 ·面积策略 ·商圈策略	·品类角色 ·品牌策略 ·商品组合 ·价格策略 ·竞争策略 ······	·门店模型 ·资源配置 ·运营流程 ·员工培训 ·执行与评估	·组织架构 ·职能职责 ·业务协同 ·激励与绩效 ·权威参与

图2-3　商品精细化运营管理体系的"四策合一"

一、门店发展策略

门店发展策略是企业经营门店的方向，对企业的经营策略产生重要的影
响。商品策略的制定基于清晰的业态定位和顾客定位，接下来才能确定选品
方向。门店发展策略属于企业顶层架构上的业务规划，包括业态定位、顾客
定位、价值主张、选址策略、面积策略和商圈策略。企业决策者对门店发展
策略一定要有清晰的方向。关于门店发展策略，"做小区门口的菜市场""解
决中产家庭的一日三餐"，生鲜传奇用看似简单的标语，将门店发展策略构
建得清清楚楚。"菜市场"对标社区生鲜店，是业态定位，"中产家庭"是顾
客定位，"小区"是商圈策略，生鲜传奇主营门店的面积约在250平方米。

顾客定位和价值主张直接影响商品策略的制定，特别是选择商品的方
向。价值主张可以理解为，顾客选择到某家门店购物是因为这家门店就在
附近，比较方便，还是因为这家门店所卖的商品时尚、品质好或是价格实
惠、服务好等。顾客的价值主张有当下的，也有潜在的，只有了解顾客的
价值主张，才能更精准地提供适合顾客的商品和服务，并把握顾客需求的发
展趋势。某集团旗下高端业态门店发展策略与对应的商品策略如表2-3
所示。

表2-3　　　某集团旗下高端业态门店发展策略与对应的商品策略

业态定位	高端生鲜食品超市	精品超市
顾客定位	中高端收入的家庭	年轻时尚的白领
价值主张	追求品质、健康和体验	追求安心、舒适、服务
面积策略	3000~4000平方米	2000~3000平方米
商圈策略	选址以一线、二线城市购物中心内为主	
商品策略	店均自营SKU约10000个，以生鲜和食品为主，50%为进口商品	店均自营SKU约7000个，40%~50%为进口商品

注：以上信息从该集团官网中提炼和梳理。

　　门店发展策略不同于标准，策略是在为标准建立提供指导方向。门店的面积策略与商圈策略是根据业态的定位而制定的，也可以参考行业内的标杆企业和相对领先的竞争对手在门店面积和商圈上所采取的策略。面积策略与商圈策略的制定还受企业领军人物对市场趋势的主观判断，以及门店盈亏模型测算等因素影响。

二、商品策略

　　商品策略是零售企业的核心经营策略之一，是实现企业发展战略落地的依据之一。商品策略是商品管理的灵魂，与门店发展策略、运营策略和组织策略组成"四策合一"驱动力，指导商品精细化运营管理体系构建。商品策略随着门店发展策略的变化而变化。在门店发展策略不变的情况下，可以逐年不断升级商品策略，也可以在不同的商品领域立策，直至该领域成熟和完善。有的零售企业对商品策略的概念不是很清晰，或是还没有正式提炼，但可以确定的是，每个零售企业都有对商品管理的指导思想，有的是老板的思想，有的是商品部门负责人的思想。商品策略包括但不限于品类角色、品牌策略、商品组合、价格策略、竞争策略、促销策略、供应链效率、供应商管理策略等。

　　构建商品策略的方法：①商品策略制定前，企业的业务方向和指导思想务必是明确和清晰的，这部分可以通过构建业务方向和指导思想的思考清单来协助确认，并以顾客为导向作为指导原则；②通过商品策略构建思考清单，完成内外部业务指标的横向和纵向比较，并找出差异；③梳理开放式思考结论与封闭式问题的答案,根据优先程度来制定商品策略;④制定策略目标和实施路径,并按阶梯式从大部门到小部门将目标分解至各品类;⑤落地执行,将商品策略贯彻到日常的品类管理当中,并进行阶段性跟踪与回顾。

商品策略构建思考清单如表2-4所示。

表2-4 商品策略构建思考清单

商品策略制定问题思考清单	开放式思考结论
目标顾客的定位是什么	
目标顾客的价值主张是什么	
在顾客眼中,门店赢在哪些品类	
与竞争对手比较,门店赢在哪些品类(研讨赢的定义)	
与竞争对手比较,门店差异化或创新体现在哪些方面	
当前有哪些品类角色,各品类的角色如何	
综合考虑,对当前的品类角色会作出哪些调整,为什么	
驱动销售/毛利的TOP 5品类是哪些	
商品定价的指导思想是什么	
当前和未来供应商品牌、自有品牌、其他品牌的结构分布如何	
一线、二线和三线品牌的结构分布,销售/毛利率表现如何	
当前有哪些竞争对手,竞争变价的指导思想是什么	
当前对商品品质控制的方法有哪些	

影响商品策略制定的关键业务指标问题	期望值	当年值	去年值	前年值	外部对标	排序	实施路径
相对于竞争对手,价格指数是多少							
定价毛利率是多少							
销售毛利率是多少							
期望销售量保持怎样增长							
库存周转天数是多少							
商品SKU数量有多少(思考选品逻辑)							

续　表

影响商品策略制定的关键业务指标问题	期望值	当年值	去年值	前年值	外部对标	排序	实施路径
厂家/进口/自有品牌及其他品牌的销售、SKU 占比、毛利率情况如何							
一线、二线和三线品牌商品的销售、SKU 占比、毛利率是多少							
直采厂家和经销商数量、销售、SKU 占比、毛利率是多少							
战略合作伙伴的销售、SKU 占比、毛利率是多少							
年度新品的数量和销售额占比是多少							
贡献销售和利润的大单品/爆品有多少（研讨爆品定义）							

　　沃尔玛作为外资企业在中国开设的传统大卖场的零售标杆，近几年一直在做商品品项的优化，其采购策略主要围绕"效率、价值、差异化、赢在生鲜"等方面。

　　从生鲜传奇的业态定位可以看出，其商品策略首先倾向于优选严控。假如把主营业态门店的 SKU 数量控制在 2000 个左右，那么对商品就必须有一定的准入门槛，且对选品的质量要求比较高。其商品策略是以蔬菜为核心主打品类，并以价格领先策略占领市场。其通过一线畅销品牌、自有品牌、基地直接采购，以及联名品牌组合商品，用低价实现单品突破，用高毛利商品平衡毛利。

　　处于不同发展阶段的企业对商品策略的规划也是不同的。因此，其他企业的策略可以用来参考，但自己企业的策略则需要结合现实情况进行量身定制。

三、运营策略

　　商品精细化运营下的运营策略，是商品策略得以执行和落地的关键，包含门店模型、资源配置、运营流程、员工培训、执行与评估。

　　德国 ALDI（奥乐齐）在中国开店的时候，在上海的前 4 家门店面积都在 400 ~ 500 平方米，商圈基本近似，内部的商品结构和品种数也基本相同。如同生鲜传奇，这种聚焦效应下的门店模型造就了运营管理上的统一和高效，容易形成标准化。但有的实体零售企业的门店面积和所处的商圈比较多元化，沃尔玛在中国的购物广场业态曾经按门店面积设置过五种门店模型，从净营业面积过万平方米到几千平方米，后期随着电商和新兴零售业态的发展，沃尔玛开始逐步缩减门店面积，门店模型也优化到两种。

门店模型是指包含门店业态、面积、出入口、顾客动线、品类关联、品类空间、陈列道具、促销区、收银台、仓库、租赁区等卖场与非卖场区域规划的立体图。每一个实体零售企业都应该设计和规划自己的门店模型。门店模型的设计和规划有助于企业内部在门店拓展、商品规划和运营管理等方面形成一致认知，促进内部协同和管理效率提升。在确定门店发展策略的时候就可以开始设计和规划门店模型，在门店实际运营中不断验证其合理性，必要时可作出调整。

对于已经有连锁店铺的企业来说，如果还没有设计和规划门店模型，可以结合企业未来要拓展的主力店型作为参考，根据企业现有门店的店数，以及门店面积的分布，设计和规划符合企业自身发展的门店模型，可以同时拥有几套门店模型，但同一业态的门店模型建议不超过 3 套。门店模型设计和规划完成后，再将门店归入不同的门店模型下，对标模型下的配置进行调整。关于如何用门店模型的细分群组对门店进行业绩提升管理，我会在后面的章节中进行详解。

运营策略下的资源配置可以用《论语》当中的"工欲善其事，必先利其器"来解读。也就是说，有了要完成的任务或目标后，要着手检视实现目标的资源和工具，以及影响目标达成的障碍物是否可以清除。某连锁药店 2022年的目标之一是使缺货率从上一年的 7% 降低到 5%，其缺货率高的主要原因是配送中心人手不足，且配送车辆短缺，配送次数满足不了门店销售增长的需求。但在行动方案中只体现了增加配送中心人手，看不到任何购置或与第三方合作增加配送车辆的信息，也看不到增加配送次数的信息，虽然缺货率从 7% 降到 5% 的目标是非常明确的，但资源的不匹配对目标达成的影响也是显而易见的。近年来，消费者对冷冻冷藏品类的需求不断扩大，很多企业从采购端制定了增加冷冻冷藏品类、提升品类销售的策略，但在门店端没有及时开展增加陈列冷冻冷藏商品设备的行动，造成策略与执行在资源配置上的脱节，这是十分常见的现象。因此，在设定目标和行动计划时，对资源配置的需求和对费用的预估必须是同步进行的，资源配置需求的发起方不仅仅是使用部门，所有涉及利用非本部门资源来落实策略和完成行动的部门，都应该有对资源配置需求发起或提醒的认知，以助力目标达成。

运营流程与员工培训是运营策略得以实现的基础和必备条件。商品精细化运营从品类规划、陈列规划、布局规划和组织赋能四个领域入手，打通商品从源头的策略规划到门店终端的落地执行的各业务环节，实现有标准可参考、有方法可指引、有工具可使用、有数据可评估，加上持续对员工进行培训，运营效率将会大大提升。

任何一个新事物都可能会因打破了现有的舒适圈而引起暂时懈怠或是抵触，如何应对执行过程中出现的问题？华为过往"先僵化，再优化，最后固化"的经验就是答案。"先僵化"是为了让问题在执行中完整和清晰地暴露出来，并反馈到规划部门，从源头上来思考引发问题的真正原因，避免"碎片化""救火式"的治标不治本的解决问题方法。"再优化"就是反馈的问题得以修正后，再回到执行端来验证方案的可操作性，并持续改进和提升。"最后固化"是所有改良后的行动结合企业的实际情况设计出标准和流程，植入和固化到企业的管理体系中。优秀的企业中，团队在思想上的反思和转化能力、在行动上的执行力及效率就是制胜的关键。

四、组织策略

组织策略在"四策合一"中发挥着不断为业务赋能的作用，包含团队的组织架构、职能职责、业务协同、激励与绩效等提升组织效能的因素。此外，还有一个至关重要的因素就是权威参与。在商品精细化运营构建的实践中，如果组织中能有一个项目实施的直接负责人，或是企业决策层等强有力的权威参与，发挥支持和督导的作用，项目实施将会事半功倍。

在针对连锁终端的商品精细化运营中，营运是连锁终端管理的主体，采购是商品运营管理的主体，中间涉及门店布局规划、商品陈列规划等部门，显然商品精细化运营是一项跨部门协同的工作，是对从源头规划到终端执行整个链条的管理。要使这一管理链条上的各个业务环节高效运作，必然需要一个明确职责与权限的主导团队组织和协调相关部门共同完成任务。

随着竞争的加剧，商品精细化运营的管理概念被越来越多的零售企业所认同并引入内部管理。部分企业会单独建立管理团队并设置组织架构，有的企业称为"商品运营部"，有的企业称为"品类管理部"，还有的企业会整合相关部门职能，将之定义为"空间管理部"等。单独组建管理团队的优势在于运作效率较高，管理也比较集中，对目标达成更有推动力。有的企业出于对人员成本的考虑，会将商品精细化运营的职能板块拆分，分配到采购和营运等部门下管理。无论是单独组建管理团队，还是拆分职能后分配到其他部门的管理职能之下，都需要对商品精细化运营的职责有明确和清晰的定义，并赋予其相应的管理权限，同时匹配关键业务指标与绩效，以确保商品精细化运营工作的落地。在组织架构、职能与职责都明确后，需持续通过组织文化、业务技能和管理素质的培训为团队注入能量，提升完成任务的能力。

商品精细化运营管理体系要求与之匹配的团队定位相对较高。因此，商品精细化运营团队负责人通常是部门总监、总经理，甚至以上职位。商品精细化运营团队的具体定位，主要涵盖四个方面：一是以专业驱动效率和利润的团队；二是全力为营运和商品部提供支持的团队；三是客观为公司管理层提前预警的团队；四是致力于从根源上解决问题的团队。

如果企业是第一次在体系内实施商品精细化运营的工作，鉴于该项工作的策略高度，可先将其定义为企业层级的管理项目，指定能力匹配的高管挂帅项目总负责人作为权威参与，并由老板和相关领域的业务高管组成决策委员会，必要时可请外部咨询公司协助，借此机会将企业发展战略和各业务领域的经营策略与终端层面的落实执行贯穿打通，以构建上下齐心合力的业务管理模式。以企业层级立项的管理架构如图2-4所示。

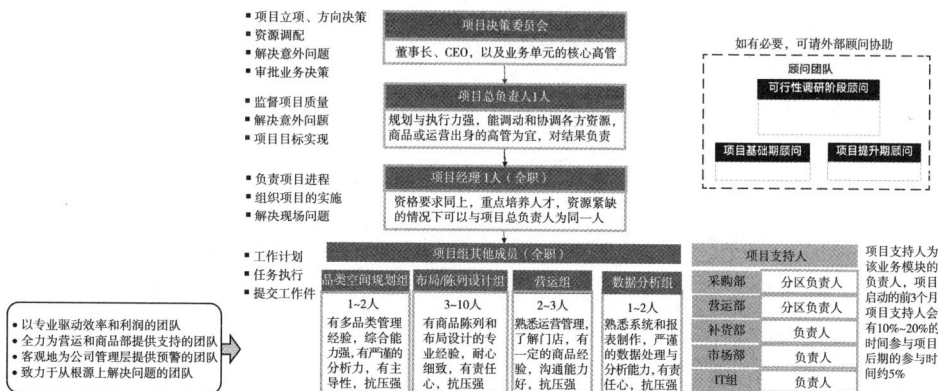

图2-4　以企业层级立项的管理架构

项目团队的人员数量，可根据企业门店数量，以及商品和门店组合的复杂程度进行配置，图2－4中的企业有500家门店，分为综合超市、社区店和便利店。项目总负责人负责整体项目计划制订，跟进实施进度，解决现场问题，确保计划执行到位，按时交付成果，向决策委员会汇报项目进度，并将业务规则和成果提交决策委员会审核。品类空间规划组主要负责研究品类发展方向，确定品类开发原则，制定和完善品类空间策略，并统筹采购部门启动和完成各品类的规划，以及过程中的沟通、培训和及时指导。布局/陈列设计组分为门店布局设计和商品陈列设计两个职能。营运组人员前期主要负责门店方面的沟通与协调，后期可根据实际情况分配到布局与陈列设计团队。数据分析组主要负责各项系统数据的提取、整理和分析工作。

第三节　商品精细化运营管理体系的思维方法论

商品精细化运营管理体系构建和实践，逐渐把过往分散在各业务领域内碎片化的思考方式整合成了一套严谨的思维方法论，指引业务行动朝健康、客观、切实可行的方向发展。

一、做项目规划时，以终为始

以要达成的最终目标为起点，一步步倒推需要做哪些工作才能支持目标实现，一直推到源头，再把需要哪些人参与、需要投入什么资源和资金、需要在什么时间完成、有可能会出现的风险，以及对风险的防控方案等，一起加入计划之中。

二、所有的业务行动，既要从自身出发，也要从全局考虑

一方面，在考虑自身部门的业务方向时，必须同时考虑所在大部门的方向和企业的方向，确保行动的一致性。另一方面，在实现目标的过程中，所有的业务行动方案既要从自身出发来制订，也要考虑到对兄弟部门、对企业全局的影响，避免从局部看某项计划是积极和有益的，从全局来看却是负面的，甚至是损害企业整体利益或形象的。

三、做分解时，从大到小，逐级分解

在做任务分解或是业务指标的分解时（如销售预算分解、SKU数量分解），采用由大向小逐级分解制。例如，企业大方向的年度预算确定后，对采购部而言，采购总负责人就要与各大采购分区负责人，将企业总的目标按各大分区分解，之后按各大分区下的各部门分解，最后分解到各部门下的各品类。对营运而言，就是按省份、按城市、按区域分解，最后细分到门店。逐级分解制确保了各业务部门对于责任的共同担当。

四、做比较时，从局部到整体，从内部到外部

例如，看品类的销售增长，先同自身品类的预算达成和历史销售对比，然后与所在部门的销售增长对比，再对标所在分区，最后对标企业整体的销售增长。内部对比后，最好能收集到竞争对手的数据或者市场的数据，与外部数据对比。这样的比较就相对全面和客观了，同时避免因为自身品类有了增长而沾沾自喜，但是放眼外部，增长皆超你的困境。

第四节　向IT系统的数字化建设要效率

中国的零售业从20世纪90年代开始，经历了从零售终端为王的卖方市场时代，发展到线上线下相结合以消费者为主导的时代，再进入当下数字化零售多业态并存的时代。零售行业的不断升级，推动着零售企业从过往粗放型的传统管理方式逐步向精细化的智能管理方式转型，同时对零售企业提出了IT系统化基础设施建设和数字化经营体系建设的需求。

所谓数字化零售，依托的是大数据、云计算、人工智能等技术，将零售供应链业务环节上涉及的商品信息、物流信息、交易信息，以及用户信息等，都变成可供计算机识别、计算、整合和优化的数据资产，用于指导零售业态智能化升级，实现零售商降本增效、消费者体验优化的目的。

IT系统化基础设施建设，因为投入不菲，往往令很多传统零售企业望而却步。但我认为，对于已经度过了生存期的企业而言，IT系统化和数字化建

设是势在必行的，是关系到企业能否长远发展的大计。鉴于成本的压力，企业可以根据发展战略，对系统架构搭建先做整体规划蓝图，再根据业务的优先性和拥有资源的实际情况，分阶段和分步骤去实施。

在数字化经营体系建设上，仅靠POS（销售终端）系统收集的那些销售数据，已经满足不了数字化零售时代对商品和顾客交易行为的分析与评估需求，这些正是互联网电商的优势。互联网电商的数字化系统能够靠围绕每一笔交易的全程数据评估一个商品的价值，发现顾客的消费规律，进而找到改善商品、服务、甚至扩展及替换商品的方向。这种模式已经改变了商品从推向市场到接触消费者，甚至口碑推广、下次消费等一整串流程的顺序，通过社交的手段，已完全可以把整个过程压缩到一个时间点上完成。这种极速效率，对传统零售企业来说，则是之前发展中做不到的。

在数字化转型和经营建设上，优衣库率先给传统零售企业树立了标杆。优衣库数字化建设如图 2-5 所示。

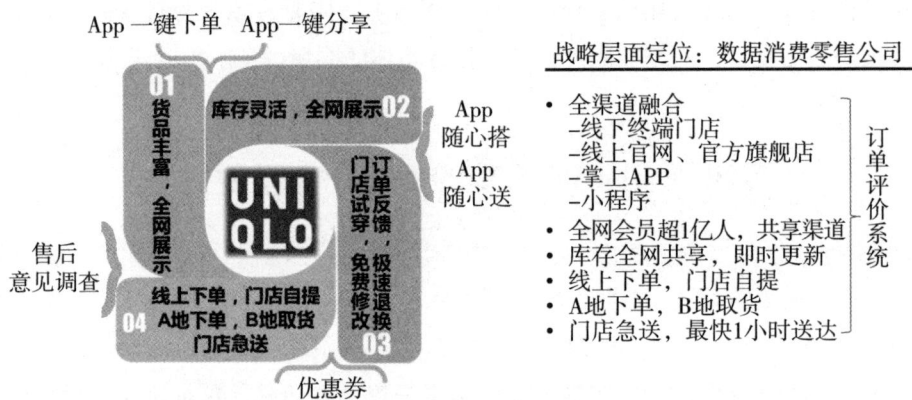

图 2-5 优衣库数字化建设

从 2014 年起，优衣库从传统的管理模式向数字化经营管理模式转型，首先将公司定义为数据消费零售公司，然后在数字化应用和智慧零售转型过程中，通过各种交付渠道的开发和经营，最终实现了渠道共享、商品资源共享、全网会员共享，以及全网库存信息共享，并通过建立订单评价系统，就商品品质、设计、服务水平进行跟踪评价，收集会员的反馈，用于商品和业务持续改良。2018 年，在服装企业业绩堪忧的大环境下，优衣库则逆势上扬，财报显示整体收益同比增长 14.4%，净利润创新高，而中国市场是重要的贡献者，这与优衣库连续四年在中国市场数字化应用与转型上的持续努力密不可分。

还有一个从数字化转型中受益的企业是全家便利店。其通过推出会员卡，并用 POS 数据进行账户绑定，成功获取了深度信息。全家便利店又使用这些深度信息帮助门店选址和店内选品，大幅度提升了预测的准确度。

优衣库和全家便利店的数字化应用案例说明了传统零售企业利用大数据、智能化软件和物联网硬件进行全面数字化转型升级，提高管理质量与管理效率的必要性。为了加速企业数字化变革，企业必须重视数据在各个业务环节上的原始积累，同时需要做到以下几点。

第一，完成企业内部不同渠道、不同区域间业务系统的数据对接，建立数据共享池全局协同。

第二，扩大数据采集的范围和质量，补回缺失的数据，提高原始数据积累的准确率。为此，企业首先要确保会员信息体系的建立与完善，并使会员信息与销售信息连通和共享；其次要采集和完善商品信息、物流信息、交易信息，以及用户信息等供应链数据；再次要做好卖场数据采集、商圈数据采集等，明确数据切入的采集点；最后要不断地完善整套数据链条。

第三，要提高现有系统数据管理的规范性。每个企业都会有自己的管理系统，只是有的企业管理上比较粗放，在数据录入和维护方面没有严格要求，导致数据精准度有问题，为后续数据的使用增加了难度。

第四，企业需要持续培养专业化的数据分析与预测团队。

零售企业的 IT 系统化基础设施建设和数字化经营体系建设，是企业在数字化零售时代快速发展的后勤保障，是企业降低成本、提高效率、提升顾客的购物体验和保持竞争力的必备条件。

第五节　商品精细化运营促进供应链管理的提升

随着竞争的同质化，单一在商品价格上的竞争空间越来越小，部分企业将战略重点转移到终端拓展和并购上，期望通过增加终端数量，为企业带来规模上的优势。但是，如果这种规模优势无法转化为利润，就会出现"亏钱赚吆喝"的现象，所造成的负面影响长远下去可能危及企业发展。因此，越来越多的零售管理者意识到，想要让企业长远和健康发展，就必须降本增效，在供应链源头好好深造，通过建立以自身为主导的高效供应链优化体系，提升企业的核心竞争力。

本节主要以商品领域为核心，从其专业性和跨部门间的协同出发，将商品、物流和运营三个与供应链有直接关联的职能领域贯穿到一起，通过彼此关键业务指标的管控和提升，分析商品精细化运营对供应链管理效率的提升和持续优化。

企业认识到通过全局优化来提高供应链效率的重要性时，首先要做的就是打破部门之间的壁垒，促进内部组织协同，使各组织在业务发展中能够相互协调、相互理解和相互扶持。商品精细化运营作为采购管理中的一项重要业务，其职能之一正是打破部门壁垒，促进内部组织的业务协同与融合。其对供应链管理效率的促进作用可通过新品引进的时间周期、新品销售率、供应商订单满足率、毛利率、仓库缺货率、仓库与门店的库存周转天数以及退货处理时长等业务指标来衡量。

商品精细化运营实现的是对商品从源头健康的规划，到终端有效的执行，管理着供应链业务中的许多重要环节。高效的供应链管理对商品并不是品种数量上盲目求多，而是毛利高、动销快的有效商品要多多益善。因此，在商品精细化运营的品类规划模块，强调在源头就对商品进行优选（包括现售商品的优化和新品的开发与引进），以至于针对每个品类下的 SKU 总数、商品结构和价格带等，都要有清晰的策略。这种严格的选品原则与方法，降低了盲选商品的无效性，避免出现低效能商品进场后占用货架、人力成本、库存，以及后续出现滞销、清仓或退货时的额外资源浪费现象。

新品开发与引进的时间周期长短和新品销售率高低，不仅是行业中用以评估新品引进是否成功的指标，也是衡量供应链体系是否高效的重要参考。新品开发会经过若干个部门和若干个业务环节，之后新品才能到达门店并被陈列在货架上销售，只有各业务部门间高效协同，各业务环节高效运作，新品才能在最短的时间以最快的速度呈现在消费者面前，从而创造更多的利润。新品销售率是在某个指定的时间内，通常以新品引进后的 6 个月为评估期，用某个新品销售的总数量除以该新品的总计库存数量，再乘以 100% 后所计算出的比率。新品销售率的目标会根据商品所属品类的属性而不同，新品销售率越高，表明新品开发越成功，新品评估期的参考销售率一般不低于60%。

除了选品，品类规划模块中另一个对供应链效率有重要影响的部分是供应商订单满足率，供应商订单满足率直接影响着商品缺货率、顾客满意度和销售业绩，是供应链管理效率的重要指标之一。因此，督促供应商将订单上的商品按数量及时和准确送达，不仅是采购的重要工作之一，也是供应链管理的重要环节。供应商订单满足率如果低于90%，就要对采购进行预警，鉴于其对采购的重要性，供应商订单满足率通常会作为考核采购的关键业务指标之一。

商品毛利率是商品精细化运营实施的核心指标之一，同时是考核采购的关键业务指标之一。在品类规划模块会通过六个维度进行毛利率的提升，分别是整合上游厂商资源，减少采购的中间环节；进行成本结构分析与谈判，获取采购成本优势，并利用增量采购或招标持续降低采购成本；利用自有品牌商品树立差异化和提升毛利；利用营销方案提升高毛利商品的销售率；控制和降低缺货率，保证供应稳定；利用后台的营业外收入，提升商品的综合毛利率。同类企业中，谁的毛利率高，意味着谁的供应链管理更加有效率，谁更有竞争力。

供应链管理中的库存管理水平通常以缺货率和库存周转天数两个指标呈现。在商品精细化运营体系下的陈列规划模块，通过实施陈列图，使商品的高低库存在门店货架上就得以可视化，方便员工跟进与解决。另外，仓库和门店的补货逻辑与参数的设定，包括季节性销售浮动参数的设定，配送周期和配送频率等，对缺货率和库存周转的影响至关重要。要使库存在供应链的业务环节中能得到有效管理，陈列图的应用和补货逻辑与参数的连接是关键。

供应链管理是对贯穿其中的商品流、信息流和资金流进行集成管理，从而实现为顾客创造价值和降低供应链成本的效果。商品流从供应商向顾客流动，是供应链管理中的商品正向流。同时，商品有逆向流，比如，门店的商品退货给供应商。商品的逆向流在供应链管理中是一个容易被忽略的内容。有竞争力的供应链管理要求商品的正向流高效。针对门店要退货的商品建立高效的业务规则和处理方法、快速完成审批、通过运输路线快速退达仓库再快速退达供应商等，都是供应链商品的逆向流高效的体现。

由此可见，商品精细化运营是供应链管理中的重要环节，如果商品不能发挥效能，或是管理混乱的话，供应链在源头同样会出现低效能或是混乱的局面，不仅自身无法实现效率优化，还会影响供应链其他职能。如果商品效能在源头就能得到很好发挥，供应链上的规模优势发挥的空间也就越大，相应的成本就会越低，效率会越高，因此只有商品精细化做得好，供应链的管理和优化才能更好。

除了商品与门店运营端在供应链管理上的业务指标外，在物流端的验收、仓储、配送、调拨和退货等业务环节也分布着供应链管理中的一些重要指标，部分指标还与商品和运营指标交融在一起。来自物流端的指标主要有预约收货满足率、商品上架时间、配送效率与配送满足率、物流费率和损耗率等。部分商品会因为管理上的特殊性而增大物流端管理的难度和复杂性，如对存储温度有要求的商品或者验收后需要二次加工的商品等。而越是有难度的商品，越能体现企业供应链管理上的优势与竞争力。

第六节　商品精细化运营管理体系如何
助力企业提升竞争力

商品精细化运营管理体系由四大核心模块构建而成，分别是品类规划、陈列规划、布局规划和组织赋能。企业竞争力提升过程如图 2-6 所示。

图 2-6　企业竞争力提升过程

从总部来看，这一体系突破了企业内部各职能部门独立运作的业务模式，从业务策略融合的角度使采购、营运、设计规划、终端管理等职能横向连接起来，各模块既独立运作，又相互依托和相互成就，形成了合作与赋能关系。

商品精细化运营管理体系率先启动品类规划模块，使企业进入以商品为主导和驱动的业务模式，这种业务模式强化了商品的整体规划与资源的集中统筹，在规模优势下，供应链效率得以优化和提升，使企业差异化的优势增强，并进一步增强企业的盈利能力。商品精细化运营管理体系对商品实行的是从源头规划到终端执行的管理过程，通过对过程指标的管理和控制，提升结果指标达成的效率。对各业务环节的精细化管理过程，使得企业的标准化运作水平提升，进而提升门店的快速复制能力和健康成长能力，是对连锁企业差异化竞争壁垒的直接打造。

从采购的角度来看，商品精细化运营管理体系打通了商品从源头规划到终端执行上的各个业务环节，使商品规划行动得以落地，增强了供应商资源投入的信心，进一步提升了供应链的管理效率。它通过强化终端执行，也使得采购回归到"以终为始"的管理思维上，以整体策略为原则和指导思想，根据各品类在公司业务中所承担的角色，规划和管理各级别的商品。而品类级别的建立极大地提升了采购对商品在门店融合过程中的管理效率，形成了商品管理的核心竞争力。

从门店的角度来看，商品精细化运营管理体系通过对销售业绩的过程管理，如陈列图的执行对员工效率的提高、缺货率的降低、门店标准的提升，带动了顾客服务水平的提升等，促进了门店销售和利润的提升。这些过程指标的改善最终会促动员工士气的提升，形成良性循环。

商品精细化运营管理体系为企业营造了健康、良好的发展环境，使得企业的业务过程管理得到强化，企业在管理精细化过程中的进步、差异化壁垒的增强，以及对长远内驱力的夯实，都将助力企业核心竞争力的提升。

深度洞察，
品类规划前奏篇

任何一个成功的实践背后，都有着特定的背景支持，其中有显性的，也有隐性的，了解到成功背后的整体原因才是关键。品类管理也一样，不仅要接受其理论和方法，更要研究和学习这个实践得以成功的要素有哪些，当时的商业环境是怎样的。要思考如果要在本土复制这个实践，我们是否具备那些成功的要素，我们的商业环境有什么不同，我们要做哪些改变和调整，等等。古人有授人以渔的精神，今人更要主动学习成果背后那些显性和隐性的成功要素，才能在变化的环境中做到学以致用、活学活用。

第一节　品类管理的起源

品类管理起源于美国零售巨头沃尔玛公司和美国日化巨头宝洁公司在供应链方面降本增效的项目，双方 CEO 亲自洽谈战略合作，该项目被命名为 CPFR（Collaborative，Planning，Forecasting，Replenishment），即协同式供应链库存管理。品牌商宝洁与零售商沃尔玛就日化品类达成战略共识，以满足顾客需求为导向，通过数据共享和对顾客行为的研究，在制订营销计划、预测商品销量、持续补货方面展开通力协作，实现顾客满意度、业绩和供应链效率提升。沃尔玛与宝洁 CPFR 项目分析如表 3-1 所示。

表 3-1　　　　　　　　沃尔玛与宝洁 CPFR 项目分析

CPFR 项目	具体内容
项目结果指标	①提高顾客满意度；②供应链降本增效；③提升销售、毛利和周转率
项目过程指标	①有货率（缺货率）；②库存周转天数；③订单满足率、送货及时性

续　表

CPFR 项目	具体内容	
行动方案	①统一数据口径，统一销售评估口径，双方进销存数据共享； ②根据顾客洞察分析和销售数据，整体回顾日化品类的商品，引进畅销商品，联合开发新品，汰换旧品，合理定价、优化货架空间分配、制订销售和库存目标、制定营销策略、制订执行计划； ③确定商品的安全库存和补货逻辑，常规商品通过自动补货系统订货，季节性和促销商品通过手工补货，确保订货及时和订量合理，对销量大、周转快的商品建立稳定库存管理机制，保证有货率并提高库存周转，同时降低运输和仓储成本； ④跟进执行过程，现场听取顾客反馈，根据实际情况及时调整营销方案和补货参数	
具体职责	**沃尔玛职责** ①开放 POS 销售系统，共享销售数据； ②开放仓库系统，共享库存数据； ③设定并维护商品的安全库存，实行系统自动补货； ④精选商品并保持长期的价格优势，提升零售商和品牌商的价值形象； ⑤增设巡店检查专员，确保门店全力执行，并调研市场和聆听顾客的反馈	**宝洁职责** ①建立专门的团队跟进项目； ②宝洁与沃尔玛的补货系统互联，全程监控补货效率，确保补货参数准确、订单处理及时、送货及时； ③就销售、库存和顾客反馈等数据，与沃尔玛沟通，及时对方案作出应变调整； ④畅销品保证有货，滞销品及时调配； ⑤提供物料宣传资料配合商品陈列
项目结果	销售额增长 41.13%，毛利额增长 36.32%，送货周期减少 3.5 天，门店库存保持在安全值以内，整体供应链效率大幅提升，沃尔玛和宝洁的品牌价值和顾客忠诚度都得到了提升	

CPFR 项目使日化类产品在货架上的整体印象焕然一新，过往积压的旧品不见了，过往因缺货而空洞的货架也被时尚新颖的产品所填满，产品根据顾客决策树整齐、丰满地陈列在货架上，配以实惠的价格、超值的促销、稳定的货源供给。沃尔玛和宝洁开启了零售商与供应商协作共赢的先河，不仅使双方的销售和利润实现了极大提升，同时赢得了顾客的青睐，满意度和忠诚度也得到了极大提升。这套用于日化品类的管理方法和经验在沃尔玛和宝洁的内部不断地被完善，并应用到其他品类，同时该经验被行业内其他流通企业和组织研究、学习和复制。20 世纪 90 年代，以品类管理命名的方法论正式在美国形成，并于 1997 年传入中国。

一、CPFR 项目为什么可以成功

品类管理传到中国后，一度被本土零售企业众星捧月般地奉为提升业绩的秘诀。但几年之后，美国沃尔玛和宝洁强强联手所创造出的传奇佳话在中国并未形成燎原之势，市场对品类管理逐渐趋于冷静。为什么沃尔玛和宝洁的品类管理实践可以成功？沃尔玛与宝洁 CPFR 项目成功要素与中国本土企业的思考如表 3-2 所示。

表 3-2　　沃尔玛与宝洁 CPFR 项目成功要素与中国本土企业的思考

对比类别	美国沃尔玛和宝洁		中国本土企业的思考点
	零售商沃尔玛	品牌商宝洁	
项目最高参与者	双方 CEO 主导合作，战略方向和目标明确		项目负责人是否权威
互信度	互信度强，共享销售和库存数据，系统互联，共同制订方案、预测销量、制定业务规则，统一指标和评估口径		老板是否接受和信任供应商或第三方，是否坚定
项目目标	过程指标和结果指标都很清晰，有历年的结果对比		项目过程和结果目标是否清晰
执行方案	执行方案具体、清晰，双方达成共识		执行方案是否清晰，是否达成共识
团队	双方都成立了独立的项目团队，负责推进项目计划，职责清晰		品牌商和零售商是否愿意投入专门的团队，是否已有清晰的工作职责
资源	强大的门店资源、执行能力；强大的 IT 和物流支持	市场调研、顾客分析；生意数据分析能力	品牌商有多少资源投入项目
执行力度	自建商场，商品结构近似，标准化程度高，执行效率高		标准化程度低，执行难度大
品牌商的积极性	连锁和集中化程度高，有规模优势，品牌商愿意投入资源		业态多，规模小，缺乏规模优势，品牌商 ROI（投资回报率）不高

二、品类管理的定义

品类管理是通过系统性方法，对所经营的商品根据相关性原则进行分类和管理。在品类管理过程中，企业基于品类来进行选品、定价、陈列、促销和补货，实现品类整体销量和利润的最大化。

品类管理计划的实施不仅提升了顾客满意度和品类业绩，也推动了零售商与品牌商在合作过程中的共赢，并使零售商在商业竞争中获得领先。

一方面，品类管理起源于零售商与品牌商的合作，但在后续发展中，特别是在中国零售企业内部推广和实施时，出于投资回报的角度，品牌商的力量多投入在外资零售企业或国内比较大型的零售企业的项目上。另一方面，同品类商品往往由不同的品牌构成，参与品类管理的品牌商在项目中的倾向性、公正性和客观性方面的表现引发了不同的声音。因此，品类管理在中国本土零售企业中的发展比较多元化，除品牌商参与这一形式外，还有品类专家培训后企业团队自主进行品类管理，或者第三方顾问公司辅导企业进行品类管理的形式。

零售商要以开放的思维面对与品牌商的合作，品牌商对产品、顾客和品类的市场发展趋势有着更深的理解，能帮助零售商快速建立差异化优势。如果零售商能联合品牌商共同行动，设定好整体品类增长的目标，那么不仅顾客、零售商、品牌商可以受益，甚至整个品类包括其他供应商都可以受益。沃尔玛（中国）与宝洁（中国）曾在 2007 年展开合作，在新开门店和重装门店内引进个人美护中心（Personal Beauty Center），品牌商负责整体方案的设计，沃尔玛提供独立的场地和装修。个人护理中心的项目推出后，顾客品类教育、心智教育和购物体验都得到了极大提升，沃尔玛的个人护理品类成为市场上绝对领先的优势和目标性品类。

三、品类管理的构成

品类管理由品类规划、品类日常管理和品类回顾三部分构成。

品类规划是对各个品类业务方向、规则、目标和行动计划的设定。品类规划侧重于从商品顶层架构上展开业务规划，以企业层面的战略和经营策略为指导思想，以满足顾客需求、顺应市场发展趋势、提升企业业绩，以及建立与竞争者的差异化识别为业务目标，对商品作出全局的从策略定位到落地执行的规划。品类规划包括对品类角色、品类策略和品类战术等经营元素作出的业务管理规划。品类规划按实施频率，分为年度品类规划和主题性品类规划。主题性品类规划主要指重点节假日主题和季节影响明显的主题，如中秋节、春节等。品类规划是一项短期投入、长远受益的业务行为。

品类日常管理是对品类规划的业务方向、规则和行动的承接与执行，与品类规划有着共同的目标，如品项优化、供应商优化、GMROII（商品毛利回报率）的检视与优化、结合商品多元化、品牌定位、商品分级、价格和毛利检视等，进行商品组合规划、库存管理、供应商管理、陈列空间管理和促销管理等，必要时也会对业务规则作出调整和修正。品类日常管理贯穿全年商品管理始终，先完成品类规划，才会有品类日常管理，两者是先后关系。

品类回顾是在品类规划完成到一定的时间阶段后，根据各品类实际达成的业务结果，对前期品类规划所输出的品类角色、品类策略、业务规则，以及实施的业务行为等，进行全面梳理和回顾，以此评估各品类当期表现，挖掘可以借鉴的最佳实践，总结和纠正不足之处，并制定下一阶段的业务策略、目标和行动计划。在完成初次的品类规划后，再进行的品类规划都可以视为品类回顾。

品类管理在不断规划、评估、回顾与调整中，完善着商品管理的各个业务环节，不断发现新的业务机会。

第二节　品类管理模型的差异分析

品类管理的理念和方法自 1997 年在中国连锁经营协会的年度会议上被首次分享，至今已有二十多年的历史。在中国连锁零售企业早期的尝试、探索和应用中，品类管理的方法论得到了不断完善和升级，并逐渐应用在大卖场、超市、精品店和一些连锁药店的运营管理中。虽然在部分企业品类管理的落地执行遇到了一些困难和问题，但行业对品类管理这一先进理念的认同从未改变。

品类管理起源后，在美国沃尔玛内部渐渐形成了专有的品类规划模型（见图 3-1），并被不断完善和升级。随着品类管理在中国的发展，一些研究和推动品类管理的先行者更是在砥砺前行中坚持着对品类管理的探索和总结，实实在在地推动着中国零售管理技术的进步。他们所总结的品类管理八部曲模型在零售行业中广为流传（见图 3-2）。

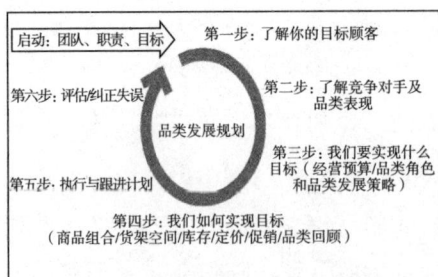

图 3-1　沃尔玛品类规划模型

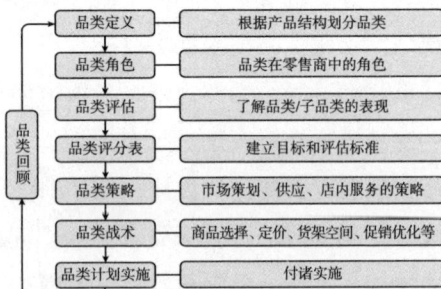

图 3-2　品类管理八部曲模型

沃尔玛品类规划流程是"1+6"的模式，即启动和六个步骤，如果与品类管理八部曲模型比对，其内在逻辑都是一样的。二者区别在于品类管理八部曲模型强调从品类定义开始，沃尔玛的品类规划模型则强调从了解顾客、竞争者和自己的品类数据开始，但两者可谓殊途同归。

商品精细化运营管理体系的基础方法论源于品类管理，品类管理的落地实践又扩大了其研究范围的广度和深度。本书所提及的品类管理的基础理论多源于我在美国和中国沃尔玛工作期间的学习和实践心得，实施方法和步骤则根据中国本土零售企业的实际商业环境、管理经验和实施条件的不同，作出了相应调整。出于对原理论的尊重，我对所修改和新增的部分都做出了说明，使读者可以更深入了解本书中所描述的品类管理，以及其在本土企业实践过程中的调整和变化。商品精细化运营管理体系下的品类规划模型分为八个步骤，在品类管理底层逻辑与方法论不变的基础上，我对核心要素做了细分拆解，以提高落地行动的质量与效率。商品精细化运营管理体系下的品类规划模型如图3-3所示。

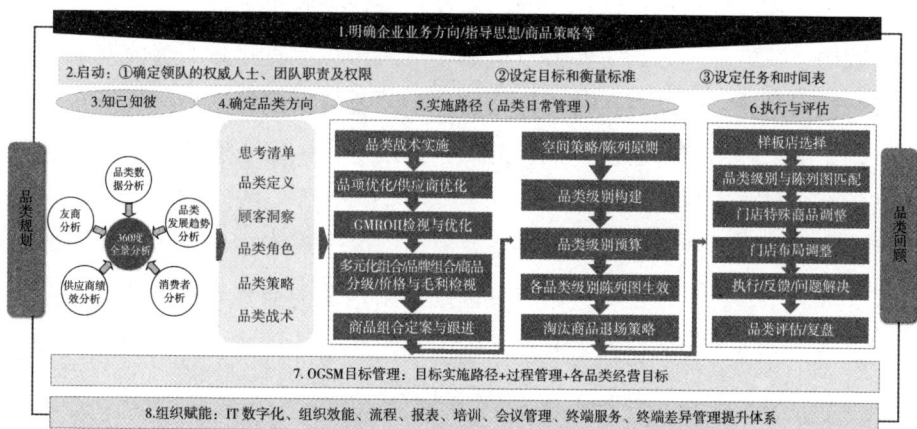

图3-3　商品精细化运营管理体系下的品类规划模型

以图3-1沃尔玛品类规划模型为基础，对商品精细化运营管理体系下的品类规划模型在八个方面作出了调整和新增，具体如下。

第一，以企业业务方向、指导思想和商品策略为规划起源点，确保所有在商品上的业务行动与企业经营策略保持一致。

第二，增加权威人士领队，这是确保品类规划得以落地实施的关键要素。

权威人士最好是有采购或运营背景的专业人士，有跨部门协调和调动资源的能力，有责任心，能担当。

第三，强调知己知彼，增加360度全景分析，不仅包含对消费者、品类数据分析，还增加了对品类发展趋势、供应商绩效和友商（竞争对手和学习标杆）的分析。

第四，在确定品类方向中增加了对品类规划全局的思考，并对品类定义进一步细化。在门店业态和顾客定位的基础上，定义品类结构、品类在宽度和深度上的配置，以及品类规划前对品类结构的更新和主数据的清理。

第五，品类战术是品类规划的核心要素之一，在实施路径中将商品组合做了细分拆解，先通过销售表现完成品项和供应商优化，再通过商品多元化组合、品牌组合、商品分级与价格组合、综合毛利等维度下的检视对商品进行再次优化，并引入了我的原创理念——品类级别构建。品类级别构建是品类规划可以在终端落地实施的必备条件。

第六，在执行与评估中，将陈列与门店执行的重点分别做了细化，同时增加对门店商圈的特色化调整，使门店在执行计划时更加落地。在本土企业的实践中，我的经验是，一些项目虽然接近尾声，但直接影响着前期的规划和目标能否达成，因此在执行与评估这一步需要有更多的耐性，让执行人员对计划了解得越清楚和透彻，执行的效果就越好，一定要避免虎头蛇尾导致所有的努力付诸东流的现象。

第七，OGSM目标管理，通过品类规划，将经营预算大目标分解到各个品类，成为子目标，采用以过程管理驱动结果达成的目标管理方式。这样做可以让与业务有直接关联的人有更多的参与感和目标达成后的成就感，即使遇到困难，也有经历、挑战和战胜困难的荣誉感。

第八，组织赋能，通过IT数字化赋能，提升整体供应链效率，提升组织效能。在品类规划业务进程中，建立和完善流程体系，将各类分析和评估报表模板化、可视化和数字化，提升使用效率。通过培训、会议管理、终端服务等加强各个业务环节的理解、沟通和协作。在品类规划的落地行动中，通过终端差异管理，寻找差异问题出现的根源，并跟进问题解决，促成品类规划目标早日实现。

以上是我从多年理论与实践的探索中总结出来的经验，经过进一步提炼和萃取形成的模型，希望能为品类管理在中国的实践和应用提供参考和借鉴。

商品精细化运营管理体系下的品类规划模型进一步对品类管理的构成做了解释，从第一至第八步是品类规划，通常一年规划一至两次；第五步的整个过程为品类日常管理，贯穿全年工作，如果在管理过程中经实践验证发现品类规划的某些业务规则有问题，可以作出调整和修正。经过一定时间的累积和沉淀，经营结果有了一定的呈现后再次发起的品类规划行动，被称为品类回顾。品类回顾与品类规划的间隔最少6个月，其间可以做阶段性目标达成回顾，如周、月度、季度目标回顾等。

第三节　品类规划落地的逆向思考

所谓品类规划落地的逆向思考，是指将思考的原点由总部采购切换到终端运营，通过思考和回答终端可能存在的问题，验证品类规划的执行方案是否可以顺利在终端落地实施，用以培养以终为始的思维方式和系统性的全局观，避免被局限性的思考束缚，导致规划方案缺乏可行性支撑。

在设计逆向思考的问题时，为了使问题具有普适性，提高参与度，仅特指某连锁零售企业有500家门店，开业时间在2006年至2021年，门店商圈覆盖一线、二线城市内的社区、菜市场、商业街、交通枢纽四种类型。在门店业态、顾客定位、门店面积和具体品类上将不做特指，具体说明如下。

一是门店业态不特指。没有特指门店属于何种业态，所以其可以是标准商超、大卖场、精品超市、综合超市、社区店、便利店，或者药店等。

二是门店顾客定位不特指。

三是门店面积不特指，但以大型、中大型、中型、小型四种类型代表门店面积的从大到小。

四是问题设计中涉及的具体品类不特指。

我强烈建议读者先完成逆向回流的思考问题，挖掘问题背后的原因，列出相关的思考点，并独立作出解决方案，然后再回顾品类规划落地的逆向思考清单与解决方案（见表3－3）。

表3-3 品类规划落地的逆向思考清单与解决方案

逆向回流的思考问题	问题背后的原因/相关思考点	解决方案
（1）在500家连锁门店中，要选择品类规划项目的测试店，选什么样的店，选多少家店	• 四种面积类型下的门店各有多少家 • 四种商圈类型下的门店有多少家 • 四种商圈类型在经营的品类和品类的业绩上有什么差异 *并不是每种面积类型都有代表性，现实中门店的面积分布可能更复杂，关键是要找出有代表性的面积群组	在有代表性的面积群组中选择，覆盖到商圈，每种面积类型下可选2家，以便于比较
（2）在执行品类规划的任务时，门店通常会遇到哪些问题影响任务执行	• 商品品种超货架负荷 • 实际布局和货架组数与图纸不一样 • 品类的现有空间不合理 • 商品组合与门店面积/商圈不匹配 • 新陈列图要执行时，下图商品的处理不及时	• 控制SKU数量 • 执行前检核图纸与货架 • 考虑不同面积下的商品配置 • 分析不同商圈类型下的商品和补货差异 • 制定下图商品的退场策略
（3）在执行品类规划任务时，门店通常会有哪些特色是需要考虑的	• 门店现有的商圈特色商品是否被包含在新的商品组合中 • 门店有本地商品的专有货架 • 门店有合同期内的供应商展示约定 • 门店在使用过往非标准的陈列道具	• 按80/20法则评估门店特色商品，如果销售情况确实较好可暂时留存，3个月后再去验证和评估 • 评估本地商品的产出情况，考虑是单独存放还是放到常规货架中 • 尽可能避免供应商展示约定对品类规划测试的影响 • 评估影响，必要时更换道具
（4）面对大型、中大型、中型和小型四种面积类型的门店，作为某品类的采购，你在品类规划时会作出怎样的行动	• 查询500家门店中某品类的货架组数有多少种，思考和决策要分多少种货架组合，怎样去配置商品 • 思考现在所占用的货架空间与品类的业绩产出是否匹配，根据品类发展趋势，是需要争取货架空间还是释放空间给其他品类 • 思考品类的全品项和必备商品组合需要的货架陈列空间	• 根据全品项商品组合确定陈列空间的最大货架组数；根据必备商品组合，确定陈列空间的最小货架组数 • 结合门店四种面积类型，确定在最大和最小货架组数之间设定几种货架组合 • 根据最后确定的货架组合类型，进行商品组合配置 • 考虑日后新品进入时还有旧品清货，每组货架SKU数量需合理且有可以调配的空间

逆向回流的思考问题	问题背后的原因/相关思考点	解决方案
（5）假如你对某品类的货架空间规划了四种组合类型，分别是3、4、6、8组，你计划500家门店怎样使用这些组合（此处不考虑规划的合理性，侧重于怎样应用）	• 如果你从门店的角度思考，面对四种货架组合，你会有哪些思考维度 • 思考门店通过怎样的方法能在这四种货架组合中作出客观的选择 *影响门店选择货架组合的因素有面积、商圈、历史销售、竞争环境等	• 通过历史业绩贡献占比，评估哪套货架组合最适合 • 通过竞争环境，考虑哪套货架组合最适合 • 通过商圈发展，考虑哪套货架组合最适合 • 最后结合面积容量确定货架组合
（6）门店反馈要执行的新商品组合配置不符合门店商圈需求，你如何解决问题	• 要与门店达成认知上的一致，即不符合商圈需求是如何评估的，该商圈需求是针对商品品种还是针对补货参数 • 思考门店需求是单独个体的需求还是商圈类型下的需求，个体的需求是短期的，商圈类型下的需求是长期的	• 与门店探讨商圈需求商品能否被新的商品组合所替代 • 明确是商品品种还是补货参数的商圈需求差异 • 对确实必要的商圈化商品，思考是否加入商品组合中 • 暂时保留原商品组合，待时间验证
（7）在执行某品类的陈列图时，门店发现要执行的是5组货架，但门店实际只有3组货架，你如何解决问题	• 门店实际布局与货架与原图差异 • 思考是否可以通过评估门店各品类所占用的货架空间与业绩产出的合理性来解决相差的2组货架问题	• 评估该品类的业绩产出应该有几组货架 • 如果不能增加货架，选择与3组货架最接近的新陈列图，即4组货架
（8）门店某品类的3组货架上商品拥挤不堪，基本一个排面一种商品，你怎样解决这个问题	• 缺乏商品配置管理机制，没有执行陈列图造成了这一现状，可以通过新的商品组合配置和陈列图来解决问题，但要思考如何避免再出现这种现象	• 采购规划时，要严格控制SKU数量，预留缓冲的空间给门店 • 建立清晰的商品退场机制； • 建立陈列图在门店的执行机制和检核机制
（9）在准备执行某品类的陈列图时，门店向你反馈原来门店销售不好或清过仓的几个品种又上图了，门店销售好的商品却下图了，你会怎么解决这个问题	• 在以往没有陈列图的情况下，商品销售不好的原因有多种，涉及陈列位置、订货、价格、促销等，所以现在要按新的陈列图执行，经过3个月后，根据真实的销售情况再做汰换的决定 • 思考陈列图的重要性	• 先执行陈列图，3个月后评估，根据动销情况，做汰换的决策 • 针对畅销品下图的情况，可以与门店商讨新的商品组合是否可以替代，无法替代就暂时保留，3个月后评估，并做汰换决策

逆向回流的思考问题	问题背后的原因/相关思考点	解决方案
（10）门店陈列图执行不能100%到位的原因是什么，怎么解决	● 思考陈列图要实现的目的是什么 ● 思考门店没有100%按照陈列图执行后，破坏了哪些原本要实现的目的 ● 思考如果陈列图要实现的目的门店都可以达成，能否给门店一些灵活的空间	● 设定陈列图执行要求，释放一些灵活的空间，比如保持品项的前提下，门店有面位调整权 ● 制定陈列图执行机制和检核机制

读到此，读者也许对于品类管理在本土部分企业落地执行上所遇到的一些困难和问题有豁然明朗之感。是的，如果采购在做品类规划时，脱离了门店在面积和商圈上的差异，脱离了门店现存的货架陈列组数的多样化差异，脱离了门店的商品量已是不堪重负的现状，脱离了新增上图商品而撤下的一系列商品无处安置的情况，那门店如何去执行呢？即使门店有想去执行的态度，恐怕也是心有余而力不足。

以终为始，将落地执行并入品类规划的开始，自然会有上下同心、其利断金的信念与力量。

第四节　品类规划的前奏

一、立项团队与启动沟通会

品类规划是商品精细化运营管理体系的第一个核心要素，启动方式和完成结果对整个体系的构建意义重大，因此领军的团队尤其重要。如果在品类规划正式启动前，企业内部还没有设置品类管理的专属团队，可以采用立项式组织。立项式组织是抽调相关部门的精兵强将组建项目组，再挑选能力、责任与权威兼具的管理人员担任项目负责人，授予其总指挥的权限，联合其他业务部门协同完成项目计划，推动整个商品精细化运营管理体系的构建。

品类规划是采购部的重点工作之一，采购部负责人将是该项工作的主要执行方，带领各品类采购按计划的时间完成任务，并向项目负责人交付工作结果。项目组负责各项计划的提前制订、推动、检查、确保任务按时完成、调动和协调所需要的资源，以及组织其他业务部门协作配合。

品类规划的启动需要有正式的启动沟通会，企业负责人、核心高管和其他各部门相关人员都需要到会。企业负责人对商品精细化运营管理体系在企业发展中的展望、对项目目标和项目团队的介绍、对跨部门协作的期望等，对项目的成功有着至关重要的作用。

二、品类规划实施方案的制订

在品类规划的前奏工作中，需要预先整体制订出品类规划的实施方案。其包含品类规划整个过程中的关键行动要素、参考时间、主导人和支持部门等，这些关键行动要素是确保品类规划目标得以达成的必备条件，项目负责人和任务主导人务必跟进和执行到位。表 3 - 4 为品类规划实施方案参考模板，企业可以根据内部的实际情况作出调整。

表 3 - 4　　　　　　　　　　品类规划实施方案参考模板

序号	关键行动要素	参考时间	主导人	支持部门
1	召开启动会，阐明商品精细化运营管理体系的全貌	半天	项目负责人	采购部、营运部、陈列部、市场部、物流部、项目组
2	明确各项任务交付的时间、具体负责人、职责			
3	明确业务方向和指导思想、商品策略	—	采购部负责人	采购部、项目组
4	完成品类结构层级的梳理与修正	2 ~ 7 天	采购部负责人	采购部、项目组
5	统筹市场部完成 360 度全景分析的顾客分析	3 天	项目负责人	市场部
6	统筹采购部完成 360 度全景分析的其他分析	5 天	采购部负责人	采购部、项目组
7	统筹采购部完成品类规划全过程思考清单	2 天	采购部负责人	采购部
8	与采购部团队讨论并确定各品类角色与发展策略	2 天	采购部负责人	采购部、项目组
9	确定选品逻辑与原则，确定全品项选品清单	5 天	采购部负责人	采购部、项目组
10	审批全品项商品清单	2 天	采购部负责人	项目组、采购部

序号	关键行动要素	参考时间	主导人	支持部门
11	确定各品类的全品项商品规划批次	半天	采购部负责人	采购部、陈列部、项目组
12	配合陈列部完成陈列室的设置，陈列样品到位	5 天	陈列部	采购部
13	陈列部与采购部确认陈列原则	1 天	陈列部	采购部、项目组
14	陈列部上架首批商品陈列	3 天	陈列部	陈列部
15	为采购部提供品类级别规划和货架空间的建议	1 天	项目负责人	采购部、陈列部
16	与采购部负责人现场讨论回顾中的问题	2 天	项目负责人	采购部、陈列部
17	完成首批回顾品类的全品项规划	1 天	采购部负责人	采购部、陈列部
18	制定陈列、价格、促销、库存、竞争策略	2 天	采购部负责人	项目组、采购部、陈列部
19	整合品类策略，采购准备汇报内容	3 天	采购部负责人	项目组、采购部
20	决策层审核首批品类的全品项规划	2 天	决策层	采购部、营运部、陈列部、市场部、项目组
21	修正首批回顾品类的全品项规划并定案	2 天	采购部负责人	项目组、采购部、陈列部
22	审批并定案首批回顾品类的其他级别规划	2 天	采购部负责人	项目组、采购部、陈列部
23	品类规划修正与复盘	1 天	项目负责人	项目组、采购部、陈列部
24	完成所有品类级别规划工作	30 天	采购部负责人	项目组、采购部、陈列部
25	设定品类级别的销售、毛利、库存的参考预算	5 天	采购部负责人	项目组、采购部
26	制订样板店的测试计划、样板店培训、启动沟通会	2 天	项目负责人	项目组、营运部、陈列部
27	执行、跟进、纠错、评估、汇报总结	60 天	项目负责人	项目组、营运部、陈列部
28	制订全面推广计划并完成推广	30～60 天	项目负责人	项目组、营运部、陈列部
29	启动下一轮品类回顾开始	约半年后	采购部负责人	项目组、采购部、陈列部

三、360 度全景分析体系

品类规划前奏的一项工作是对品类的内、外部环境进行 360 度全景分析。360 度全景分析是通过品类数据分析、品类发展趋势分析、消费者分析、供应商绩效分析，以及友商（竞争对手和标杆企业）分析，检验业务结果与预期是否相符，评估业务行为是否符合市场发展趋势，能否满足顾客需求，与供应商的合作是否实现了双赢的目标，分析竞争对手以制定更适合的竞争策略等，最终为规划一套优质的商品组合和建立高效的业务规则，提供决策参考（见图 3 – 4）。

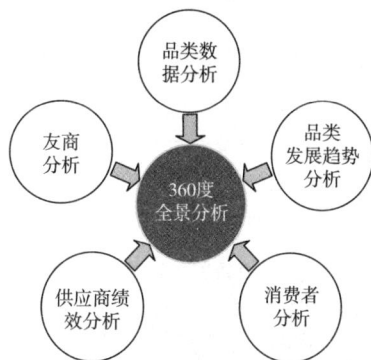

图 3 – 4　360 度全景分析

（一）品类数据分析

品类数据分析是以单品为基础，再以小类、中类、大类和企业整体逐层汇总建立多维度的分析体系。首先确保数据的准确性；其次通过数据分析，找出背后有价值的业务和存在问题的业务行为，对好的业务行为可以复制和推广；对有问题的业务行为，要找出问题背后显性和隐性的原因；最后制订出解决方案从根源上加以修正。

下面我将为读者提供一套品类数据分析的模板作为参考，并对非常规数据加以解读，读者在实际应用中，可以根据业务场景进行调整和修改，从而定制出适合自己企业的分析报表。为了数据的完整和客观性，提取数据的时间段以满 12 个月为宜（如 2021 年 5 月 1 日—2022 年 4 月 30 日），也可以按自然年度来提取，这样可以覆盖节假日和季节性等因素下的销售变化。通常情况下，年度品类规划按滚动 12 个月提取，因报表较长，将分段截取例图作为模板加以说明，实际应用中可将分段报表整合为一份品类分析报表。本报表中所有的价格单位为人民币（元）。

品类数据分析模板的商品基础信息如表 3-5-1 和表 3-5-2 所示。下面对表 3-5-1 和表 3-5-2 中的几个概念进行详细说明。

表 3-5-1　　　　　品类数据分析模板的商品基础信息（一）

（数据提取时间为 2021 年 1 月 1 日—2021 年 12 月 31 日）

大类名称	中类名称	小类名称	商品编号	条码	商品名称	规格	销售单位	最小订货数量	品牌	商品状态	商品生效时间	有效销售天数（天）	出样门店数量（家）

表 3-5-2　　　　　品类数据分析模板的商品基础信息（二）

（数据提取时间为 2021 年 1 月 1 日—2021 年 12 月 31 日）

含税成本（元）	初始零售价（元）	初始毛利率（%）	平均销售价（元）	销售毛利率（%）	最近四周毛利率（%）	单店最近四周销售量	单店月均销售量	当前库存数量	库存周转天数	GMROII	商品销售率（%）	商品来源	供应商名称	供应商属性

- 商品状态。在提取商品数据时，包含所有产生过销售的商品，然后对已淘汰、停止或暂停销售的商品快速浏览，关注是否有销量大但被淘汰的商品，检查淘汰原因是否正常，避免贸易商因利益问题停止与厂商合作的非市场行为的淘汰。排除异常淘汰后，只针对当下时间点销售状态正常的单品进行分析，但要留意季节性的商品，其信息需要包含在数据提取的范围之内。

- 商品生效时间。商品上架销售的时间用于计算有效销售天数，此处的有效销售天数最多为 365 天。因为商品生效的时间和出样门店数量不同，所以在按单品提取数据时，可以将单品按销售时间分为销售 1 年以上的老商品和销售不满 1 年的新品（销售 4~12 个月的商品），销售不满 3 个月的新品，因尚在试销期间，可不在分析的范围之内。

- 平均销售价。其是指在实际销售过程中的成交价，用以对比与初始零售价的差异，如果某个商品经常低于初始零售价销售，或两者之间差异较大，则考虑零售价和成本价的合理性。

- 最近四周毛利率。其直接体现了商品是促销、清仓还是正常销售。

- 单店最近四周销售量。其用以弥补单店月均销售量所不能完全体现的缺货、清仓或增长潜力等原因，对销量的真实影响。

单店月均销售量。计算方法为单品在指定时间段内的销售总量除以有效销售天数乘以 30 得出月均销售总量，再除以有效出样的门店数量，得出单品单店的月均销售数据，用于比较单品之间的效能。

- GMROII。其是指每 1 元的库存投资在 1 年中产生的毛利金额，计算公式为：

$$年度毛利额/平均库存成本 = 毛利率 × 商品周转率$$

- 商品销售率。指定时间内商品销售总量除以（商品进货总量 – 退货），用以评估商品畅销程度。

- 商品来源。该商品是中央集中采购，还是区域地方采购？

- 供应商属性。其指厂家、代理商、自有品牌厂商等。

品类数据分析模板的销售对比分析如表 3 – 6 所示。

表 3 – 6　　　　　　　　品类数据分析模板的销售对比分析

商品基础信息	销售价对比分析						销售额对比分析				销售量对比分析			
	主竞争对手当前售价（元）	次竞争对手当前售价（元）	最近四周平均销售价（元）	2021 年平均销售价（元）	2020 年平均销售价（元）	2019 年平均销售价（元）	2021 年销售总额（元）	2021 年销售额占比（%）	2021 年销售额同比（%）	2020 年销售额同比（%）	2021 年销售总量	2021 年销售量占比（%）	2021 年销售量同比（%）	2020 年销售量同比（%）

下面对表 3-6 中的几个概念进行详细说明。

• 销售价对比分析。了解商品在竞争中的价格优势，以及最近四周和近3 年的变化趋势，判断生命周期，并通过价格与销量、增长之间的变化评估投入商品上的促销费用是否有意义。

• 销售额占比和销售量占比。单品销售情况与中类汇总情况之间的比值，小类与中类比，中类与大类比，大类与整体比，用以评估商品的重要程度。

• 销售额同比和销售量同比。其用于评估商品和品类的增长趋势和生命周期，与销售价的变化有内在的联系，因为商品生效时间的不同，如果商品不具备同比条件，该栏留空即可。

品类数据分析模板的销量与毛利对比分析如表 3-7 所示。

表 3-7　　　　　　　　品类数据分析模板的销量与毛利对比分析

	销售量对比分析			毛利额对比分析				毛利率对比分析		
商品基础信息	2021 年销售量总量	2021 年销售量占比（%）	2021 年销售量同比（%）	2020 年销售量同比（%）	2021 年毛利总额（元）	2021 年毛利额占比（%）	2021 年毛利额同比（%）	2020 年毛利额同比（%）	2021 年销售毛利率（%）	2020 年销售毛利率（%）	2019 年销售毛利率（%）

下面对表 3-7 中的几个概念进行详细说明。

• 毛利额占比。单品毛利额与中类汇总值之间的比值，小类与中类比，中类与大类比，大类与整体比，用以评估商品贡献毛利的重要程度。

• 销售毛利率。通过销量与毛利的对比分析，评估成本是否有持续谈判的空间，如果毛利率低但销量大，首选成本降低，并考虑低毛利是否真的有意义，以及是否有高毛利商品可以分流销量或替代。

品类数据分析模板的综合指标分析如表 3-8 所示。

表 3 – 8　　　　　　　　品类数据分析模板的综合指标分析

大类名称	中类名称	SKU数量(个)	SKU占比(%)	销售额(元)	销售额占比(%)	销售额同比(%)	销售量	销售量占比(%)	销售量同比(%)	毛利额(元)
大类汇总			100%		100%			100%		

毛利额占比(%)	毛利额同比(%)	综合贡献率(%)	当年毛利率(%)	去年毛利率(%)	周转天数	GMROII	客单价(元)	客单价同比(%)	客流量	客流量同比(%)
100%	100%									

下面对表 3 – 8 中的几个概念进行详细说明。

● 综合贡献率。其是指将销售额、销售量和毛利额三个指标分配不同的权重值后，计算得出的一个整体数值。此处的综合贡献率是"40% 销售额占比 + 30% 销售量占比 + 30% 毛利额占比"，从综合层面评估商品的重要程度，权重值根据企业对周转和毛利的不同要求进行个性化设置。综合贡献率末位 20% 的商品进入一个待优化池，从中找出滞销、重复和效能低的商品进行替换或淘汰。

如果企业在 IT 支持和会员系统方面相对完善，还可以深入研究两个概念，一个是渗透率，另一个是复购率，帮助企业进一步了解品类和商品的重要性和忠诚度。关于品类渗透率，可以理解为门店一周内共有 1000 笔交易，代表有 1000 个实际消费的顾客，那么这 1000 笔交易中有多少笔交易购买了目标品类下的商品，购买目标品类的交易次数占总交易次数的比率就是品类渗透率。商品渗透率是指门店这一周总计 1000 笔的交易中购买了目标商品的交易次数占总交易次数的比。商品复购率是指这一周总计 1000 笔的交易中，购买该目标商品 1 次以上的交易次数占总交易次数的比。

有了品类基础数据的信息后，就可以对单品、小类、中类、大类，以及企业整体，在商品品种、品牌、销售、毛利、综合贡献、同比增长、库存周转、供应商等维度进行综合分析，在分析中要参考 80/20 法则，抓住重点，避免抠得太细而影响效率。

对数据的诊断和分析是对业务决策支持的基础，但在具体应用时需要深入认知数据表象背后的原因，以免造成决策上的失误。比如，一个商品会因为某次大单购买、促销、清仓等业务行为而提升平均销量，也会因为一段时间缺货、恶劣天气的影响等而降低平均销量。2020 年年初发生的新冠肺炎疫情，人们居家的时间增多，民生品类销量暴增，非食品品类销量大幅度下降。只有结合了数据背后的业务行为或背景的分析，才是客观和有效的分析。

（二）品类发展趋势分析

品类发展趋势是在当下对于某品类线下和线上渠道销售和增长的分析，以及预判未来可能出现的销售增减变化情况。品类发展趋势分析的目的是既尊重历史的研究与分析，又前瞻与洞察未来的发展情况，以做好资源调动与分配，最大化地发挥品类效能。品类发展趋势可以从以下渠道获得。

一是品类代表供应商（生产商或代理商）提供的分析数据。供应商直接面对产品的生命周期与第一手的市场销售数据，更加重视品类的发展趋势，重视在品类发展中把握战略机会，因此信息更直接和完整，也可以节省企业外购数据的成本。并不是每个供应商都能马上提供出关于品类的分析数据，有的供应商也不具备信息整合的能力，采购平时在与供应商的沟通中需要多注意收集和整理这部分信息。

二是专业的市场调研机构（AC－Nielsen，McKinsey，GFK 等）的分析信息。一方面，第三方市场调研机构通过强大的调研体系进行目标性的研究与分析；另一方面，其与各大零售商之间签订了服务协议，通过数据交换与共享建立信息资料库，预测品类未来的发展趋势。

三是品类行业协会的品类发展趋势研究报告。品类经理或采购可定期收集一些行业内专业机构发布的研究报告、研究数据和观点，以及在展会上收集的关于品类发展的研究资料等。

四是产品原材料、新型材料、科技、功能、设计、颜色、包装，以及人们生活方式的变化趋势等。

五是企业内部的分析输出信息。品类经理或采购通过品类历史数据和当下的表现，如品类增长趋势、关联品类的增长趋势，以及顾客的消费趋势变化，并结合外部研究报告而得出的有关品类成长的结论，是在日积月累中建立起来的。

随着新生代家庭消费的崛起，包装的半成品菜、肉、鱼、禽类等，因便捷、食品安全可控、品质稳定等特点，被越来越多的大众所接受，疫情又加深和扩大了人们对包装商品的接受度，由此可以预判包装的生鲜商品在未来的发展中会逐步走强，超市中少了现场掰菜、现场宰杀后，损耗降低，同时在人工成本和工作效率方面有了较大改善。商家如果对此有提早的洞察和果断的行动力，就能更早、更多地享受到品类发展趋势所带来的红利。

对品类发展趋势的分析不是一蹴而就的，而是从长期的经营管理中，对品类的思考和研究而来的。

（三）消费者分析

沃尔玛的顾客服务原则有两条：一是顾客永远是对的；二是如有疑问，请参照第一条。这种坚持顾客至上的服务理念造就了世界第一的零售企业。华为以客户为中心，驱动自己不断创新，最终成就了世界级的企业。亚马逊召开高管会议时，坚持在会场放置一把空椅子，这把椅子是留给顾客的，目的是驱动企业高管在做业务决策时突破自身思维上的限制，时刻考虑到用户的需求与体验。由此可见，以顾客需求为企业的业务导向之一，是个不争的事实，那么你的顾客到底是谁呢？

对于消费人群，有的零售商的态度是多多益善，希望通过更多顾客的光顾来提升销售业绩。这种胡子眉毛一把抓的做法往往使得企业没了自身的特色。也有的零售商将细分消费人群作为战略布局，却又摇摆不定，患得患失，这样的结果往往是付出了时间和管理成本，却没有获得期望中的业绩提升。因此，以消费者需求为导向要做的第一步是定位自己的目标消费人群，并明确消费人群的特征与行为，据此再确定商品的定位和选择方向。这一阶段的关键点是明确与专注，避免对目标顾客的不确定，引起对商品规划的不确定。下面以某会员店为分析案例，如果你是零售商 A，请将你的消费者信息和商品策略与定位在研讨后谨慎填入（见表 3 - 9）。

表 3 - 9   消费者定位与商品定位分析

关键要素	××会员店	零售商 A
消费者定位	生活在中国一线、二线城市的中高端收入家庭	
消费者特征和行为	具有消费能力较强，追求生活品质，向往美好生活，对新生事物充满热情和好奇，更愿意去尝试、体验新的商品和服务，更容易被消费趋势或社交媒体所影响，更重视消费过程中的服务和体验给家庭带来的价值感等特征	
商品策略和商品定位	优质优价，构建差异化的商品精选体系： • 严控商品品质和食品安全 • 严选精选商品，SKU 数量控制在 4000 个 • 进口商品，体现差异化和价值感 • 厂商品牌，保持价格优势，树立价格形象 • 独家或专供厂商品牌，突出差异化和性价比 • 自有品牌，突出价值感和差异化 • 自制商品，突出选材、配方、品质和性价比 • 地标商品，突出原产区的独特和商品的稀有 • 整体价格有约8%的价格优势	

注：以上案例内容从该企业对外发布的信息中提取和梳理。

对于零售商来说，消费者的光顾和交易是持续发展的动力，分析和洞察消费者的行为与业务的关系也就至关重要。零售企业可以与品牌商或第三方专业的调研机构合作获得消费者分析数据，信息更全面和专业。随着现代科技和信息量的累积，通过大数据提取消费者信息的方式也比较普及。如果没有同外部公司合作，品类采购也可以用向内思考的方式，对消费者购买行为作出分析和研究。这里主要侧重品类采购如何洞察和分析消费者的购物行为，为商品规划工作提供业务判断和决策上的思考，挖掘业务上的机会点。表 3 - 10 为消费者综合分析基础内容，在日常的商品管理中，采购应该不断思考如何通过商品管理，更好满足消费者需求。

表 3 – 10　　　　消费者综合分析基础内容（包括但不限于下列项目）

思考问题	开放式思考结论		
消费者在此购物的三个重要原因			
消费者不在此购物的三个原因			
他们需要什么商品、服务和价值			
他们未来需要什么商品、服务和价值			
现在需要作出哪些改善巩固顾客			
消费者信息	分类项目	分类细分	消费者行为产出
消费者画像	性别	女性占比 男性占比	按性别、年龄、家庭状况、收入水平和消费者类型，细分各个维度的数据： ● 购买商品类型 ● 平均商品单价 ● 平均客单价 ● 购物次数 ● 年度消费额
	年龄	细分数据	
	家庭状况	细分数据	
	收入水平	细分数据	
消费者类型	消费者类型	细分数据	

　　企业只有将专注力聚焦在目标消费人群上，才能有针对性、深入地研究和分析消费者的需求，并驱动自身更好地满足，甚至超出消费者的预期。以消费者需求为导向要做的第二步是服务好消费者的显性需求，这一阶段的关键点是研究与满足。

　　消费者的需求具有显性和隐性的特点，其显性特点更多体现在已有或已知的情境中，当消费者没有体验到商品和服务时，他们的需求则具有隐性的特点，没有清晰画像呈现。以消费者需求为导向要做的第三步就是挖掘和洞察消费者的隐性需求，并引领消费者完成对自身隐性需求的探索，这一阶段的关键点是对消费者隐性需求的洞察与引领。对消费者隐性需求的洞察和引领能力，是零售企业有别于竞争对手的差异化能力。瑞典知名的家具和家居零售商宜家，就是一个典型的标杆。在商品研发上，宜家不仅注重主体产品的开发，同时会与供应商共创主体周边的配套产品。例如，在厨房配件的消费情景中，消费者可以选择各种烹饪的厨房用具，还可以在情景展示中看到与厨房配件配套使用的手机和 iPad 的展示架，这引导消费者在厨房一边实操，一边享受多媒体所带来的乐趣。

　　最初对目标消费人群和消费特征的定位，往往在实体业务发生之前，在实体业务开始经营后，通过对实际到访的消费者的观察，对性别和年龄的结构分布、到店消费频率、每笔交易的客单价、每笔交易中消费者购买的商品数量、每个商品的平均价格，以及实际商品的消费情况等交易数据的分析，可以对目标消费人群及其特征定位是否准确进行验证，并在必要时作出调整。

另一个对消费者行为分析有帮助的是 RFM 模型，其可以通过显示同比和环比之间的差异，分析和寻找品类在品种、价格、促销上的问题点。RFM 模型如表 3 - 11 所示。

表 3 - 11　　　　　　　　　　　　　　RFM 模型

模型	Recency （最近一次消费）	Frequency （消费频率）	Monetary （消费金额）
RFM 模型	消费者最近一次购买距离分析点的时间	消费者一定时期内购买该品类商品的次数	消费者一定时期内购买该品类商品的总金额

零售企业在消费者研究和分析上所做的一切，最终都会回归到一个根本的目的上，那就是了解消费者，并以合理的价格提供能满足消费者需求的优质商品和服务，企业在服务过程中不断满足消费者的过程，也是消费者价值创造的过程。消费者价值创造原创模型如图 3 - 5 所示。

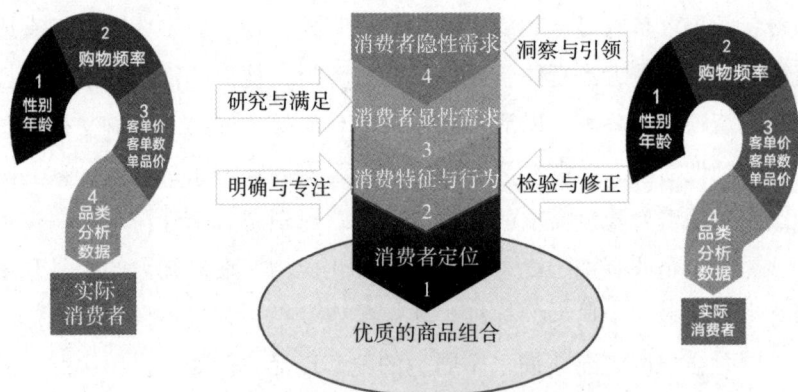

图 3 - 5　消费者价值创造原创模型

因此，以消费者需求为导向这一理念要深度植入企业的经营管理中，并践行到企业文化、业务决策和日常的经营管理之中，对消费者的尊重，就是对职业和对零售人自己的尊重。

（四）供应商绩效分析

供应商管理是采购管理中的一个组成部分，在供应链优化过程中发挥着重要的作用。商品精细化运营管理体系将供应商管理定义为全过程的服务和管理，包括供应商甄选和引进管理，以及供应商合作过程管理。供应商全过程服务和管理体系如表 3 - 12 所示，指引零售企业在细分领域根据实际情况，定制自身的供应商管理体系。在实际业务进行中，采购至少每年要全方位地对供应商完成一次评估，为遴选战略供应商、培养优秀供应商，以及淘汰不合格的供应商提供实质性的参考资料。

表 3 - 12　　　　　　　　　　供应商全过程服务和管理体系

构成	细分领域	核心内容说明
供应商甄选和引进	供应商开发和引进流程	供应商开发和引进流程
	供应商资质评审体系	基本资质标准、产品线资质标准、特殊品类资质标准、生产设施和环境的安全/卫生/环保、质量管理体系、原材料控制、过程和生产控制、成品检验、仓储及交货控制、人力资源和培训等方面的入门要求
	完善供应商合同条款	进货价格、付款方式、年度返点、仓佣、退换货、促销支持、物流配送、交货期限、临期/过期/滞销商品跟进、违约处理等条款说明
	建立供应商付款结算流程	结算资料要求、结算流程、例外处理等
供应商合作过程管理	建立供应商绩效评审体系	交货履约：送货及时率、常规订单完成率、促销订单完成率 经营业绩：销售、可比增长、初始毛利率、销售毛利率、利润率 产品品质：质量问题出现的次数、投诉的次数 售后服务：问题应答的及时性、终端维护、市场信息提供、文件/资料提交的准确性和及时性等
	建立供应商绩效评审机制	评审时间、频率、谁参与评审、谁负责最终审批确定等
	建立供应商分级标准与权益规范	根据平衡计分卡得分，设定供应商分类分级原则，以及相应的供应商权益；回顾供应商表现，授予其相应的权益，并对表现差的末位供应商进行相应警示
	建立供应商共赢辅导体系	合作初期培训（在合作过程中的要求、诚信原则等）、提高信用度、季度生意回顾、重点供应商高层沟通会、年度促销计划、供应商意见和建议反馈等
	完善供应商淘汰退场机制	设定经营不达标的淘汰制度，以及合规不达标的淘汰制度

360 度全景分析的第四个维度主要侧重在供应商合作过程管理领域，以供应商绩效管理为载体进行的分析，分为供应商关键绩效分析（见表3-13-1和表3-13-2）和供应商附属绩效分析（见表3-14）。另外，可以把供应商对合作资源的投入作为附属绩效的参考因素。

表 3-13-1 　　　　　　　　　供应商关键绩效分析（本年）

供应商信息		本年至今销售指标							本年至今库存指标			本年至今毛利指标				计划行动目标			
供应商名称	厂家/经销商	SKU数量(个)	SKU占比(%)	销售额(元)	预算达成率(%)	销售占比(%)	同比增长(%)	平均单品产出(元)	库存金额(元)	库存占比(%)	周转天数	毛利额(元)	毛利占比(%)	初始毛利率(%)	销售毛利率(%)	保留(Y/N)	SKU数量(个)	目标毛利率(%)	采取行动
总计																			

表 3-13-2 　　　　　　　　　供应商关键绩效分析（去年）

供应商信息		去年至今销售指标							去年至今库存指标			去年至今毛利指标				去年是否存在问题
供应商名称	厂家/经销商	SKU数量(个)	SKU占比(%)	销售额(元)	预算达成率(%)	销售占比(%)	同比增长(%)	平均单品产出(元)	库存金额(元)	库存占比(%)	周转天数	毛利额(元)	毛利占比(%)	初始毛利率(%)	销售毛利率(%)	
总计																

表 3-14 　　　　　　　　　供应商附属绩效分析

供应商名称	厂家/经销商	配送方式	结款周期	有货率(%)	送货及时率(%)	订单完成率(%)	综合服务能力-5分为最好（新品上架、资源投入、创新）					售后服务及时性-5分为最好（问题应达、终端维护、信息反馈）					产品品质出现问题次数（次）
							5分	4分	3分	2分	1分	5分	4分	3分	2分	1分	
总计																	

通过对供应商关键绩效分析，结合供应商附属绩效分析，可以寻找和发现生意中的机会点，针对机会点进行商品增加与淘汰，或者供应商的替换，最终提升供应商的效能和贡献度。

（五）友商分析

知己知彼，才能百战不殆。企业为了在日新月异的发展环境中保持与时俱进，持续提升和优化自身的业务链，在企业内部建立友商调研体系，对业界标杆企业和本行业的竞争对手研究和学习，对企业的发展也至关重要。

分析对象可以分为两类。一类是从本行业或跨行业的优秀企业中选择出1~2家来对标学习。如果能把标杆企业成为标杆的底层逻辑研究透彻，并结合自身的企业环境加以学习，本身就是一种成功。另一类是对竞争对手，首先要明确谁是你的竞争对手。在这个问题上，需要从两个维度上展开思考：一是以公司为参照的竞争对手；二是以品类为参照的竞争对手。二者的选择结果可能一致，也可能不一致。比如，福州沃尔玛在公司层面竞争对手的第一选择是大润发，但在品类竞争对手的选择上出现分化，非食品和食品品类也将大润发列为品类的竞争对手，同公司层面的选择一致，而生鲜品类却选择了生鲜的"品类杀手"永辉作为竞争对手。即使都是采购团队，因为所管理品类的不同，对所选择的竞争对手也会存在不同的差异。不宜选择过多竞争对手，通常情况下，可在民族连锁品牌、外资连锁品牌和当地的龙头品牌中选择2~3家作为公司明确的竞争对手。除此之外，门店可以从个体的角度，将所在商圈内经营水平良好、有实力的非本公司门店列为调研和学习的对象。

对于公司的竞争对手，往往是从综合的角度着手研究，先是竞争对手的整体优势、市场地位、门店数量和分布、经营面积等，然后是细分领域的营业额、客流量、卖场规划、促销氛围、员工形象、服务体验等。对于品类的竞争对手，更多是从商品的角度出发，研究和分析，如品类策略、品牌、商品组合、选品思路、价格带、包装、供应商、陈列、促销等。由品类规划驱动的竞争对手分析专注在以品类为参照的竞争对手的研究。

在明确了竞争对手后，接下来就是实施竞争调研。无论是对标优秀的学习标杆，还是明争暗战的竞争对手，真正有实质意义的友商分析是指对目标对象的调研、参观和考察等进行有计划、正式、定期、持续性跟踪。而且要对每次的调研、参观和考察进行一定模式的记录，然后进行研究、分析和比较差异。要思考目标对象的每个变化背后的逻辑是什么，要将可以学习的内容转化成行动计划，并跟进和评估行动计划实施后的结果。为了不流于形式，友商分析体系最好由企业里的核心管理人员带领和专项负责。尊重竞争对手，了解他们，研究他们，学习他们，才能在竞争中占据优势。友商调研体系的建立过程如图3-6所示。

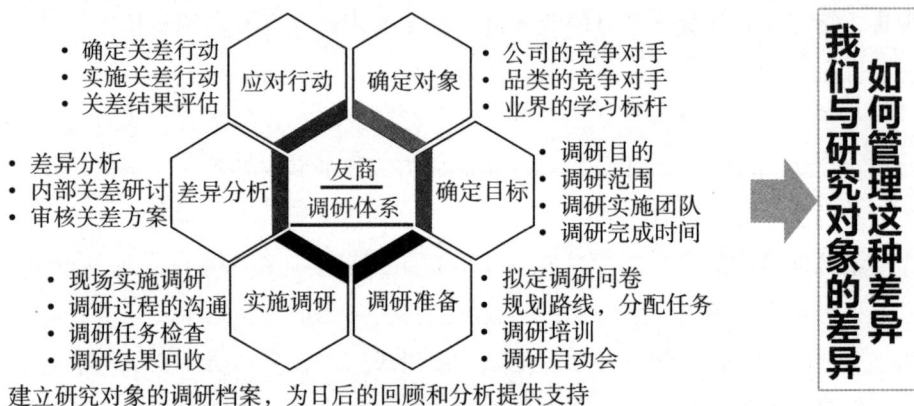

图3-6　友商调研体系的建立过程

在品类规划驱动的360度全景分析中的友商分析中，采购负责人带领团队主导完成调研、分析讨论、总结差异，以及应对行动方案的制订和执行。在现场进行市场调研时，采购需要通过对调研品类所处的位置、分配的空间、商品组合、陈列、促销和库存等情况，判断出该品类在竞争对手处的角色，并通过在现场与顾客和竞争对手的员工交流，了解他们选择到这里购物或工作的原因、对商品的评价等，从而为分析竞争对手的优劣势、找出自身与竞争对手的差异提供参考。

表3-15为商品差异调研模板，用于调研竞争对手与自己在商品经营上的差异，为企业商品差异化策略的建立提供决策参考。通过对差异商品的比较和分析，以及商品所属品类的角色和策略，作出缺失商品的补充和差异商品的取舍，或者同类商品售价是否调整的决定。通常情况下，全国连锁性竞争对手与地方龙头性的竞争对手都有的商品、陈列位置和陈列空间突出的商品、产品差异化特色明显的商品、价格形象突出的商品可列为重点关注商品。

表 3 - 15　　　　　　　　　　商品差异调研模板

大类/中类/小类	条码	商品名称	规格	单位	品牌	零售价				缺失补充/优化替代/价格调整
						零售商 A（自己）	全国连锁竞争对手 1	全国连锁竞争对手 2	地方龙头竞争对手	

注：按实际选择的竞争对手进行调研。

如表 3 - 16 所示，在完成商品差异的调研后，需要对品类从整体上做个汇总。第一部分是竞争对手品类结构信息，包括各中类的货架组数、SKU 数量、

表 3 - 16　　　　　　　　　　竞争调研汇总

市调门店信息：　　　　调研时间：　　　　调研人：　　　　部门：

品类结构信息				
中类名称	货架组数（组）	SKU 数量（个）	中类下小类的SKU 数量及价格带	

参考指标	竞争对手XXX白酒
货架组数（组）	12
货架层数（层）	7
品牌数（个）	60+
自有品牌情况	无自有品牌
SKU数量(个)	302
价格带（元）	≤15/39~59/69~99/118~158/168~199/238~268/318~398/418~458/500以上

爆品/新商品信息				
名称	规格	价格	陈列方式	图片与特殊备注
……				

整体表现	整体优势：
	（1）自有品牌（含品牌名称、所在品类、SKU 数量、价格带、产地与供应商信息）
	（2）品类关联性
	（3）促销主题/季节性
	（4）购物环境和氛围
	（5）特殊陈列、展示、标牌
	（6）员工评价

中类下小类的 SKU 数量及价格带等，然后与自己的同类信息对比，分析差异，确定自己缺失的商品项。第二部分是关于竞争对手促销的爆品和新商品。第三部分是对竞争对手整体表现的总结。

所有的调研工作完成后，就进入差异分析环节。要找到竞争对手和企业自身之间的差异，这些差异可能是定位和策略上的，业务规则上的，采购人员的理解和判断上的，也可能是执行上的。我们可以快速地把那些在调研中已经判断为值得学习的内容梳理和总结出来，然后与团队针对其他差异进行内部关差研讨。所谓的关差研讨，就是讨论和确定这些差异的存在是否是能被接受的或者是需要自身进行调整的。有的差异是因为定位或策略的不同而产生的，是能被接受的；有的差异也许确实是竞争对手的洞察力敏锐而棋高一招需要全盘学习的，或是需要汲取竞争对手的精华之处进行部分学习的。研讨并确定出可接受、全盘学习、部分学习的差异类型后，就需要制订具体的关差执行方案，并最终要落实到行动和结果的跟进与评估中。关差行动方案如表 3－17 所示。

表 3－17　　　　　　　　　　关差行动方案

品类名称	关差行动区域	目标与衡量指标	行动实施步骤	开始时间	结束时间	负责人	配合人	实施状态已完成/进行中/延期中/未开始	所需资源

随着品类规划前奏的完成，相关基础的铺垫和准备也落下帷幕。即将开启的是商品管理的本质——品类规划方向篇，你准备好了吗？

第三章　思维导图

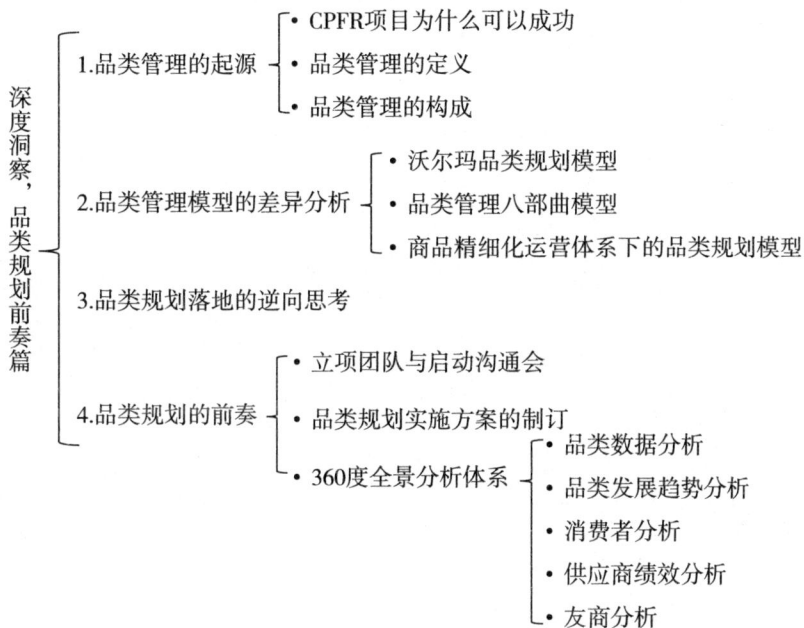

深度洞察，品类规划前奏篇

1.品类管理的起源
- CPFR项目为什么可以成功
- 品类管理的定义
- 品类管理的构成

2.品类管理模型的差异分析
- 沃尔玛品类规划模型
- 品类管理八部曲模型
- 商品精细化运营体系下的品类规划模型

3.品类规划落地的逆向思考

4.品类规划的前奏
- 立项团队与启动沟通会
- 品类规划实施方案的制订
- 360度全景分析体系
  - 品类数据分析
  - 品类发展趋势分析
  - 消费者分析
  - 供应商绩效分析
  - 友商分析

商品管理的本质，
品类规划方向篇

"零售的基础离不开商品、服务与执行，零售的发展离不开创新，未来
零售是科技与基础的结合与升级，拥抱技术，不忘初心。"这是 2018 年我在
零售世界就如何看待当下新零售时代的采访中的表态。几年后再思考这个问
题，我仍然认为有关零售的任何升级与进化都必须以商品为基础。

品类规划启动前的实施方案和 360 度全景分析已经准备就绪，下面将进
入品类规划实景演练，包括品类规划全过程思考清单、品类定义、顾客洞察
制定品类角色、品类策略和品类战术。这些都是打好商品基础的关键要素。

第一节　品类规划全过程思考清单

在品类规划正式启动前，要将顶层策略端的指导思想明确下来，只有方
向清楚了，目标才能越来越近。有关业务方向和指导思想，以及商品策略如
何构建，可以参考前文。下面以一家会员制商场为例，让读者更清楚地了解
顶层策略、指导思想与对应行动分析，如表 4 - 1 所示。

表 4 - 1　　某会员制商场顶层策略、指导思想与对应行动分析

顶层策略	指导思想的详细说明	对应的行动分析
业态定位	会员制商场	追求降本增效，突出会员价值
会员定位	中国一线、二线城市的中高端收入家庭	消费者画像：消费能力较强，追求生活品质，更愿意去尝试新的商品和服务，更容易被消费趋势或社交媒体所影响，更重视消费过程中的服务和体验
门店选址	一线、二线城市 CBD（中央商务区）和高尚住宅区附近，7 ~ 10 千米半径辐射 80 万人以上	对应的商品行动：商品规格以家庭消费为主，品质好、性价比高、具有差异化；按比例配置供应商品牌、进口商品、自有品牌和自制商品

续　表

顶层策略	指导思想的详细说明	对应的行动分析
商场面积	约1.5万平方米	面积的一致性使不同门店在商品结构和经营的品种上基本一致
企业战略和经营策略	强化差异化商品，加速实体店开店，实现不同定位的电商平台快速增长 本土化运营；差异化的精选商品体系；极致追求效率；永远坚持会员第一	商品策略：优质优价、构建差异化的商品精选体系，SKU数量严控在4000个左右
竞争策略	持续研究国际与国内本土的会员制代表企业，如COSTCO、麦德龙，以及新兴会员制商场	持续在商品和服务上保持竞争优势

资料来源：以上资料从该企业对外发布的信息中提取和梳理。

从表4-1中的信息可以看出该企业顶层策略端的方向，其在业态定位、会员定位、门店选址、商场面积、企业战略和经营策略等方面都有着清晰的定位，这使得制定商品策略时非常明确。该企业正是凭借对顶层策略的坚守，在经营管理和业绩上成为业界争相学习的标杆。

在明确了顶层策略端的业务方向和指导思想、商品策略，以及360度全景分析的结果出来后，各品类采购在落定业务判断和采取具体的业务行动之前要启动品类规划全过程思考，思考清单如表4-2所示。

表4-2　　　　　　　　品类规划全过程思考清单

序号	品类规划全过程思考点	开放式思考结论
1	本次品类规划是针对什么业态的门店进行的	
2	主目标顾客群是谁，他们的性别、年龄、消费特征是什么	
3	顾客想要的产品、服务和价值是什么，距离顾客的期望还有哪些差距	
4	我们如何巩固在顾客心里的价值领导（相信我们可以更多地为他们创造价值）地位	
5	我们如何预测并影响顾客的购买模式	
6	这个品类驱动顾客前来购买的原因是什么（贡献80%销售/毛利的商品）	
7	我们怎样提供给顾客愉悦和有价值的购物体验	

续 表

序号	品类规划全过程思考点	开放式思考结论
8	向品牌方管理人员咨询他们所了解的顾客需求,考虑我们能做些什么	
9	针对顾客未来需求的升级,我们需要做什么,什么时间完成	
10	思考和了解这个品类未来一年可能会发生的变化有哪些	
11	与我们关联度最大的品类,市场发展趋势如何?我们需要做什么	
12	谁是我们的主要竞争对手,了解他们的 SKU 数量,品牌结构,一线、二线、三线品牌分布,价格带分布,以及售价是否有优势等	
13	我们的品类与竞争对手的差异化和创新怎样构建和体现	
14	现有的战略合作供应商的表现是否都达到了期望,我们要做些什么	
15	还有哪些供应商有潜力发展成为战略合作伙伴,我们要做些什么	
16	我们的品类结构是否与时俱进,类目是否需要更新和调整	
17	我们的品类在部门、大分区和企业整体业务中发挥的品类角色是什么	
18	我们的品类的实际表现与期望的品类角色是否相符	
19	接下来我们对品类的角色期望是什么	
20	我们的品类的定价策略和竞争策略是什么	
21	这个品类的 SKU 预算数量是多少(全品项商品清单)	
22	进口/自有/全国性及其他品牌当前的 SKU 数量、销售、毛利情况如何	
23	我们如何分配进口/自有/全国性及其他品牌的 SKU 数量	
24	一线、二线、三线商品当前的 SKU 数量、销售、毛利情况,我们要做些什么	
25	直采厂家和经销商当前的数量是多少,我们要做些什么	
26	年度新品预计开发的数量和上架的频率是怎样的	
27	季节性因素是否会影响我们的品类,季前和季末要提前做哪些准备	
28	如果货架空间有限,我们的品类的必备商品有哪些	
29	针对门店面积与商圈的多样性,我们如何调整商品配置	
30	贡献销售和利润的大单品/爆品现在有多少个,计划新增多少个	
31	完成品类规划后,我们对这个品类的销售增长和毛利率的期望是多少	
32	对于淘汰商品的现有库存量、清货计划或是退场策略是怎样安排的	

在思考这些问题的过程中,采购要善于利用品牌商或供应商所拥有的信息资源。大多数品牌的生产企业和有实力的供应商,都倾注了很多精力去研究产品、品类的发展趋势和顾客需求,有定性和定量的分析结果。采购拿到这些信息和数据,再结合企业内部的信息和数据进行分析,在做业务判断和

决策时，结果会更加精准。在做信息和数据筛选时，如果有涉及供应商自身利益的数据，则需要谨慎使用。

第二节　品类定义

关于品类定义，沃尔玛将其解释为清晰的、便于管理和可量化的同一类商品的组合，从顾客的角度看这类商品之间是相互关联的、可替换的。专注于市场与顾客行为研究的 AC - Nielsen 公司将品类定义为与顾客的感知有关，基于对顾客需求驱动和购买行为的理解所作出的商品分类。无论是沃尔玛，还是 AC - Nielsen 公司，都强调了顾客在商品分类中的意义。

一、品类结构

以顾客的购买决策和零售商的管理决策作为依据，把若干个具有关联的商品分类按层级组合在一起，如大类、中类、小类，直至单品，使所有的商品得以明确区分、衡量和管理，就构成了品类结构，有的企业称为商品组织结构或品类层级。品类结构的管理需要与信息系统同步，所有类目的建立、更新和删除都需要在系统中同步完成。

品类结构通常划分为四到五级，便利店可以进一步简化为三级分类。在划分品类结构的类目时，每个企业都有自己的特点，因此品类结构表也不尽相同。表 4 - 3 为针对饮料品类常见的四级分类。

表 4 - 3　　　　　　　　　针对饮料品类常见的四级分类

大类	中类	小类	单品
软性饮料	茶饮料	红茶	
		绿茶	
		花茶	
		乌龙茶	
		加味茶	
		奶茶	
		凉茶	
		普洱茶	

续 表

大类	中类	小类	单品
软性饮料	浓缩还原果汁	NFC 果汁	
		橙汁	
		苹果汁	
		桃汁	
		果蔬汁	
		其他	
	果汁饮料	橙汁饮料	
		苹果汁饮料	
		桃汁饮料	
		浓缩果汁	
		果蔬汁饮料	
		其他果汁饮料	
		果汁饮料组合装	
		果汁＋茶饮料组合装	

品类结构层级不同，划分的标准也会有不同。在四级品类结构下，大类通常按商品生产和流通领域进行划分，是顾客的初级购买思考点，如饮料、酒等。中类在大类下，是具有各自独立特征的商品总称，是顾客的购买倾向点，如茶饮料、果汁饮料等。小类在中类下，是将具有共同特征的商品按品牌、功能、原料、口味、香型、产地、包装等进行的分类，是顾客的购买聚焦点，如茶饮料这个中类下的小类有红茶、绿茶等。再下一个层级就是具体的单品，是顾客的决策点。

图4-1为有代表性的零售企业对饮料品类结构划分的参考。每个企业组织管理结构的不同，也会影响层级划分维度的不同，例如，大润发和沃尔玛的子类相当于永辉超市的小类。

分区	大类	中类	小类	子类	代表企业
食品	烟酒饮料	饮料	茶料饮	红茶/柠檬茶/绿茶/花茶/乌龙茶/奶茶/凉茶等	大润发 RT-Mart
食品	饮料	干货杂	茶料饮	红茶/柠檬茶/绿茶/花茶/乌龙茶/普洱茶/加味茶等	Walmart 沃尔玛
食品	饮料	非碳酸饮料	即茶饮	—	Olé
—	软性饮料	茶饮料	红茶/柠檬茶/绿茶/花茶/乌龙茶/普洱茶/加味茶等	—	YH 永辉超市

注：以上分类信息更新至2022年1月。

图4-1 有代表性的零售企业对饮料品类结构划分的参考

品类结构通常采用线型分类法，横向类目具有隶属关系，纵向类目具有并列关系。另外，在划分品类结构的类目时，有的商品可能刚刚上市，功能方面有着自己的特色，但销售尚在起步期，无法归入已存在的类目下，又没有必要单独新增类目，此时可以将该新品暂时划入"其他"类目下培养。对"其他"类目至少每半年回顾一次，对已经产生一定销售规模的无类目商品，可以为其新增目录，也可以将效能低的商品进行删除。近年来，人们对方便速食类产品需求的不断增加，很多零售商已经在品类结构下新增了速食这个类目，这就需要把原来因速食类商品数量少而归在"其他"类目下的商品尽快划归到速食类目下。

大多数经营多年的零售企业都会经历品类结构的类目更新不及时、部分商品信息建档和归属混乱，以及无效商品资料庞大而引起的数据系统效率低下的问题。我在辅导企业项目时，常见类目缺失、过时和划分不合理，一些系统内的商品信息与实物不对应，以及平均单店 SKU 数量 4 万个，系统中的商品信息量却已达 40 多万条的情况。零售企业需要每年至少一次对信息系统中的品类结构类目和商品资料进行维护和更新，特别是进行品类规划前，需要先对品类结构类目进行梳理和修正，将归属错误的商品划分到正确的类目下，对需要新增或删除的类目进行及时调整。

当然，最根本和高效的是要建立商品引进、建档、维护、淘汰等业务操作的管理规范，以及监督规范落实的机制，可以为日常业务的开展提供真实、准确的指导。

二、品类宽度与深度

品类宽度常以小类为基础，通常用宽与窄来衡量小类数量的多与少，宽度是顾客购买决策的聚焦点。需要注意的是，对于实行五级分类制的企业，其品类宽度是以子类为基础的。深度是指小类同一特征下商品的品种数，通常用深与浅（精）来衡量商品品种的多与少，深度是顾客购买的决策点。图 4-2 以饮料品类结构为例，说明品类的宽度与深度。小类是品类的宽度，包含有柠檬茶、红茶、奶茶等众多系列的茶饮料，在奶茶饮料这个小类下，又包含了不同品牌、不同规格和口味的奶茶单品，这些单品构成了商品的深度。

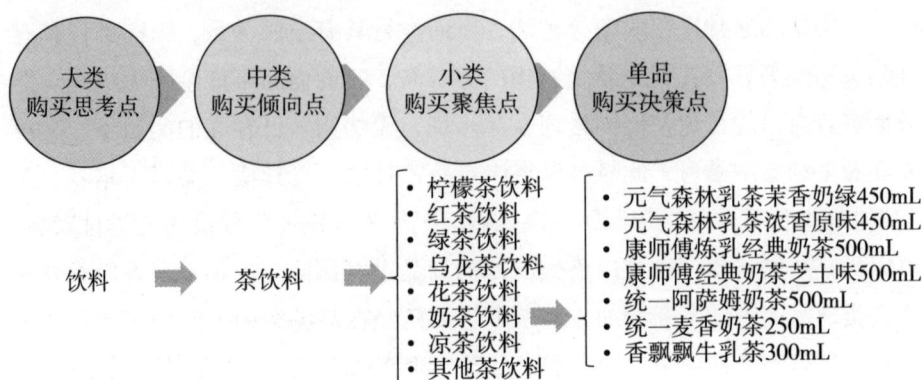

图4-2　饮料品类宽度与深度说明

有关品类宽度与深度的定位有四种，即宽而深、宽而精、窄而深和窄而精，具体如表4-4所示。

表4-4　　　　　　　　　　　品类宽度与深度定位

品类定位	宽而深	宽而精	窄而深	窄而精
定义	类别多，品种丰富	类别多，品种精选，数量适中	类别少，但品种丰富	类别少，品种少而精
特点	品项丰富，满足一站式购物需求，是顾客购买的首选之地，保持竞争优势	满足一站式购物需求，精选后的商品效能高，节省顾客购买和试错成本	品类更加聚焦，专业化程度高，可以取得规模效益，顾客忠诚度高	满足基本需求

影响品类宽度与深度定位的因素有以下几点。

①门店业态定位。门店业态影响经营的品类。一站式购物的大卖场，衣食住行品类齐全；便利店以饮料、便当等休闲食品类为主；社区生鲜店以肉、菜、蛋、奶等一日三餐的品类为主。

②顾客定位。顾客定位影响商品质量等级和风格的选择。

③商品策略。商品策略影响经营的品类和商品品种。

④商圈环境。从差异化的角度上影响品类的定位。

⑤政策法规。经营符合政策法规要求的商品。

三、品类描述

品类描述是指针对某一具体的品类，根据生产工艺、原料成分、物理形状、功能用途，以及所包含的下属类别，所作出的概括性描述。例如，植物蛋白饮料的品类描述是以植物果仁、果肉及大豆为主要原料，经过加工和调配制成的乳状饮料，包含杏仁乳、杏仁露、核桃乳、核桃露、花生乳和花生露等不含牛奶成分的产品。

在进行品类规划时，需要给每一个品类都定义一个概括性的品类描述，以更加清晰地阐述该品类所包含的产品范围和内部产品之间的关联。

第三节　顾客洞察

顾客洞察是指对目标购物群体的基本特征（性别、年龄、职业）、购物习惯（购物频率、购买品类、单次购买金额和购买数量）和购物倾向（购物时间、购买品类）进行深入研究和理解，从而作出更好的商品组合决策，满足顾客的需求。来自 AC–Nielsen 公司的数据显示，顾客流失有 68% 是零售商对购物者的需求不了解或没有行动所导致，10% 是因为购物者对零售商提供的产品和服务不满意，可见顾客洞察对巩固客流有着重要的意义。顾客流失的原因如图 4–3 所示。

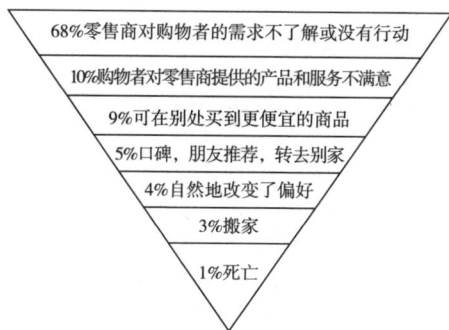

68%零售商对购物者的需求不了解或没有行动

10%购物者对零售商提供的产品和服务不满意

9%可在别处买到更便宜的商品

5%口碑，朋友推荐，转去别家

4%自然地改变了偏好

3%搬家

1%死亡

图 4–3　顾客流失的原因（多选）
资料来源：AC-Nielsen 公司网上公开的相关报告。

一、顾客购买行为的三个阶段

第一，计划阶段，即考虑需要买什么，在哪家店买。

第二，购物阶段，即在门店现场寻找和发现目标商品，然后挑选，在决策过程中可能会改变原来的初衷转而购买其他更想要的商品，也有可能被其他商品所吸引而扩大购物范围，挑选后结算完成购买过程。

第三，使用阶段，顾客开始使用和体验商品，在过程中建立对商品和门店的感知，有了做评价的信息来源，之后进行口碑宣传。

零售商深入研究顾客的购买行为，从顾客购物体验的各个阶段出发，有效理解顾客、影响顾客，并满足顾客需求，是零售企业持续经营的动力。对顾客购买行为的洞察，以及如何影响顾客的购买行为，具体如图4-4所示。

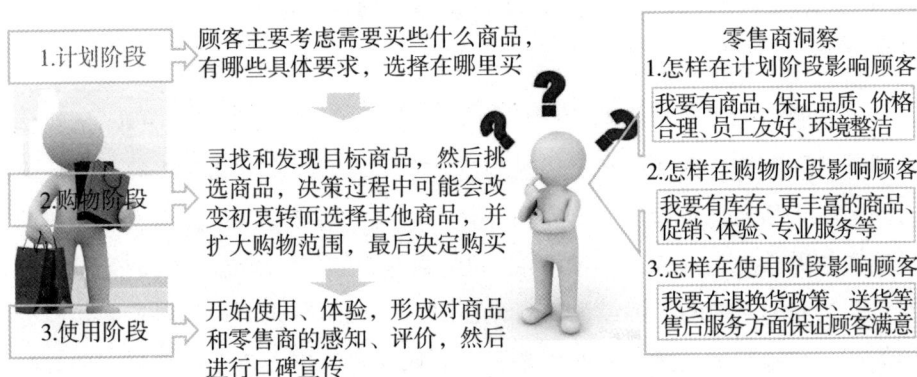

图4-4 如何影响顾客的购买行为

二、顾客洞察的问题清单

关于顾客洞察的业务问题被包括在品类规划全过程思考清单当中，以顾客需求为导向，在满足顾客需求的过程中提供专业的品类消费引导，是对每一个零售从业者的诉求。具体如表4-5所示。

表4-5　　　　　　　　　　顾客洞察问题思考清单

序号	品类规划全过程思考点——有关顾客洞察的业务问题	开放式思考结论
1	本次品类规划是针对什么业态的门店进行的	
2	主目标顾客群是谁，他们的性别、年龄、消费特征是什么	
3	顾客想要的产品、服务和价值是什么，距离顾客的期望还有哪些差距	
4	我们如何巩固在顾客心里的价值领导（相信我们可以更多地为他们创造价值）地位	

续　表

序号	品类规划全过程思考点——有关顾客洞察的业务问题	开放式思考结论
5	我们如何了解并影响顾客的购买行为	
6	这个品类驱动顾客前来购买的原因是什么	
7	我们怎样提供给顾客愉悦和有价值的购物体验	
8	向品牌方管理人员咨询他们所了解的顾客需求，考虑我们能做些什么	
9	针对顾客未来需求的升级，我们需要做什么，什么时间完成	

三、顾客购买决策树

顾客购买决策树是指顾客在购买商品的过程中，在思想意识上对各种影响购买行为的因素进行优先排序后所形成的决策层级。通过顾客购买决策树，我们可以了解顾客是如何以商品类别作为导航，选择自己想要的商品。准确的决策树对规划正确的商品组合和满足顾客的需求与期望至关重要。

（一）影响购买行为的因素

常规因素包括功能、品牌、质量等级、价格、规格、口味、香型、材质、形状、包装、颜色、产地等。

非常规因素包括购买的紧急程度、使用场景、促销或清仓活动。非常规因素往往是影响顾客购买的首要因素。如果平时你只用 A 品牌的酱油，恰好今天酱油用完了，此时你马上就要使用，而最近一家能买到 A 品牌酱油的门店往返要 30 分钟。在你等不及的情况下，过往影响你购买选择的那些因素会重新组合，形成一种应急的方式。对于使用场景来说，通常针对送礼和自用会有不同的购买决策。

（二）建立顾客购买决策树的意义

①选择适当的商品组合，满足顾客的需求。
②指导缺失商品的增加和现有重复特征商品的删除。
③设定合理高效的商品陈列。

（三）如何建立顾客购买决策树

①根据顾客的购买需求确定品类。

②定义该品类的描述内容。

③列出影响顾客作出购买决策的因素有哪些，并按购买因素的优先级别排列。

④根据购买因素的重要性划分决策树的层级。

建立顾客购买决策树有助于我们了解顾客选择某一商品的原因是什么、什么原因导致顾客不购买商品，以及顾客在什么价格区间购买商品时感到满意。顾客购买决策树是以主要目标消费群体为基础建立的，要能够反映企业的观点，而不是某个供应商的。建立顾客购买决策树的流程如图4-5所示。

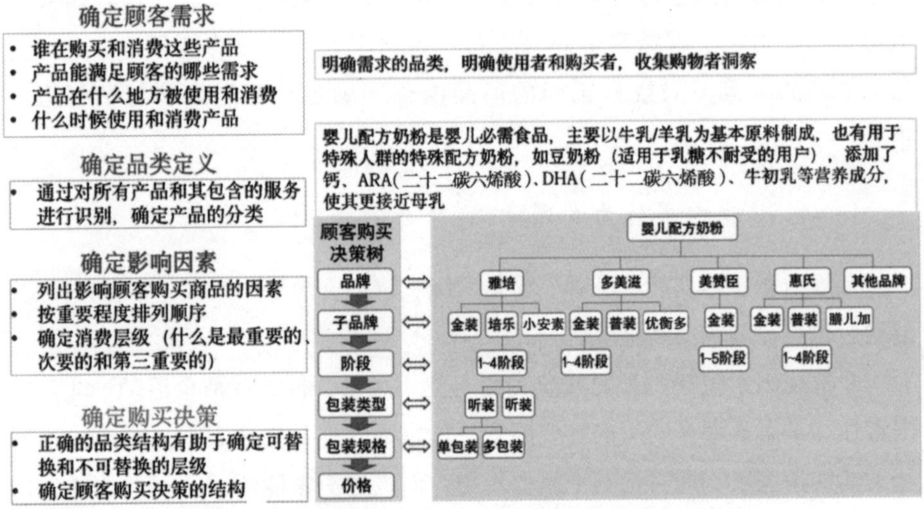

图4-5　建立顾客购买决策树的流程（以婴儿配方奶粉为例）

第四节　制定品类角色

品类角色是零售商从自身的发展规划和商品策略出发，根据各个品类在经营中的业务表现，结合市场发展趋势、顾客定位、竞争对手和供应商等因素，所确定的各个品类在其业务结构中所承担的角色和发挥的作用。品类角

色体现了各品类在企业整体业务中的重要程度，是各项资源分配时的参考
依据。

一、影响品类角色划分的因素

从不同的角度衡量会用到不同的数据。总体来说，对品类角色划分产
生影响的因素有销售额、销售额占比、销售额同比增长、销售量、销售量
占比、销售量同比增长、毛利额、毛利额占比、毛利率、顾客购买频率、
渗透率等。同时，影响零售商品类角色划分的因素还有零售商对品类角色
的定位是否与品类发展趋势一致，目标顾客定位与实际顾客是否相符，是否
与竞争对手的品类角色定位一致，以及供应商是否有能力和意愿支持品类发
展（见图4-6）。

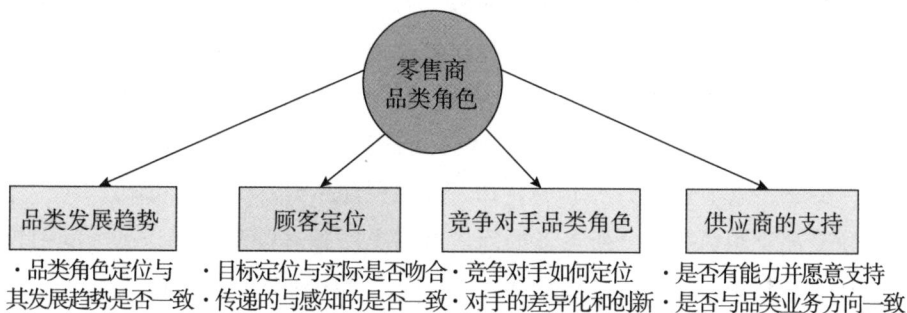

图4-6　影响品类角色划分的因素

二、如何划分品类角色

不同业态的门店对同一品类角色的定位会有不同；同一个品类也会因为
企业的不同而出现角色定义的不同，即使是同一品类，处于零售商的不同发
展阶段，也会出现品类角色定义不同的情况。如何划分和确定品类角色是一
个比较开放的问题。每个企业都可以根据自己的评估和考量，结合企业的定
位和实际情况来选择适合自身的品类角色划分的方式。

第一种品类角色划分的方式也是行业中比较传统和普及的方式，是把品
类角色划分为目标性品类、常规性品类、季节性品类和便利性品类四种，如
图4-7所示。

| 目标性品类（占比5%~10%）
主要的品类，高渗透率，高顾客购买频率的品类，能吸引购物者进入门店，帮助门店树立差异化和独特性的形象，刺激销售行为大幅提升 | 季节性品类（占比15%~20%）
品类只在每年中的某段时间售卖，该类型品类的阶段性销售额浮动非常大 |
| 常规性品类（占比55%~60%）
大品类，高渗透率，但是日常商品没有很大的差异化。此类品类是核心品类，会带领常规销售 | 便利性品类（占比15%~20%）
便利性品类帮助零售商形成一站式购物体验，简化购物流程。销售额占比、渗透率、顾客购买频率较低 |

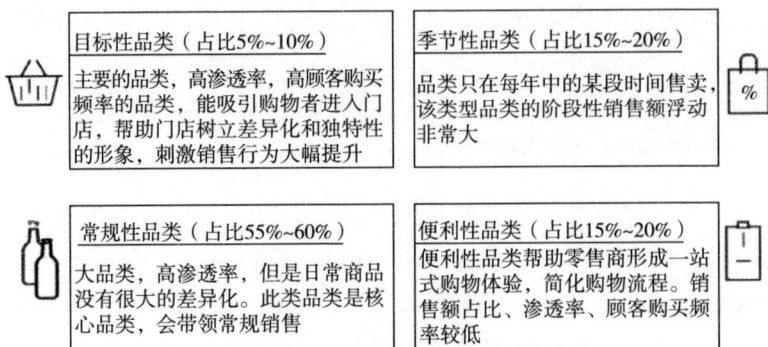

图4-7 第一种品类角色划分的方式

资料来源：AC-Nielsen公司零售研究部品类管理课程。

通常，突出一站式购物的门店，目标性品类在整体品类中占5%~10%，常规性品类占55%~60%，季节性品类占15%~20%，便利性品类占15%~20%。随着多种零售实体业态的兴起，品类的细分领域更加聚焦，更加突出差异化，便利性品类的商品从多选更趋于优选和精选，品类角色的占比也发生着变化，目标性品类可以占到整体份额的10%~20%，常规性品类占55%~65%，季节性品类占15%~20%，便利性品类占5%~10%。

这套品类角色的划分所参考的因素有品类的顾客购物频率，品类的销售额占比、毛利额占比，以及品类销售增长率，具体划分步骤如下。

一是定义好时间周期，并计算出各品类的顾客购物频率、销售额占比、毛利额占比和品类销售增长率。

二是确定这四个指标的权重，形成各品类的综合贡献值，通常，综合贡献值=30%×顾客购物频率+30%×销售额占比+20%×毛利额占比+20%×品类销售增长率。指标权重可以根据企业实际情况进行调整。

三是将品类按综合贡献值从大到小进行排序，用企业对各品类角色占整体品类之比乘以整体品类的总数量，划分出每个角色下有多少个品类。季节性品类有专属性，如节日类、季节类等。

沃尔玛早期采用第一种品类角色的划分方式，因为季节性家居品类在沃尔玛采购的组织架构中有独立的部门和采购人员，除了夏冬两季，该品类还包括复活节、万圣节、感恩节、圣诞节与新年装饰等。其他如端午节、中秋节、新年主题的食品则包含在各自所属的品类中。因此，对于中国本土没有单独设置季节性品类的零售企业，我不建议采用这种品类角色的划分方式。

第二种品类角色划分的方式源于波士顿矩阵（见图4-8）。波士顿矩阵由美国著名管理科学家、波士顿咨询公司创始人布鲁斯·亨德森于1970年创立。其采用四象限的方式，用横轴代表品类的市场占有率，即销售占比，用纵轴代表品类的市场增长率，即销售增长率。其底层原理是产品的市场份额越高，创造利润的能力越大。此外，销售增长率越高，就越需要资金来维持增长和扩大市场份额，争取成长为明星。

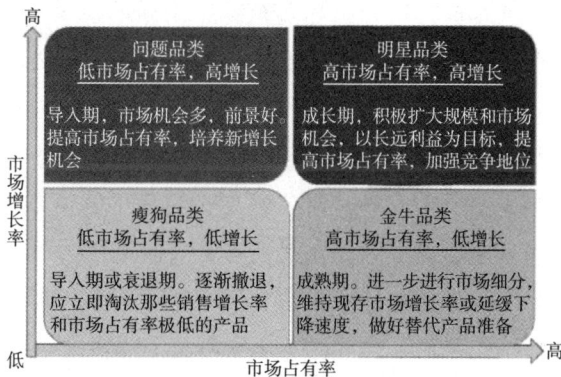

图4-8

高

市场增长率

问题品类 低市场占有率，高增长 导入期，市场机会多，前景好。提高市场占有率，培养新增长机会	明星品类 高市场占有率，高增长 成长期，积极扩大规模和市场机会，以长远利益为目标，提高市场占有率，加强竞争地位
瘦狗品类 低市场占有率，低增长 导入期或衰退期。逐渐撤退，应立即淘汰那些销售增长率和市场占有率极低的产品	金牛品类 高市场占有率，低增长 成熟期。进一步进行市场细分，维持现存市场增长率或延缓下降速度，做好替代产品准备

低　　　　　　市场占有率　　　　　　高

图4-8　第二种品类角色划分的方式

第三种品类角色划分的方式是我在商品精细化运营管理体系的实践过程中的原创理念（见图4-9），即以波士顿矩阵的底层方法论为基础，将原来横轴的市场占有率调整为由销售额占比、销售量占比和毛利额占比的品类综合贡献率，三者的权重参考40%、30%和30%，也可以自行设定，纵轴的市

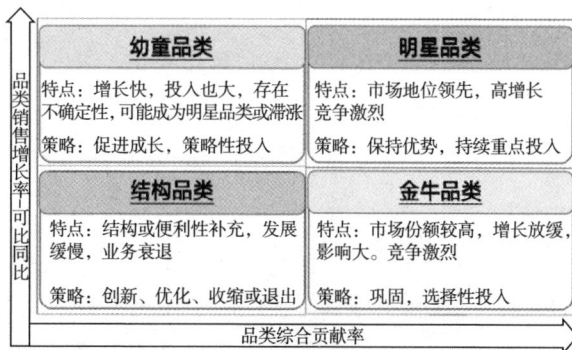

品类销售增长率-可比同比

幼童品类	明星品类
特点：增长快，投入也大，存在不确定性，可能成为明星品类或滞涨 策略：促进成长，策略性投入	特点：市场地位领先，高增长竞争激烈 策略：保持优势，持续重点投入
结构品类	金牛品类
特点：结构或便利性补充，发展缓慢，业务衰退 策略：创新、优化、收缩或退出	特点：市场份额较高，增长放缓，影响大。竞争激烈 策略：巩固，选择性投入

品类综合贡献率

图4-9　第三种品类角色划分的方式

场增长率调整为品类销售增长率（可比同比）。企业整体同比增长率作为四象限上下分隔线，增长率以上为高增长，以下为低增长。综合贡献率的中间值作为左右分隔线，综合贡献中间线以左为低占比，以右为高占比。

品类综合贡献率高、品类销售增长率也高的品类落在明星品类区域，这部分是企业在市场上和顾客认知中具有优势的品类，需要重点投入资源以持续保持优势。品类综合贡献率高但增长乏力的品类落在金牛品类区域，这些品类对企业的业绩影响大，需要选择性地投入资源，在激烈的竞争中牢牢巩固住原有的地位。增长快，但品类综合贡献率不高的品类，落在幼童品类区域。顾名思义，幼童需要持续不断地投入以支持成长，这些品类通过努力有机会经营成明星品类，但也存在着经营不善落入结构品类区域的不确定性。品类综合贡献率和品类销售增长率都低迷的品类落入结构品类区域，这些品类因补充结构或提供便利而存在，处于衰退的阶段，自身缺乏动力，需要创新、优化、收缩或者退出，资源投入上则需要谨慎。

品类角色在整个品类规划过程中发挥着至关重要的作用。在通过历史数据获取了初步的品类角色后，需要结合各品类市场发展趋势和企业的经营策略，以及在商品策略构建过程中有关品类角色的问题，进行全面思考和决策。针对品类角色思考的问题如下。

①当下实际呈现的角色与预期之间出现差异最大的 3 个品类是什么？

②从零售商的角度来看，企业的强势品类有哪些？

③在顾客眼中，他们认为企业做得好的品类有哪些？

④与竞争者比较，企业可以胜出的品类有哪些？

⑤企业要投入和发展的品类是什么？

有关企业经营策略和商品策略对品类角色定位的影响，有两个比较典型的案例。

一个品类角色定位的案例来自沃尔玛。超市中简称的 HBA（Health, Beauty & Accessories）分类，即保健、美容及辅助用品品类，在大部分超市中被定位为常规快消品类，沃尔玛与宝洁公司合作，把 HBA 和化妆品品类整合，设计出具有保健、美容和护理三位一体的个性化中心，以 PBC（Personal Beauty Center）的概念对外呈现，把传统的快消品类打造成时尚、领先的明星品类，树立了行业的标杆。近几年，随着电商对该品类销售的冲击，沃尔玛出于成本的考虑，取消了 PBC 概念中的装饰部分。无论是建立 PBC，还是取消其装饰部分，都是基于经营策略与商品策略的决策。

另一个品类角色定位的案例来自华润精品超市业态 Ole'。在 Ole' 的门店中，各种品类的酒整合在一起，以酒窖的形式呈现，其酒的种类、品牌规模和卖场氛围甚至超过酒类专卖店。无论开在哪个城市，门店面积多大，这种专业酒窖的店中店是标配。可以看出 Ole' 对酒这个品类的角色定位和资源投入是基于经营策略和商品策略来定的，要把酒这个品类打造成为 Ole' 的重点品类，与其精品超市的品牌形象匹配，成为有别于其他卖场的差异化品类。这时就不再以品类综合贡献率来评估品类的空间占用和其他资源的分配了。

品类角色可按品类结构的层级划分，即先划分出大类的品类角色，再划分大类下中类和小类的品类角色，使管理更加聚焦。只有对品类由上至下、由内向外作出全面思考后，才能更加客观地支持业务目标实现。品类角色关联品类策略，一旦品类角色落定，品类策略要做的就是通过一系列的方法和行动去实现品类角色。

第五节　制定品类策略

品类策略是零售商为了确保品类角色和品类经营目标可以在实际业务中得以实现所要采取的一整套方法。不同企业根据不同现状制定不同的品类策略，帮助实现品类目标，同时实现差异化经营。

品类策略包括营销策略和供应链策略。营销策略主要有：提升客流量、提升客单价、提升毛利、提升服务和提升品牌形象等的策略。供应链策略主要有成本领先策略、优化库存管理策略、提升效率策略等。

第六节　制定品类战术

品类战术指为了实施品类策略而采取的具体操作方法和行动，是品类角色与策略得以落地实施的关键驱动要素。针对不同的品类角色，需要制定不同的品类策略并运用不同的品类战术进行管理。品类战术直接影响着顾客对零售商的整体认知印象，同时影响品类业绩目标的实现和零售商品牌形象的塑造。品类战术由商品组合、价格策略、竞争策略、促销策略、库存策略和空间陈列策略等子策略构成。

表4-6为品类角色、策略与战术制定参考模板。为了具有普适性，该模板没有指定业态和目标消费人群的定位，故而在品牌组合配比、商品分级配比和价格带配比上没有给出具体数值，零售企业应用时，需要根据自己的业态和目标消费人群的定位，确定具体数值。有关品牌组合、商品分级和价格带配比参考，将会在下文谈及。

表4-6　　　　　　　品类角色、策略与战术制定参考模板

品类角色与策略	明星品类	金牛品类	幼童品类	结构品类
品类整体方向	• 资源重点投入，引领市场 • 确保稳定的高品质价值比 • 保持差异化和精细化 • 意义重大，确保竞争优势	• 选择性投入，巩固市场 • 为常规需求提供具有竞争力的价值	• 策略性投入，促进成长 • 注重品类引导和教育 • 为非刚需提供好的价值	• 以利润驱动为主导，可接受适度缓慢发展 • 为临时需求提供基本价值 • 优化与收缩业务
品类策略	• 吸引客流 • 构建差异化 • 扩大市场占有率 • 争取成本领先 • 愉悦的购物氛围与体验 • 树立引领市场的标杆形象 • 高品质、高性价比的缔造者	• 吸引客流 • 创造销售 • 创造利润 • 争取成本领先 • 巩固市场占有率	• 创造销售 • 创造利润 • 扩大市场份额 • 库存管理 • 创新、建立感知	• 创新概念替代传统产品 • 创造利润 • 库存管理 • 创造消费者满意度

续　表

品类角色与策略		明星品类	金牛品类	幼童品类	结构品类
品类战术	品类定位	• 专业形象，品类宽而深	• 形象品类宽而深，其他品类宽而精	• 结合品类发展趋势，在宽而精和窄而精的定位中选择	• 窄而精的品类定位，为便利需求提供精致的选择
		• 商品"深和精"的属性：品牌、子品牌、等级、价格、规格、口味、香型、材质、形状、包装、颜色、产地等			
	品牌组合	• 覆盖进口品牌、全国性品牌、自有品牌及区域性品牌 • 以二线、三线品牌为辅，补充毛利	• 覆盖全线品牌 • 以自有品牌、进口品牌和二线、三线品牌为毛利主要创造者	• 以自有品牌，二线、三线品牌为主，以进口品牌和全国性品牌为辅	• 以自有品牌，贡献利润的差异化品牌为主，以其他为辅
	商品分级与价格策略	• 覆盖完整的OPP—好—更好—最好商品组合，严选OPP商品	• 覆盖功能的OPP—好—更好—最好商品组合，确保OPP的品质	• 商品组合覆盖好—更好 • 关注新品、趋势和潮流商品	• 商品以更好级为主 • 挖掘新、奇、特商品，以创新驱动增长，建立感知
		• 价格带高中低分布，按目标顾客定位自选比例分配 • 各品类超低价商品相结合	• 价格带高中低分布，按目标顾客定位自选比例分配 • 各品类超低价商品相结合	• 价格带以中高为主，按目标顾客定位自选比例分配	• 在合理定价的基础上，以中等价格为主
		• 价格竞争指数：95～99 • 差异化商品在合理定价的基础上创造利润	• 价格竞争指数：95～99	• 价格竞争指数：100	• 价格竞争指数：100
	促销策略	• 长期促销投入与支持	• 基于品类特点安排轮场促销 • 避免重复促销	• 通过基本营销手段，提升品类购物氛围，创造冲动性消费的机会	• 接受供应商促销申请 • 无其他促销投入
	库存策略	• 保持有货率98%以上 • 必备商品有货率100% • 订单及时率100% • 3～4周周转库存	• 保持有货率98%以上 • 必备商品有货率100% • 订单及时率100% • 3～4周周转库存	• 保持有货率97%以上 • 2周周转库存	• 保持有货率97%以上 • 设定安全库存量

续　表

品类角色与策略		明星品类	金牛品类	幼童品类	结构品类
品类战术	空间策略	● 提供完整呈现商品优势的货架陈列位置与空间 ● 促销空间优先分配	● 提供不低于竞争对手的货架陈列空间 ● 促销空间以季节和主题性按需求分配	● 提供不低于竞争对手的货架陈列空间 ● 促销位置按活动主题分配	● 提供满足品类商品陈列的基本需求空间 ● 促销空间分配优先等级低

注：OPP（Opening Price Point），是指在一个品类的商品组合中，商品质量符合检测标准，但价格上具有绝对优势的商品，是同品类商品中价格最低的商品。

案例分析：如何从亏损的结构品类成长为盈利的明星品类？

A 企业是地方性龙头零售商，拥有综合商超、精品超市和社区店等多种业态的门店，根据 2020 年全年的经营业绩表现，对生鲜各品类角色进行划分（见图 4 - 10）。

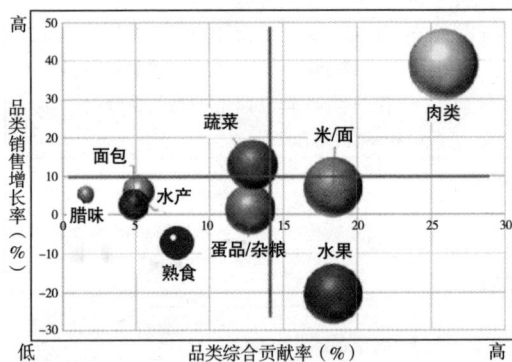

图 4 - 10　A 企业 2020 年生鲜大类角色实际呈现

为了提升生鲜品类的竞争力，A 企业负责人带领采购团队对品类角色做了全面思考和回顾，如表 4 - 7 所示。

表 4 - 7　　　　　　　　　A 企业品类角色思考和回顾

序号	品类角色的思考问题	实际情况
1	从零售商的角度，企业想做强的品类有哪些	水果、蔬菜、肉类、熟食、面包
2	在顾客眼中，他们认为企业做得好的品类有哪些	肉类、米/面
3	与竞争者比较，企业希望持续胜出的品类有哪些	水果、蔬菜、肉类、米/面、熟食、面包
4	企业要投入和发展的品类是什么	熟食和面包
5	实际呈现的角色与预期差异最大的 3 个品类是什么	水果、蔬菜、蛋品

经过研讨，A 企业决定通过资源投入和团队的努力，将自己的明星品类扩大至肉类、水果、蔬菜、熟食和面包，将处于结构品类上的蛋品提升到金牛品类，将水产、杂粮提升至幼童品类，并立即付诸实践。其品类角色转换的规划如图 4 - 11 和图 4 - 12 所示。

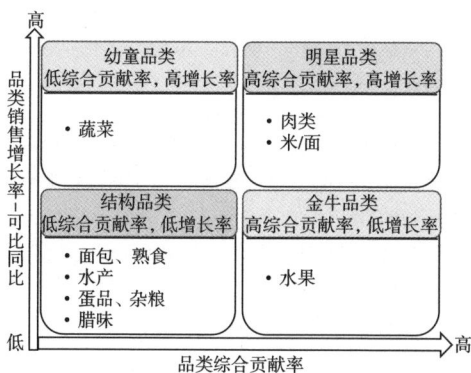

图 4 - 11　A 企业 2020 年生鲜大类角色

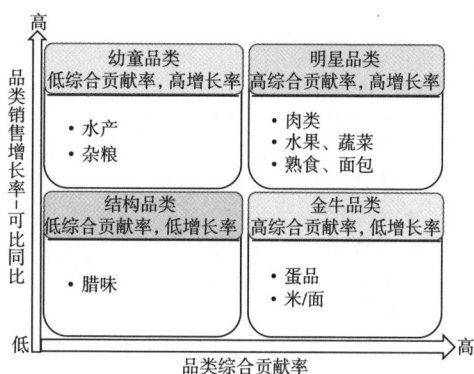

图 4 - 12　A 企业 2021 年生鲜大类角色

下面将以 A 企业的熟食品类为案例，分析如何从亏损的结构品类成长为盈利的明星品类，来演示品类角色与策略从"0"到"1"的衍生过程，如表 4 - 8 所示。虽然案例来自连锁零售门店的综合商超业态，经营的是生鲜品类，但品类角色与品类策略的关联，以及品类策略在制定过程中的逻辑和方法，可以为零售企业的所有业态提供参考和借鉴。

表4-8　　　　　　　　　熟食品类角色从结构到明星的提升方案

品类角色/策略	品类战术	行动方案
• 角色定位：明星品类 • 价值主张：成为邻里一日三餐购买方便熟食的首选	梳理品类结构，新增和重新划分小类结构，重新定义品类的深度与宽度（品类定位）	①新增预制菜小类，并将商品做深做精 ②将原来11个小类整合为7个 ③淘汰滞销商品
	调整品牌结构，打破原来一个供应商或品牌主导一个品类的结构（品牌策略）	①引进购销模式的豆制品供应商，覆盖全国门店。寄售商品占比从22%减少到5% ②引进专供品牌，提升差异化 ③开发自有品牌 ④厂家直营比例提升到80%
• 品类策略： ★ 吸引客流 ★ 创造销售 ★ 创造利润 ★ 愉悦的购物氛围与体验 ★ 树立引领市场的标杆形象	优化商品组合，丰富趋势性品类，并将好—更好—最好的商品等级拉开差距（商品分级）	①丰富寿司的品种，设置高中低价格带 ②引进水饺供应商，现做、现煮、现卖，提升卖场氛围 ③增加适合年轻消费群体的冷藏和方便菜肴商品 ④增大低温冷藏商品的比重，占比从45%提升到60% ⑤确保全程冷链，确保员工收货入库的及时性
	树立价格与品质形象，获得稳定销售（价格策略）	①设立品类超低价，树立价格形象，如优于市场价25%的39.9元烤鸡、5.9元红糖馒头、8.8元比萨等 ②开发五谷健康饮品，增设主食配轻饮的套餐系列 ③将好—更好—最好的商品价格与品质拉开差距
	保持竞争优势（竞争策略）	①与对手同质化商品价格指数保持在97 ②拳头商品和敏感商品价格指数95~97 ③差异化经营，面点、卤水、烤鸡打造明显优势
	门店陈列空间重新规划，实现陈列图管理和自动补货（空间策略与库存管理）	①根据小类综合贡献率分配陈列空间 ②标品实行陈列图管理和系统自动补货，降低缺货率 ③提高熟食员工陈列图品类管理意识和技能 ④实行以销定进的生产与订货计划体系

续　表

品类角色/策略	品类战术	行动方案
● 品类策略： ★ 吸引客流 ★ 创造销售 ★ 创造利润 ★ 愉悦的购物氛围与体验 ★ 树立引领市场的标杆形象	联营商户与供应商管理	①改坐商为行商，采购走出去看市场和开发商品 ②实行联营商户与供应商计分卡评估体系 ③根据业绩、服务与口碑优化现有联营商户与供应商 ④补充结构缺失的优质供应商 ⑤联合优质供应商共同开发商品 ⑥对不合理的合同条款进行调整，执行敏感商品变价操作，以使降价和损耗大幅下降
实施效果	改善前：2020 年熟食部门销售额同比 –10.8%，已持续亏损一年 改善后：通过定位品类角色、制定品类策略与实施行动，截至 2021 年 9 月底，熟食销售同比增长 10.9%，盈利 1400 万元，实现了品类角色转换的目标	

品类策略与品类战术是零售商为了确保品类角色和品类经营目标可以在实际业务中得以实现，所实施的以顾客为中心、以商品为驱动、以增长为导向的一系列方法和行动。在品类规划的整个过程中，全过程思考清单、品类定位、品类角色和品类策略重在品类规划方向的设定上，在方向清晰后，要做的就是品类战术细化，是落地的具体行动，这也是品类管理的实战内容。

第四章　思维导图

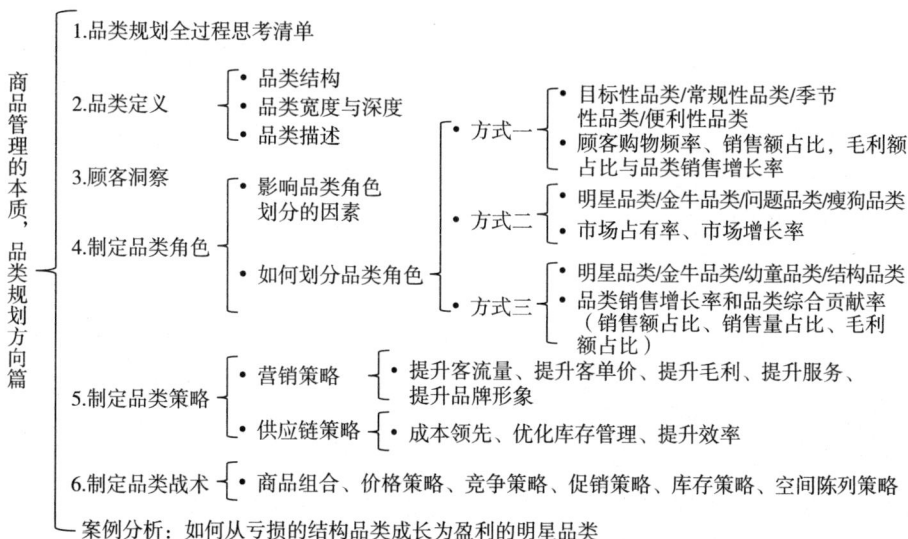

商品管理的本质，品类规划方向篇

- 1.品类规划全过程思考清单
- 2.品类定义
  - 品类结构
  - 品类宽度与深度
  - 品类描述
- 3.顾客洞察
- 4.制定品类角色
  - 影响品类角色划分的因素
  - 如何划分品类角色
    - 方式一
      - 目标性品类/常规性品类/季节性品类/便利性品类
      - 顾客购物频率、销售额占比，毛利额占比与品类销售增长率
    - 方式二
      - 明星品类/金牛品类/问题品类/瘦狗品类
      - 市场占有率、市场增长率
    - 方式三
      - 明星品类/金牛品类/幼童品类/结构品类
      - 品类销售增长率和品类综合贡献率（销售额占比、销售量占比、毛利额占比）
- 5.制定品类策略
  - 营销策略
    - 提升客流量、提升客单价、提升毛利、提升服务、提升品牌形象
  - 供应链策略
    - 成本领先、优化库存管理、提升效率
- 6.制定品类战术
  - 商品组合、价格策略、竞争策略、促销策略、库存策略、空间陈列策略
- 案例分析：如何从亏损的结构品类成长为盈利的明星品类

商品组合集结，
品类规划实战篇

零售的根本离不开商品，零售商的根本就是要给顾客想要的商品。进一步而言，零售商要做的，就是以合理的价格，有时是超值的价格，提供优质的商品和服务，让顾客在愉快的购物体验中得到想要的商品。相关战术就是围绕这个根本理念来设定的。

要运用好战术，就要了解战术的两个基本特征。第一，知己知彼是正确规划战术行动的基础。实施行动前，不仅应熟识目标消费群体的特征和需求，还要熟知行业和竞争对手的情况，从中找出行动规律，用于指导行动计划的制订。第二，不断掌握市场的发展变化情况，适时调整和修改计划。当市场情况或者消费者需求发生重大变化时，要及时作出业务判断和决策，并调整原计划，制订新的方法。

如果说品类规划的前奏篇是为品类规划开疆拓土打基础和作准备，方向篇是为品类规划明确目标、策略和战术，那么品类规划的实战篇就是运用这些战术，在零售商实际的商品体系下，组出一盘顾客想要的货、一盘体现零售商经营管理能力的货。

第一节　商品组合的定义与原则

一、商品组合的定义

商品组合是在品类角色与策略的指导下，对品类战术的各个指导维度继续深化执行，最后汇总而成的一套商品集合，可以简单理解为承接品类结构最后一层单品的集合。优质的商品组合可以满足并超出顾客的期望，帮助零售商在市场中建立差异化经营地位，赢得顾客忠诚度，最终形成品牌口碑。

二、商品组合的原则

商品组合是在动态下进行的，诸如顾客需求、产品迭代、市场发展趋势等相关变量在过程中也会发生变化。因此正确的商品组合就是在当下商品的选择上尽所能作出最好的业务判断和决策。作为既是商人，也是顾客的品类采购，在实际操盘组货的过程中，要遵循以下指导原则。

①所选的商品是既基于目标消费群体需求，又与企业自身的经营目标方向一致的符合企业价值观、合法合规、不损害顾客利益的商品。

②组合选品时，以商品策略为方向，以品类角色和策略为基础。

③业务判断要以客观的数据为支持，并结合市场发展趋势。

④用专业为顾客作出好商品的选择，节省顾客盲选的时间，减少试错成本。

⑤了解和分析竞争对手和行业组货时的业务规则，做到知己知彼，比竞争对手更专业。

⑥持续积累专业经验与素养，不断优化和完善商品组合。

第二节　商品组合规划流程

①确定要经营的品类和 SKU 总数量。

②360 度全景分析数据报表应用。

③根据商品业绩与市场调研完成第一次品项优化与补充，采用的方法包括 80/20 法则和 ABC 优化法、供应商优化法、GMROII 商品效能优化法，并在市场调研完成后，对商品进行补充与替换的初始规划。

④根据组合策略检视完成第二次品项优化与补充，包括商品多元化组合检视、品牌组合检视、商品分级和定价检视、毛利组合检视、品类结构检视。

⑤定案全品项商品组合（完成淘汰、新增与替换的最终确认，确定 SKU 最大定编数量）。

⑥商品组合量化分析。

⑦淘汰商品退场，补充和替代商品引进。

商品组合规划流程如图 5 - 1 所示。

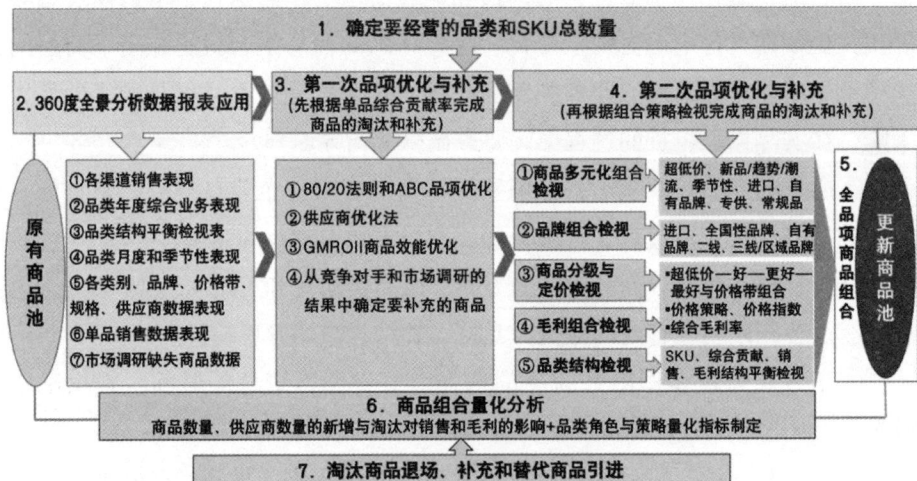

图 5 - 1　商品组合规划流程

第三节　商品组合规划的具体操作

一、确定要经营的品类和 SKU 总数量

一是确定要经营的品类。根据门店业态定位和目标顾客定位，确定要经营的品类。

二是确定要经营的 SKU 总数量。第一种方法是根据所属业态对标行业标杆和竞争对手，调研其门店面积，商圈下各个大类、中类、小类的构成，以及 SKU 的数量，结合自己门店的发展策略和商品策略，预估要经营的 SKU 总数量。第二种方法是根据门店图纸上的货架分布，按平均每组货架陈列 30 个品种计算，预估出门店 SKU 的容量，再结合商品策略，确定要经营的 SKU 的数量。第三种方法是直接根据企业发展战略和商品策略确定要经营的 SKU 数量，不与门店面积产生关联，如 COSTCO 会员店，即使门店面积过万平方米，经营的商品品种保持在 4000 多个。

每组货架按 30 个 SKU 计算的原因是有的商品在货架上只能陈列 15～20 个 SKU，如婴儿纸尿片，有的商品在货架上可以陈列 60 多个 SKU，如香口胶类，综合平均值，并参考行业内有代表性的零售企业的陈列数据，以及商品陈列排面的适宜空间设定了 30 这个数值。实际陈列商品时，仍需根据商品尺寸和陈列原则进行陈列。另外，门店货架上的商品是在动态下进行"优胜劣汰"的，在新品进入的同时，淘汰商品的残余库存仍需在门店清理，需要预留缓存的空间。

三是按品类结构逐层分配 SKU 数量。在确定总 SKU 数量后，接下来就是逐层分配到各品类上去，具体分配逻辑和方法如图 5－2 所示。

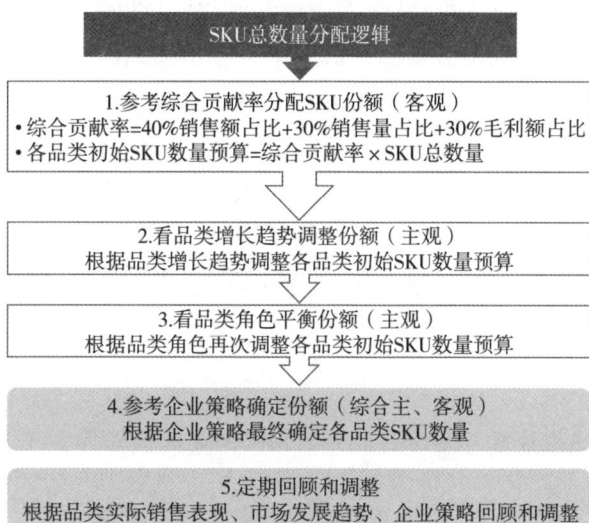

SKU总数量分配逻辑
1.参考综合贡献率分配SKU份额（客观） •综合贡献率=40%销售额占比+30%销售量占比+30%毛利额占比 •各品类初始SKU数量预算=综合贡献率×SKU总数量
2.看品类增长趋势调整份额（主观） 根据品类增长趋势调整各品类初始SKU数量预算
3.看品类角色平衡份额（主观） 根据品类角色再次调整各品类初始SKU数量预算
4.参考企业策略确定份额（综合主、客观） 根据企业策略最终确定各品类SKU数量
5.定期回顾和调整 根据品类实际销售表现、市场发展趋势、企业策略回顾和调整

图 5－2　SKU 总数量分配逻辑

四是项目负责人和采购负责人主导该任务的完成，并提报企业决策层审批定案。

二、360 度全景分析数据报表应用

在品类规划前奏篇中，有关品类规划的基础分析工作已经透过 360 度全景分析体系完成，下面将对 360 度全景分析体系展开应用，所使用的分析报表多从品类数据分析的基础数据源中整合和提取，为商品组合的业务决策提供参考。360 度全景分析体系应用如图 5－3 所示。

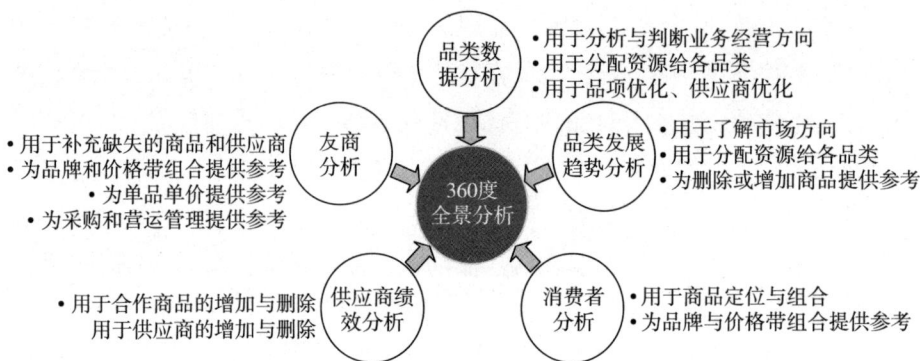

图 5 – 3   360 度全景分析体系应用

一是了解品类各个渠道/业态的销售表现。360 度全景分析体系有关于品类发展趋势的分析，这部分信息多源于第三方市场调研机构、行业协会或供应商，可以帮助采购了解到线上线下各个渠道或业态在该品类上的销售份额和增长情况。品类线上线下渠道销售分布情况如表 5 – 1 所示。

表 5 – 1 　　　　　　　　　　品类线上线下渠道销售分布情况

渠道/业态	大卖场	综合超市	小型超市	便利店	传统批发	线上
销售份额						
销售增长（%）						

二是了解品类连续 3 年综合业务表现和品类增长趋势（见表 5 – 2）。

表 5 – 2 　　　　　　　　　　品类年度综合业务表现

3 个自然年或 3 个滚动 12 个月的周期	2021 年	2020 年	2021 年与 2020 年对比	2019 年	2020 年与 2019 年对比
总 SKU 数量（个）					
单店平均 SKU 数量（个）					
销售额（元）					
销售量					
毛利额（元）					
初始毛利率（%）					
销售毛利率（%）					
有货率（%）					

续　表

3 个自然年或 3 个滚动 12 个月的周期	2021 年	2020 年	2021 年与 2020 年对比	2019 年	2020 年与 2019 年对比
库存天数（天）					
新商品销售额占比（%）					
自有品牌销售额占比（%）					
进口销售额占比（%）					
价格指数					
线上销售额占比（%）					

三是了解各品类及大类之间的业务结构是否平衡（见表 5 - 3）。

表 5 - 3　　　　　　　　　　　　品类结构平衡检视

综合业务指标	品类 A	品类 B	品类 C	品类 D	品类 E	品类 F	品类 G	品类 H
SKU 数量（个）								
SKU 占比（%）								
综合贡献率（%）								
销售额（元）								
销售额占比（%）								
同比去年（%）								
销售量								
销售量占比（%）								
同比去年（%）								
毛利额（元）								
毛利额占比（%）								
同比去年（%）								
毛利率（%）								
周转天数								
平均库存金额（元）								

四是根据品类月度销售表现，了解季节性指数变化。通过品类月度销售表现，了解季节高峰和低谷，做好季节前后的商品与订货准备工作。月度销售额报表和销售额季节性变化如表 5 - 4 和图 5 - 4 所示。

表 5 - 4　　　　　　　　　　　　　月度销售额报表

销售额（元）	1 月	2 月	3 月	4 月	5 月	6 月	7 月	8 月	9 月	10 月	11 月	12 月
2021 年												
2020 年												
2019 年												

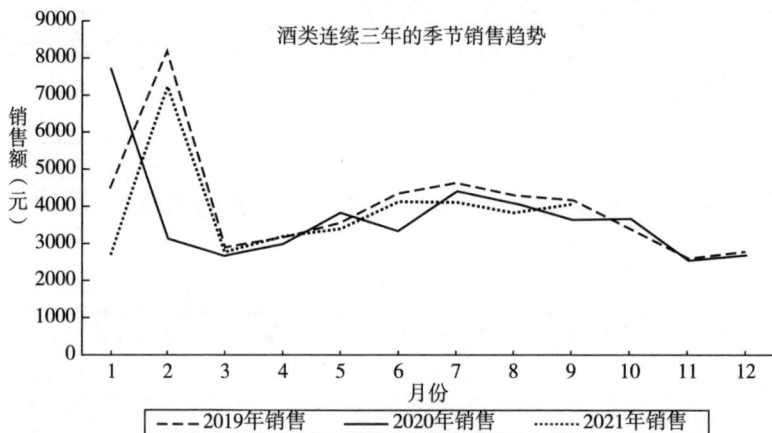

图 5 - 4　销售额季节性变化

五是通过类别、品牌、价格带、规格和供应商等多维度了解销售、毛利和增长的综合情况，进行品类资源分配，品牌、价格带、规格等组合的调整，以及对供应商和供货品种的优化（见表 5 - 5）。该表使用时，每个维度需单独一张检视表。

表 5 - 5　　　　　　　　类别/品牌/价格带/规格/供应商组合检视表

类别/品牌/价格带/规格/供应商	计划							去年同期						
	SKU数量（个）	SKU占比（%）	销售额占比（%）	销售额同比增长（%）	平均单品产出（元）	初始毛利率（%）	销售毛利率（%）	SKU数量（个）	SKU占比（%）	销售额占比（%）	销售额同比增长（%）	平均单品产出（元）	初始毛利率（%）	销售毛利率（%）
总计														

六是通过单品销售报表，了解单品销售额、销售量、毛利、综合贡献率、同比增长、库存、供应商等信息，用于判断商品的保留或淘汰（见表5-6）。

表5-6　　　　　　　　　　单品销售报表

大类名	中类名	小类名	商品编号	条码	商品名称	规格	品牌	商品状态	有效销售天数（天）	出样门店数量（家）	含税成本（元）	初始毛利率（%）

平均销售价（元）	销售毛利率（%）	单店月均销售额（元）	销售额占比（%）	销售额同比（%）	销售数量占比（%）	毛利额占比（%）	综合贡献占比（%）	ABC属性	商品销售率（%）	库存数量占比（%）	供应商名称

七是通过市场调研发现的缺失商品、可优化替代的商品，以及需要调整价格的数据（见表5-7）。

表5-7　　　　　　　　　　商品差异调研表

商品名称	条码	规格	单位	品牌	零售价				缺失补充/优化替代/价格调整
					零售商A（自己）	全国连锁竞争对手1	全国连锁竞争对手2	地方龙头竞争对手	

三、品项优化与补充

（一）80/20法则和ABC优化法

一是以销售额为基础，按80/20法则将商品进行分类。占据销售额80%

的商品是必须要保留下来的。80/20 法则可以检验销售结构的合理性。通常
15% ~20% 的商品贡献 70% ~80% 的销售额，可以视为销售结构是健康的。
如果贡献了 80% 销售额的商品数大于 30%，表明商品结构中缺少创造业绩的
重点商品。如果 80% 的销售额仅由一小部分商品贡献而来，则销售结构出现
了很大的风险问题（见图 5 – 5）。

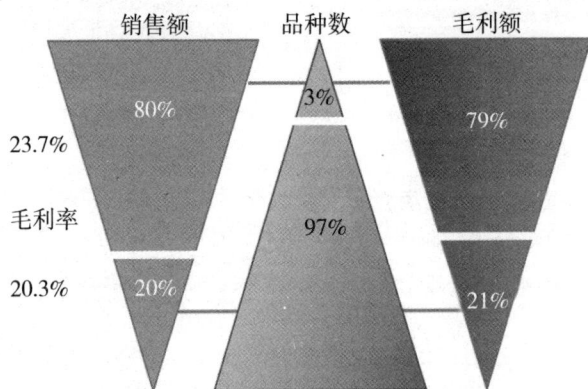

图 5 – 5　80/20 法则下销售结构的问题案例

　　图 5 – 5 案例中问题的原因在于商品销售过于集中，埋下了很大的经营隐
患，一旦其中某个商品出现异常，销售额必然断崖式下跌。另外，结构性商
品或慢流转商品没有承担起毛利贡献的角色。

　　80/20 法则首先判断的是整体销售结构是否健康，并将贡献 80% 销售额
的重点商品从品项回顾的流程中剥离出来，这部分商品通常被定义为核心商
品，预先晋级到选品清单中，对剩余贡献了 20% 销售额的商品则按 ABC 优化
法进行优化。剩余这部分商品的毛利率通常会比销售额占比前 80% 的商品
高，因此在 ABC 优化法中，就不能单纯以销售额为评估标准，我将评估标准
替换为商品的综合贡献率。

　　二是取当年和上一年单品的综合贡献率，综合贡献率为 "40% 销售额占
比 +30% 销售量占比 +30% 毛利额占比"，按年度将商品进行 ABC 分类，划
分标准如下：综合贡献率排前 50% 的商品为 A 类商品；综合贡献率占中间
40% 的商品为 B 类商品；综合贡献率为后 10% 的商品为 C 类商品。

　　仅有当年数据的商品为当年的新品，具有单 ABC 属性标签，有当年和上
一年数据的商品具有双 ABC 属性标签，由此可以得到以下 12 种属性，ABC

属性分类说明如表 5-8 所示。

表 5-8 　　　　　　　　　　　　ABC 属性分类说明

ABC 属性	属性分类说明	初步结果
A	当年新品	保留
AA	当年和上一年都是 A 类商品，即明星商品、强季节商品或促销商品	保留
AB	上一年为 B 类商品，当年成长为 A 类商品，呈上升趋势	保留
AC	上一年是 C 类商品，当年成长为 A 类商品，培养潜力大	保留
B	当年新品	保留
BA	上一年是 A 类商品，当年是 B 类商品，有所下滑	保留
BB	当年和上一年都是 B 类商品	保留
BC	上一年是 C 类商品，当年成长为 B 类商品，可培养	待定
C	刚上市商品，没有经过促销	待定
CA	当年是 C 类商品，上一年是 A 类商品，下滑严重，调查原因后判断是否需要淘汰	考虑淘汰
CB	当年是 C 类商品，上一年是 B 类商品，有所下滑，调查原因后判断是否需要淘汰	考虑淘汰
CC	结构性商品，淘汰近似商品，并寻找常规品优化和替代	淘汰/替代

注：ABC 属性分类说明由 IBMG（商业智库）从 80/20 法则中提炼和完善。实践运用时，我对 CA、CB、CC 的说明做了略微调整。

按 ABC 优化法，通过当年和上一年的综合贡献率为每个单品标识上 ABC 的属性标签，重点关注 CA、CB 和 CC 类商品，对于规格、功能、价格等近似或重叠的商品可以直接淘汰，其他进入待淘汰商品状态，分析下滑原因，再判断是否需要淘汰。ABC 分类销售汇总分析表模板如表 5-9 所示。

表 5-9 　　　　　　　　　　ABC 分类销售汇总分析表模板

ABC 细分		SKU 数量（个）	SKU 数量占比	2021 年综合贡献率	2020 年综合贡献率	2021 年销售额占比	2020 年销售额占比	2021 年毛利率	2020 年毛利率
A 类	A	141	0.5%	7.1%	—	8.3%	—	9.9%	—
	AA	473	1.7%	33.0%	40.3%	33.9%	42.3%	14.8%	13.5%
	AB	160	0.6%	6.0%	2.9%	6.5%	3.0%	12.9%	13.9%
	AC	39	0.1%	1.3%	0.0%	1.3%	0.0%	14.1%	—
	汇总	813	2.9%	47.4%	43.2%	50.0%	45.3%	13.7%	13.5%

ABC 细分		SKU 数量（个）	SKU 数量占比	2021 年综合贡献率	2020 年综合贡献率	2021 年销售额占比	2020 年销售额占比	2021 年毛利率	2020 年毛利率
B 类	B	2068	7.2%	11.2%	—	11.1%	—	16.1%	—
	BA	273	1.0%	3.8%	10.7%	4.0%	11.7%	14.2%	12.0%
	BB	4198	14.6%	21.2%	28.6%	20.6%	27.9%	16.9%	16.2%
	BC	1297	4.5%	4.3%	1.5%	4.3%	1.5%	15.8%	17.0%
	汇总	7836	27.3%	40.5%	40.8%	40.0%	41.1%	16.3%	15.0%
C 类	C	7805	27.2%	4.4%	—	3.6%	—	24.1%	—
	CA	40	0.1%	—	1.0%	—	0.9%	19.7%	20.4%
	CB	1899	6.7%	1.6%	8.1%	1.4%	7.3%	21.2%	19.2%
	CC	10264	35.8%	6.1%	6.9%	5.0%	5.4%	25.1%	25.4%
	汇总	20008	69.8%	12.1%	16.0%	10.0%	13.6%	24.2%	21.7%
总计		28657	100.0%	100.0%	100.0%	100.0%	100.0%	15.8%	15.3%

三是检查待淘汰的商品中是否有地方特色、自有品牌、季节性、做差异化培养和具有明显便利性且暂无可替代的商品，再次确定这部分商品是保留还是淘汰，确认后完成初步的品项优化工作。

ABC 优化法不仅可以快速识别出单品在品类整体中的业绩表现和增长趋势，还可以检查综合贡献率占比与 SKU 数量和库存金额之间在结构上的健康性。ABC 商品结构配置参考标准如表 5 - 10 所示。

表 5 - 10　　　　　　　ABC 商品结构配置参考标准

商品属性	商品数量占比	综合贡献率占比	库存金额占比
A 类商品	约占 10%	50%	约占 30%
B 类商品	约占 30%	40%	约占 30%
C 类商品	约占 60%	10%	约占 40%

（二）供应商优化法

360 度全景分析的第四个维度是供应商绩效分析，侧重在与供应商合作的生意领域。通过对供应商绩效的分析，并结合供应商的附属绩效，可以寻找和发现生意中的机会点，针对机会点进行商品增加与淘汰，或者供应商替换，最终提升供应商的效能和贡献度。

以厨房用品类的供应商为例，在供应商信息、本年销售指标、本年毛利指标和计划行动目标四个方面，具体分析了各个供应商在业务中的机会点和对供应商绩效优化的建议（见表5-11）。

表5-11 供应商绩效优化分析示例

供应商信息			本年销售指标						本年毛利指标		
供应商	厂家/经销商	产品材质	SKU数量（个）	SKU占比	销售额（千元）	销售占比	同比增长	单品产出（千元）	毛利额（千元）	毛利占比	毛利率
1	厂家	不锈钢	16	16.0%	3566	21.4%	20%	223	1391	19%	39%
2	经销商	竹木	13	13.0%	2619	15.7%	25%	201	1126	15%	43%
3	经销售	不锈钢	12	12.0%	1972	11.8%	18%	164	690	9%	35%
4	经销商	不锈钢	8	8.0%	1820	10.9%	25%	228	819	11%	45%
5	厂家	塑料	10	10.0%	1326	7.9%	10%	133	636	9%	48%
6	经销商	杂项	9	9.0%	1239	7.4%	18%	138	620	8%	50%
7	厂家	不锈钢	7	7.0%	1066	6.4%	50%	152	586	8%	55%
8	厂家	塑料	4	4.0%	912	5.5%	31%	228	438	6%	48%
9	经销商	杂项	6	6.0%	886	5.3%	21%	148	408	6%	46%
10	经销商	不锈钢	7	7.0%	670	4.0%	18%	96	335	5%	50%
11	厂家	硅胶	6	6.0%	397	2.4%	35%	66	191	3%	48%
12	经销商	杂项	2	2.0%	207	1.2%	30%	104	104	1%	50%
总计			100	100.0%	16680	100.0%	22%	167	7344	100%	44%

供应商信息			计划行动目标			
供应商	厂家/经销商	产品材质	保留（Y/N）	SKU数量（个）	目标毛利率	备注
1	厂家	不锈钢	Y	18	41%	以提升利润为目标，扩大份额
2	经销商	竹木	Y	13	45%	洽谈厂家直供
3	经销售	不锈钢	Y	8	38%	洽谈厂家直供，或逐步由1号和4号供应商类似产品替换
4	经销商	不锈钢	Y	10	45%	
5	厂家	塑料	Y	10	48%	
6	经销商	杂项	Y	12	50%	增加3个硅胶产品
7	厂家	不锈钢	Y	7	55%	增长趋势良好，保留
8	厂家	塑料	Y	6	48%	增长趋势良好，保留，同时作为5号后备
9	经销商	杂项	N	6		
10	经销商	不锈钢	N	0		
11	厂家	硅胶	N	0		未来趋势，暂时转杂项经销商
12	经销商	杂项	N	0		
总计				90	47%	

供应商 1 以 16.0% 的 SKU 占比，贡献了 21.4% 的销售占比和 19% 的毛利占比，属于 TOP 1 供应商，但该供应商的毛利率相对还有提升的空间，可以提升毛利率为目标，增加品项，扩大业绩份额；供应商 3 的商品的单品产出和毛利率处于相对较弱的水平，可将其由经销商转为厂家，洽谈厂家直供，但需留意促销人员的影响，或者逐步由 1 号或 4 号供应商的近似商品替代供应商 3 的商品；供应商 8 是厂家，其平均单品产出最佳，同时销售增长率、毛利率都处于较好的水平，品项数可以从 4 个提升到 6 个，甚至更多。

（三）GMROII 商品效能优化法

继以销售为基础，用 80/20 法则和 ABC 优化法淘汰了部分滞销商品，又以销售和毛利为绩效，淘汰了部分落后的供应商后，从库存投资回报的角度再次发起对商品的检视，提升商品贡献度和投资回报效能。

1. GMROII

GMROII 是指每一元的库存投资在一年或某一指定期间产生的毛利金额，也可以说是企业或某个商品平均库存成本的获利能力。GMROII 对企业来说是个重要的管理指标，但本土很多企业往往把管理重点放在了销售、毛利和其他收入上，而忽略了对 GMROII 的关注。例如，A 门店用了 1800 万元的库存，一年营业额 2400 万元；B 门店投入了 2100 万元的库存，一年营业额 2400 万元，A 门店同 B 门店之间的差异就是 GMROII 的管理价值。

2. GMROII 的计算方法

常规的计算方法如下：

$$GMROII = \frac{毛利率}{1 - 毛利率} \times 周转次数$$

如果一条毛巾的零售价为 18 元，成本价为 11.4 元，毛利率为 36.7%。如果这条毛巾的年周转次数为 12.5 次，则 GMROII 为 7.25，表明每投资 1 元在毛巾上，一年可以得到的回报是 7.25 元。

$$\frac{36.7\%}{1 - 36.7\%} \times 12.5 = 7.25$$

GMROII 也可以通过其他方式计算，计算公式及辅助参数的计算说明如表 5 - 12 所示。

表 5 - 12　　　　　　　GMROII 的计算公式及辅助参数的计算说明

序号	GMROII 的计算公式	辅助参数的计算说明
1	GMROII = 毛利率 ÷（1 - 毛利率）× 周转次数	毛利率 = 毛利额 ÷ 销售额 × 100%
		周转次数 = 销售额 ÷ 平均库存零售额
2	GMROII =（毛利额 ÷ 平均库存成本额）× 100%	毛利额 = 毛利率 × 销售额
		平均库存成本额 =（期初库存成本额 + 期末库存成本额）÷ 2
3	GMROII = 毛利率 × 商品周转率	商品周转率 = 销售额 ÷ 平均库存成本额 × 100%

3. GMROII 商品角色

根据企业内部数据系统所能提供的数据，结合 GMROII 的计算公式，可以计算出某个品类下所有商品在一年中或某一指定期间的 GMROII 结果。

GMROII 商品角色划分法是以商品的毛利率和周转率为主要参数，计算 GMROII 值后从大到小排好序，然后参照 GMROII 商品角色划分法，划分出不同的商品角色，实施不同的商品策略。

GMROII 商品角色划分采用矩阵法，横轴为周转率，纵轴为毛利率，将商品划分为四个模块。以品类的平均周转率和平均毛利率为左右和上下划分的参考线，高于平均周转率且高于平均毛利率的商品为成功商品，高于平均周转率但低于平均毛利率低的商品为吸客商品，低于平均周转率但高于平均毛利率的商品为沉睡商品，周转率和毛利率都低于平均值的商品为问题商品。GMROII 商品角色划分模型，具体如图 5 - 6 所示。

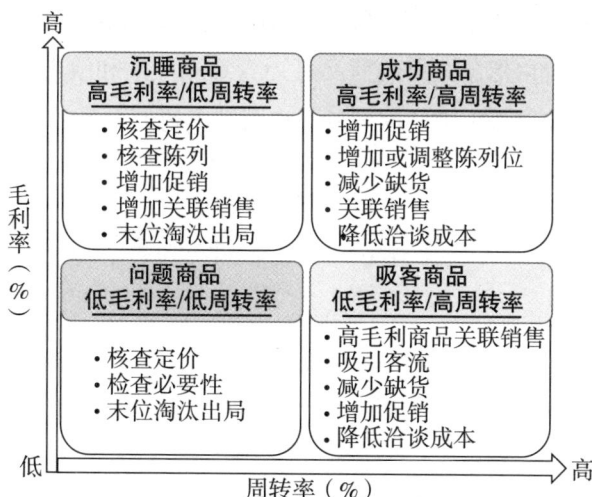

图 5 - 6　GMROII 商品角色划分模型

对于成功商品和吸客商品，重点策略是控制缺货和降低洽谈成本。对于沉睡商品和问题商品，排除商品的异常状态，如果促销也拉动不了销售，可以考虑将功能、规格、口味、价位等重复的商品末位优先淘汰，其他还不能确定淘汰的商品暂时放入待定状态，经过商品多元化组合检视、品牌组合检视、商品分级和定价检视后，最终确定是否淘汰。

GMROII 不仅是一个衡量商品经营效益的指标，也是衡量零售企业经营管理能力的指标，其数值保持在 2 以上才是良性的。GMROII 如果是 1，虽然表示获得了与投资相同的利润，但在经营过程中商品是有经营风险的，如滞销清仓、损坏、过期、失窃等，如果不看商品的 GMROII 值，就不能真正知道商品的盈亏情况。

（四）从竞争对手和市场调研的结果中确定要补充的商品

在现场进行市场调研时，采购需要通过调研品类所处的位置、分配的空间、商品组合、陈列、促销和库存等情况，判断出该品类在竞争对手处的角色，并通过在现场与顾客和竞争对手的员工交流，了解他们选择到这里购物或工作的原因和他们对商品的评价等，从而为分析竞争对手的优劣势并找出自身与竞争对手的差异提供参考。

调研竞争对手与自己在商品经营上的差异时，全国连锁性竞争对手与地方龙头性竞争对手都有的商品、陈列位置和陈列空间突出的商品、产品差异化特色明显的商品、价格形象突出的商品可列为重点关注和缺失待补充商品，进行二次跟进后确定是否引进。缺失待引进商品申请如表 5-13 所示。

表 5-13 　　　　　　　　　　缺失待引进商品申请

商品名称	条码	品牌	规格	单位	竞争对手名称	竞争对手价格	天猫排名	天猫价格	京东排名	京东价格	我方定价

（五）商品多元化组合检视

通过对商品多元化特征的检视，补充缺失商品，优化可以替代的商品。

在完成对滞销商品的初步淘汰后，剩余的商品就汇入了一个大的商品池，商品组合规划的基础就是这个大的商品池。要使商品丰富多彩和充满活力，就要充分利用好商品各自的特征。这些商品包括树立零售商品牌和品类价格形象的超低价商品（OPP[①]商品）、让顾客不断拓宽认知的新商品、趋势商品、潮流商品、让现场气势恢宏体验感十足的季节性商品、塑造差异化的进口商品、自有品牌商品、专供商品以及静立一旁默默满足顾客需求的常规商品等。品类覆盖的商品特征越多，顾客对商品的印象也就越丰富。商品的多元化特征如图 5 - 7 所示。

图 5 - 7 商品的多元化特征

1. 超低价商品（OPP 商品）

OPP 商品指在一个品类的商品组合中，质量符合检测标准，但价格在市场上具有绝对优势的商品，是同品类商品中价格最低的商品。OPP 商品自身质优价平的属性不仅为价格敏感的顾客创造了购买机会，也容易引发顾客的购买冲动，同时可以帮助零售商建立良好的口碑形象，占领品类的消费市场。需要谨记的是，不能因追求低价等任何理由去牺牲 OPP 商品本该具有的品质。

（1）OPP 商品的开发原则

①OPP 商品可以从现有的常规商品或敏感的民生必备商品中挖掘。

---

① Opening Price Point。

②可以开发具有 OPP 特质的新品，以此占据消费市场，树立形象。

③首选全国性品牌、自有品牌或专供品牌，也可以从其他质量有保证的品牌中选择。

④可以是普通等级的商品，也可以从中端商品中选择。

⑤可以调整包装数量或规格开发 OPP 商品。

⑥可以与优质的供应商讨论联合共创新的 OPP 商品，但要避免同品类内部竞争。

（2）OPP 商品管理指南

①每个品类中至少应该有一个 OPP 商品，谨记 OPP 商品所强调的性价比。

②随着商品组合的变化和新品的增加，OPP 商品也需要相应更新和调整。

③对 OPP 商品的销量、毛利作出预测，包括其对整个品类商品组合的影响。

④定期回顾竞争对手品类最低价的商品和品质，确保 OPP 商品始终保持市场最低价格。

⑤因为市场最低价的属性，采购要同供应商一起挖掘降低成本和物流的方法。

⑥OPP 商品在终端需要被明显地标识和陈列在突出的位置，并确保商品在生效期间①保持有货。OPP 商品通常陈列在对标商品的旁边，以突出商品的价值。

2. 新商品

零售的日常经营离不开商品的迭代更新和优胜劣汰。新商品作为能不断拓宽顾客认知、让顾客耳目一新并乐于尝试的载体，是零售商吸引客流和保持竞争力的有效工具之一。通常，新商品的开发也是采购的一项重要业务，常被列入采购人员的绩效考核中。

新商品可以是市场上全新品类，可以是现有品牌、子品牌、自有品牌应季开发的新品，可以是新的味道、工艺、创新科技材料或产品线延伸的新品

---

① 商品在生效期间指商品在有效的销售期间，即没有因为滞销被暂停购进，或者预淘汰。

等，还可以是零售商之前从未经营过的商品。仅换个包装、增加重量或是做商品绑赠则不属于新商品。

（1）新商品的意义

①可以为品类注入新的活力，丰富商品组合。

②吸引顾客，提升顾客购物体验，赢得顾客忠诚度。

③成为品类领导者，取得竞争优势。

④提升品类增长，贡献毛利。

（2）新商品的开发、推广方向

①为新一季开发的商品，推陈出新。

②现有商品组合中存在缺失，需要引进新商品满足顾客需求。

③在经营范围之内的广告品种。

④成系列开发、多功能开发。

⑤把品类角色和品类策略，作为新品引进时的指导原则。

⑥与供应商协商，争取一段时间的专供期，争取更多的新品上市资源投放在门店做新品推广。

（3）新商品管理指南

①与市场部和营运部保持密切沟通，其了解得越清楚，配合和支持就越有力。

②开展终端演示、体验和促销推广活动，让顾客知道新商品上市。

③看准潜力商品后，战略性投入库存和陈列，打造大单品。

④选择在适合的门店内试销。

⑤从门店出样、陈列、促销和库存等方面监控执行情况，跟进问题并及时修正。

⑥设定新品销售目标，每月做新商品销售回顾，透过数据表现分析新品销售的机会点。

⑦通过市场调研、与顾客和员工沟通，了解顾客对新品的反馈和竞争对手的情况。

虽然领先上架至关重要，但对于不同的零售商，要考虑产品在不同的生命周期下的投资回报产出。对于突出品牌形象的零售商而言，早于竞争对手上市就争取到了赢得顾客的机会。对于追求盈利的零售商而言，可跟随供应商新商品正常上市的计划。

3. 趋势商品

趋势商品是会引导人们生活习惯改变的商品，这类商品有一个非常重要的特色，就是最终会成为人们生活中不可或缺的产品。比如，现在日渐发展势头迅猛的预制菜就属于趋势商品。对于采购来说，趋势不等于潮流，理解趋势的定义，懂得如何发现趋势，并正确加以利用是至关重要的。

如何挖掘趋势商品：①透过品类发展趋势和角色，洞察趋势商品；②参加展会，聆听供应商的声音；③在引领时尚的零售商店里巡店；④在竞争对手的店里巡店；⑤通过线上平台交易数据分析，获取更多的市场信息。

趋势商品具有连续性、稀缺性、稳定性，同时具有创造利润的确定性。但并不是每个趋势商品一引进就能有立竿见影的效果，要多与顾客交流，聆听顾客对趋势商品的评价，既要用长远的经营策略，也要根据动销情况为慢流转商品制定退场策略。

4. 潮流商品

潮流商品也称网红商品，是在某一时间段内为众多顾客所接受，顾客愿意花费时间、精力和金钱去购买和使用，然后缓慢衰退的商品，具有一定的时间性、阶段性和多变性。潮流商品具有四种类型，即突变型、风行型、稳步型、长期潮流型。

无论是趋势商品，还是潮流商品，都能为零售商创造利润、增加客流和提升门店形象。二者的区别在于，趋势商品具有持续性和稳定性，要用长远的经营策略，追求长期效益，并随着趋势商品的变化在经营策略上作出相应调整。潮流商品具有阶段性和多变性，要快速作出决策，追求短期效益。潮流商品也具有向趋势商品发展的潜力。

5. 季节性商品

季节性商品是指销售上有明显的时效性，即顾客在某个时间段有着非常强的购买需求，随着销售周期临近季末，价值逐渐降低的商品。季节性商品具有生命周期短、周转快、毛利高的特点，如冬季保暖、夏季清凉的系列商品，以及端午、中秋等节假日主题商品等。季节性商品可以激活整个品类的销售，具有培养消费需求和消费习惯的功能，能提升门店的活力和新鲜度，有效营造销售氛围，并带动顾客购买。

季节性商品有着较高的管理难度，因为既要通过季节性商品创造利润，保证在销售周期内不缺货，又要争取在销售末期不积压库存。对季节性商品要作出提前规划和预测，提早把季前、季中、季末的准备工作落实到位。

（1）季节性商品的规划

①提前做好季节性商品季前、季中、季末的规划，通常至少提早16周开始规划。

②以采购为主导，补货、市场、运营和物流等部门共同参与，并达成行动上的共识。

③结合上一季度的规划、销售表现、顾客洞察，设计本季度的商品策略、商品方案和销售增长目标。设定新品的销售目标时，可参考同品类对标商品的历史销售。

④结合历史销售数据和未来趋势预判，预估商品的订货量，并完成财务各项指标的预测。

⑤提前制定补货策略，确定生产和发货日期，并预测可能出现的风险和挑战，提前准备。

⑥提前做好商品季前、季中的促销方案。

⑦提前制订季节性商品在季末的清货计划和退场方案。

（2）季节性商品的管理指南

①尽可能比竞争对手提早上市，营造销售场景，提前预热，抢占顾客心智和市场。

②尽可能使用陈列图进行季节性商品的货架陈列管理。

③占据最佳促销位，采用多种场景、多种道具相结合的主题促销陈列，加快周转。

④监控库存和商品流转，必要时调配门店的收货量和库存量，进行店与店之间商品的调拨。

⑤到竞争对手的门店调研，回顾与竞争对手的差距，作出及时调整和修正。

⑥通过每日销售跟踪，跟进库存和销售状态，作出及时调整和修正，对

于库存周转低于预期的商品及时调整订货计划。

⑦季节结束后，对整体达成情况进行系统、全面分析，总结不足，为下一年的销售计划做好准备。

(3) 季节性商品的衡量标准

季节性商品的销售率目标为85%，回顾季节性商品的表现时，还有销售额、初始毛利率、降价率、利润额和收货额等指标需要共同分析。季节性商品销售分析如表5–14所示。

表5–14　　　　　　　　　　季节性商品销售分析

指标	销售金额 （万元）	初始毛利率 （%）	降价率 （%）	净利润率 （%）	收货金额 （万元）	销售率 （%）	利润额 （万元）
去年	150	50	10	40	185	81	60
今年	172	51	8	43	190	90	74
差异	22	1	−2	3	5	9	14

6. 进口商品

进口商品，顾名思义就是生产地不在本国的商品。中国生产商品的条码的前三位是690～699，识别进口商品的一个简单方法就是看条码是否以690～699开头。

进口商品在中国发展了这些年，已经培养了一批长期购买进口商品的中高端顾客。随着生活水平的提高，进口商品的品类发展向好，人们更加关注生活品质，对健康也有了更高的追求，越来越多的顾客加入进口商品的消费大军中。

进口商品的选品方向：①快消食品类；②洗护用品类和化妆品类；③孕婴用品；④调味品、厨房用品；⑤大健康类的营养品和保健品。

进口商品可以提升门店和品类的形象，并有着较高的毛利，但因需要办理报关和清关手续，会耽误一些时间，门店上架销售时往往受到保质期短的影响，容易产生损耗。因此，要特别关注保质期的问题，并注重先进先出的原则，避免后期因临近过期打折而影响毛利。

7. 自有品牌商品

自有品牌（Private Brand，PB）商品是指零售商自己注册和拥有品牌、有独立的销售渠道、从开发到销售全程控制的商品，通常用于零售商经营差异化的构建，发挥着传递品质和价值并为零售商创造利润的作用。开发自有品牌有一定的条件限制，并不是每个零售商都有自有品牌商品。因此，在商品组合中，自有品牌商品是个可选项目。

（1）自有品牌商品的意义

①提高利润。

②建立差异化。

③增强商品的竞争力。

④掌握更多的自主权。

⑤有利于建立顾客信任，提升忠诚度。

（2）自有品牌商品管理原则

①自有品牌商品具有选品的优先权。

②自有品牌商品的价格带与其他品牌商品减少重叠。

③自有品牌商品可以按类别集中陈列，也可以分散在所属品类的货架中，要保证陈列和库存有货。

④将自有品牌商品陈列在销量高的同类对标商品旁边，体现性价比，带动流动性。

⑤在销售好的商品中挖掘尚未完全满足顾客需求的机会点，针对机会点开发新的自有品牌商品。

⑥提前规划好商品起订量，避免因起订量大带来库存积压。

⑦检查流动慢的自有品牌商品的库存和陈列，对促销后也没有提升的商品进行淘汰和清仓。

8. 专供商品

专供商品是供应商或厂家为某个零售商提供的规格或品种独家的商品，用以提高差异化与市场竞争力，同时也是利润的创造者。

9. 常规商品

此处常规商品的含义是指原有经营的、且不包含在以上八种类别中的商品。本书不做特别介绍。

通过商品多元化特征检视过商品组合后，确定要淘汰的商品，要优化替代的商品，以及缺失的待补充的商品后，可以通过商品多元化特征检视

表（见表 5 – 15），完成商品组合各项指标在商品组合规划前后的对比和
总览。

表 5 – 15　　　　　　　　　商品多元化特征检视

商品多元化特征标签		OPP 商品	新商品	趋势商品	潮流商品（网红商品）	季节性商品	进口商品	自有品牌商品	专供商品	常规商品	总计
计划	SKU 数量（个）										
	SKU 占比（%）										
	销售额（元）										
	销售额占比（%）										
	销售额同比增长（%）										
	平均单品产出（元）										
	初始毛利率（%）										
	销售毛利率（%）										
去年同期	SKU 数量（个）										
	SKU 占比（%）										
	销售额（元）										
	销售额占比（%）										
	销售额同比增长（%）										
	平均单品产出（元）										
	初始毛利率（%）										
	销售毛利率（%）										

（六）品牌组合检视

随着人们生活水平和消费能力的提高，消费者对生活品质，特别是食品
安全的要求也越来越高。对生活中一些重要的消费品类而言，品牌已经成为
被消费者重点关注的元素，其次是品质、价格、包装和规格等。因此，商品
结构中的品牌组合是否合理，直接影响着商品组合的效能。

1. 品牌类别及特点

从大众认知的角度上，品牌包括进口品牌、全国性品牌（一线品牌）、
二线和三线品牌、自有品牌和区域品牌，部分高端品牌包含在进口品牌和全
国品牌中。各类别品牌特点简述如表 5 – 16 所示。

表 5 - 16 各类别品牌特点简述

品牌	进口品牌	全国性品牌 （一线品牌）	二线品牌	三线品牌	自有品牌	区域品牌
特点	国外品牌，知名度高、品质好，易培养忠诚度，但易超有效期	品牌知名度高，市场占有率高，自带流量，忠诚度高，可提升形象	略逊于一线品牌，有实力和特色，也有一定的流量	知名度低，在保证品质的前提下贡献利润	零售商自己的品牌，传递品质、价值和差异化	区域性强，本地认知度高
	毛利高，有形象	毛利低，有形象	有一定的毛利	毛利高	毛利高	毛利有高有低

2. 影响品牌组合权重的因素

影响品牌组合权重的因素有门店业态和目标消费群体定位、商品策略、品类角色、零售商自有品牌的能力。其中，品牌组合与品类角色对应关系如表 5 - 17 所示。

表 5 - 17 品牌组合与品类角色对应关系

品类角色 与策略	明星品类	金牛品类	幼童品类	结构品类
品类角色特征	• 高增长，高贡献度 • 处于引导和领先地位 • 竞争激烈	• 增长放缓，高贡献度 • 竞争激烈 • 吸引客流	• 高增长，贡献度还在成长期 • 需要投入，但发展不稳定 • 具备成为明星品类的潜质	• 增长与贡献度相对弱势 • 品类业务创造力衰退 • 一站式、便利服务
品类整体方向	• 资源重点投入，引领市场 • 确保稳定的高品质价值比 • 保持差异化和精细化 • 意义重大，确保竞争优势	• 选择性投入，巩固市场 • 为常规需求提供具有竞争力的价值	• 策略性投入，促进成长 • 注重品类引导和教育 • 为非刚需需求提供好的价值	• 以利润驱动为主导，可接受适度的缓慢发展 • 为临时需求提供基本价值 • 优化与收缩业务
品类定位	• 专业形象，品类宽而深	• 形象品类宽而深，其他品类宽而精	• 结合品类发展趋势，在宽而精和窄而精的定位中选择	• 窄而精的品类定位，为便利需求提供精致的选择
	• 商品"深和精"的属性：品牌、子品牌、等级、价格、规格、口味、香型、材质、形状、包装、颜色、产地等			

续　表

品类角色与策略	明星品类	金牛品类	幼童品类	结构品类
品牌组合	● 覆盖进口品牌、全国性品牌、自有品牌及区域性品牌 ● 以二线、三线品牌为辅，补充毛利	● 覆盖全线品牌 ● 自有品牌、进口品牌和二线、三线品牌为毛利主要创造者	● 以自有品牌、二线、三线品牌为主，全国性品牌和进口品牌为辅	● 以自有品牌，贡献利润的差异化品牌为主，其他为辅

3. 品牌组合权重参考

食品品类的品牌属性会高于非食品品类，品牌组合也会受地域品牌影响。通常情况下，如果零售商有自有品牌，从策略上会优先选择自有品牌的商品，如果遇到区域品牌，会占二线、三线品牌的份额。我在多年实践中，从一些优秀的企业案例中提取出品牌组合的权重数据，仅为普适性参考，不同的零售商、不同的品类都有自身的特色，如 Ole' 精品超市中进口商品的比重超过50%，也有的零售商在品牌性不明显的品类中放弃一线品牌，以贡献利润的二线、三线品牌为重点，实际应用中需要区别考虑。非食品品牌组合权重参考如表 5-18 所示，食品品牌组合权重参考（除生鲜）如表 5-19 所示。

表 5-18　　　　　　　　非食品品牌组合权重参考

品牌组合	进口品牌	自有品牌	全国性品牌（一线品牌）	二线、三线品牌	区域品牌
中端为主、高低为辅的消费群体	0～10%	0～20%	40%～50%	40%～60%	如有区域品牌，占用二线、三线品牌份额
中高端消费群体	10%～20%	0～20%	40%～50%	20%～30%	

表 5-19　　　　　　　　食品品牌组合权重参考（除生鲜）

品牌组合	进口品牌	自有品牌	全国性品牌（一线品牌）	二线、三线品牌	区域品牌
中端为主、高低为辅的消费群体	3%～10%	0～20%	40%～50%	40%～50%	如有区域品牌，占用二线、三线品牌份额
中高端消费群体	10%～30%	0～20%	40%～50%	20%～30%	

表 5-20 为服务中高端的顾客群体的某大卖场连续四年家居生活品类上的品牌组合变化，从中可以看出该企业自有品牌的优势比较明显。该企业进

口品牌的份额也随着顾客的需求增长而提高，全国性品牌的权重占比逐年提升，二线、三线品牌权重占比逐年下降，二线、三线品牌与全国品牌之间的差距在变小。

表5-20　　　　　某企业家居生活品类品牌组合权重参考模板

年份＼品牌组合	进口品牌	自有品牌	全国性品牌（一线品牌）	二线、三线品牌	区域品牌
2018	—	15%	22%	63%	—
2019	—	16%	26%	58%	—
2020	5%	18%	28%	49%	—
2021	7%	20%	30%	43%	—

4. 品牌组合检视

一线品牌侧重提升品类形象，带动客流，以贡献销售为主；二线、三线品牌侧重创造高利润。在做日常品类分析和品类回顾时，可以通过 SKU 数量与销售和毛利的产出对比、各品牌之间初始与销售毛利率分析等，来检视品牌组合的健康性和合理性。品类品牌组合检视如表5-21所示。

表5-21　　　　　　　　品类品牌组合检视

品牌组合		进口品牌	自有品牌	全国性品牌（一线品牌）	二线、三线品牌	区域品牌	总计
计划	SKU 数量（个）						
	SKU 占比（%）						
	销售额（元）						
	销售额占比（%）						
	销售额同比增长（%）						
	平均单品产出（元）						
	初始毛利率（%）						
	销售毛利率（%）						
上一年同期	SKU 数量（个）						
	SKU 占比（%）						
	销售额（元）						
	销售额占比（%）						
	销售额同比增长（%）						
	平均单品产出（元）						
	初始毛利率（%）						
	销售毛利率（%）						

（七）商品分级和定价检视

1. 商品分级

（1）商品分级的定义

商品分级是在商品的安全性、可靠性及质量等级三方面都合规的前提下，将某一品类的商品组合通过分段的方法，将价位从低到高分为若干层级的做法，旨在为客户提供不同价位或功能等级的商品，如超值商品、中端市场的知名品牌商品、最好品质的商品。细分的目的是将商品划分为不同的价格带，以匹配顾客不同层级的购买能力，帮助顾客建立购买信心。商品组合通常按好、更好、最好进行分级，也常用英文表示为 Good、Better、Best。

（2）影响商品分级权重的因素

商品分级权重，即好、更好、最好三类商品之间的分配比率。影响商品分级权重的因素有门店业态和目标消费群体定位、商品策略、品类角色。其中，商品分级和价格策略组合与品类角色对应关系如表 5-22 所示。

表 5-22　　　　商品分级和价格策略组合与品类角色对应关系

品类角色 与策略	明星品类	金牛品类	幼童品类	结构品类
品类角色 特征	● 高增长，高贡献度 ● 处于引导和领先地位 ● 竞争激烈	● 增长放缓，高贡献度 ● 竞争激烈 ● 吸引客流	● 高增长，贡献度还在成长期 ● 需要投入，但发展不稳定 ● 具备成为明星品类的潜质	● 增长与贡献度相对弱势 ● 品类业务创造力衰退 ● 一站式、便利服务
品类整体 方向	● 资源重点投入，引领市场 ● 确保稳定的高品质价值比 ● 保持差异化和精细化 ● 意义重大，确保竞争优势	● 选择性投入，巩固市场 ● 为常规需求提供具有竞争力的价值	● 策略性投入，促进成长 ● 注重品类引导和教育 ● 为非刚需求提供好的价值	● 以利润驱动为主导，可接受适度的缓慢发展 ● 为临时需求提供基本价值 ● 优化与收缩业务
品类定位	● 专业形象，品类宽而深	● 形象品类宽而深，其他品类宽而精	● 结合品类发展趋势，在宽而精和窄而精的定位中选择	● 窄而精的品类定位，为便利需求提供精致的选择

品类角色 与策略	明星品类	金牛品类	幼童品类	结构品类
商品分级 与价格 策略	● 覆盖完整的 OPP—好—更好—最好商品组合，严选 OPP 商品	● 覆盖功能的 OPP—好—更好—最好商品组合，确保 OPP 的品质	● 商品组合覆盖好—更好 ● 关注新品、趋势和潮流商品	● 商品以更好级为主 ● 挖掘新、奇、特商品，以创新驱动增长，建立感知
	● 价格带高中低分布，按目标顾客定位自选比例分配 ● 各品类超低价商品相结合	● 价格带高中低分布，按目标顾客定位自选比例分配 ● 各品类超低价商品相结合	● 价格带以中高为主，按目标顾客定位自选比例分配	● 在合理定价的基础上，以中等价格为主
	● 价格竞争指数：95～99 ● 差异化商品在合理定价的基础上创造利润	● 价格竞争指数：95～99	● 价格竞争指数：100	● 价格竞争指数：100

（3）商品分级的原则与权重

如客户以中高端消费群体为主，则好、更好、最好的权重通常考虑为 10%、50%、40%。

如客户以中档消费群体为主，则好、更好、最好的权重通常考虑为 30%、50%、20%。

如客户以大众消费群体为主，则好和更好的权重通常考虑为 70% 和 30%，可不引进或少引进高端商品。

如客户为混合消费群体，则通常指以中档消费群体为主、以其他消费群体为辅，即好、更好、最好的权重为 25%、60%、15%。

在进行商品分级时，采购需要先明确品类在各等级之间的权重，在现有的商品组合中找到各等级之间超出或缺失的商品，再进行调整和补充。需要注意的是，在好、更好和最好等级之间，一方面通过价格带设置出价格区间，各级之间最低保持 10% 的差异，要避免同质化商品集中的情况。另一方面一定要在品质上建立容易识别的差异，以帮助顾客通过对比价值作出购买决策。分级的商品同时要考虑新商品的引进和季节性商品的上季。商品分级原则与权重如表 5 - 23 所示。

表 5 - 23 　　　　　　　　　　　　商品分级原则与权重

衡量标准	好（Good）	更好（Better）	最好（Best）
产品呈现	● 满足顾客基本需求 ● 对标竞争对手的最低价位商品，并在品质上胜出	全国性品牌或自有品牌的主流及核心产品	● 产品以成分或产地等特色而闻名 ● 与更好等级产品有明显区别
价格呈现	● 比更好等级的商品价格至少低 10% ● 争取是市场上最低价	● 比最好等级的商品价格至少低 10% ● 在保持品质的前提下，争取比竞争对手的品牌或自有品牌价格低 3%～10%	● 定价合理 ● 突出品质和性价比 ● 突出差异化特征
质量呈现	满足基本需求	● 与全国性品牌品质相当 ● 自有品牌品质更胜一筹 ● 质量上拉开与好和最好等级间的距离	● 产品品质最优 ● 针对各项优势可以清晰进行产品溯源
价值呈现	在品质保证的同时，物超所值	有价格优势，品质对比好等级的商品有明显的区别	● 可接受的价格 ● 高品质、差异化 ● 突出卖点，通过体验、促销、品类教育等，展现价值
配置权重	权重受业态和消费者定位影响，企业可以根据自身实际情况调整权重 ● 中高端消费群体，好、更好、最好的配置比例可考虑为 1:5:4 ● 中档消费群体，好、更好、最好的配置比例可考虑为 3:5:2 ● 大众消费群体，好和更好的配置比例为 7:3，不设高端商品		

　　每个品类中至少应该有一个 OPP 商品，OPP 商品代表不同商品分级中商品的超级性价比，因此还有一种商品分级形式为超低价、好、更好、最好。

2. 商品价格带

　　价格带是指以小类为单位的同类商品的最低价和最高价之间的区域。例如，A 超市 330mL 啤酒有 44 个 SKU，其中最低价为 1.9 元，最高价为 15.5

元，价格带就是 1.9 ~ 15.5 元，最低价与最高价之间的区域也称为价格带的宽度，价格带的宽度决定了该类别商品对顾客不同消费需求的满足程度。价格线是价格带中的不重复的价格的数量，每个不重复的价格即为一条价格线。价格点则指在不同的价格区间内最容易被顾客接受的某个价格。某超市 330mL 啤酒的价格带分析如表 5 – 24 所示。

表 5 – 24　　　　　　某超市 330mL 啤酒的价格带分析模板

价格区间/占比	1.9 ~ 2 元/10.9%				2.3 ~ 2.5 元/26.6%				2.6 ~ 2.9 元/3.6%			
单价（元）	1.9	2	2	2	2.3	2.3	2.5	2.5	2.6	2.8	2.8	2.9
销售额（元）	1805	11110	608	18	380	31928	762	64	286	3151	701	383
价格区间/占比	3.2 ~ 3.5 元/6.8%				3.7 ~ 3.9 元/21.7%				4.5 ~ 4.9 元/11.1%			
单价（元）	3.2	3.3	3.5	3.5	3.5	3.7	3.8	3.9	3.9	4.5	4.9	
销售额（元）	525	301	6677	915	7	18180	8048	771	7	754	13031	
价格区间/占比	5.5 ~ 5.9 元/2.5%				6.5 ~ 7.5 元/6.6%							
单价（元）	5.5	5.9	5.9	5.9	6.5	6.5	6.8	6.9	7.5			
销售额（元）	33	2234	815	12	3502	1292	865	1327	1195			
价格区间/占比	8.5 ~ 9.9 元/8%				11.8 ~ 15.5 元/2.3%							
单价（元）	8.5	8.5	8.8	9.9	9.9	11.8	15.5	15.5				
销售额（元）	754	7094	312	56	1772	333	555	2030				

价格带在 1.9 ~ 15.5 元，价格线有 26 条（40 个商品中有 26 个不同的价格），价格点为 2 元、2.3 元、3.7 元、4.9 元，价格区间为 1.9 ~ 2 元、2.3 ~ 2.5 元、3.7 ~ 3.9 元、4.5 ~ 4.9 元。

将价格带划分出不同的区间就是价格区间，通常会按价格带的低、中、高进行群组划分，价格区间以 3 ~ 5 个为宜，一般不超过 5 个。用横轴代表价格区间，纵轴代表销售额和销售数量。通常，整个价格带区间会出现几个销售波峰，检验波峰是否可以覆盖商品分级的超低价、好、更好、最好的区间。对比后可以发现，A 超市啤酒品类主要是偏中低价格区间的商品，且商品价格设置过于密集，缺少价格规律，5 元以上的啤酒缺少价格点，8.5 ~ 9.9 元的价格区间有启动的迹象，可以通过扩大商品陈列排面和增加主题陈列的方式予以改善，一些在价格上重复或接近的滞销商品，可以淘汰（见图 5 – 8）。

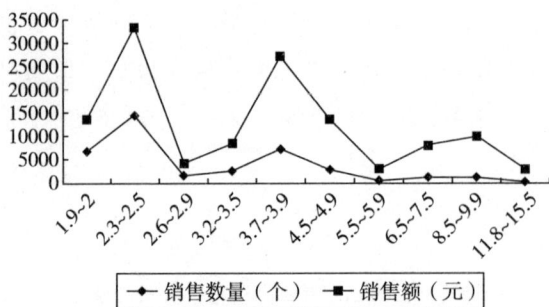

图 5 – 8　A 超市啤酒品类的价格带分析

对于商品丰富，不少人常常有个误区，认为商品越多，给顾客的选择就越多，但商品丰富的真正概念是指顾客对意向商品有价格预期，在这个价格区间有商品可以选择和购买，顾客会根据价格点来判断门店商品价格的高低，以及商品品种是丰富还是匮乏。过多的商品和密集的价格线会造成顾客选择上的困难，同时造成门店库存积压，带来商品管理上的困难。

价格带组合检视的意义：①可以帮助检验商品定价或选品的合理性，检验商品是否与目标消费群体的定位相符；②可以找出品类的价格点，在该价格点价位附近布局，给顾客以产品丰富的感觉；③可以知道需要补充和调整的价位，以及商品增加和淘汰的方向；④通过与竞争对手的对比，可以知道谁更有价格形象，谁提供给顾客的选择更多等。

价格带组合检视：每个品类的价格区间都有特色，品项增删的工作初步完成后，采购需要检视下价格区间，价格点应该在好、更好、最好的分级中都有体现，不要出现过于集中在某个价格点的情况。品类价格带组合检视如表 5 – 25 所示。

表 5 – 25　　　　　　　　　　品类价格带组合检视

	价格带	超低价（××~ ××元）	好（××~ ××元）	更好（××~ ××元）	最好（××~ ××元）	总计
计划	SKU 数量（个）					
	SKU 占比（%）					
	销售额（元）					
	销售额占比（%）					
	销售额同比增长（%）					
	平均单品产出（元）					
	初始毛利率（%）					
	销售毛利率（%）					

续　表

价格带		超低价（××~××元）	好（××~××元）	更好（××~××元）	最好（××~××元）	总计
上一年同期	SKU 数量（个）					
	SKU 占比（%）					
	销售额（元）					
	销售额占比（%）					
	销售额同比增长（%）					
	平均单品产出（元）					
	初始毛利率（%）					
	销售毛利率（%）					

商品选择要以满足目标顾客需求为主，企业需要不断完善自己的价格带。价格带的设立既要以顾客为中心，也要从引导顾客消费的角度展示采购人员的职业素质和专业性，调动顾客潜在的消费意识，作出更多的尝试。一旦顾客接受了零售商的引导，顾客的忠诚度也会随之提高。另外，市场是在不断地变化中发展的，如果品类角色、品类策略等因市场变化而发生了变化，价格体系也需要相应变化。零售商要定期进行价格回顾，并与市场价格对比，检查价格是否合理，并能及时作出必要的调整。

3. 价格策略

商品定价受门店业态和目标顾客群体定位、竞争对手定价，以及供应商价格前后台支持等方面的影响。价格策略指的是零售商把整体商品平均价位定在一个什么样的水平，价格策略决定了零售商想建立的价格形象和零售商实际在消费者心中的价格形象。

需要注意的是，零售商利润的来源，不应该是定高价这种短视行为。通过差异化的产品和降本提效的业务行为获取利润，才是企业长远发展的动力。对不同角色的品类和商品应有不同的定价机制，在保证良好价格形象的同时保持合理的利润水平，体现了采购团队的专业素质。

在价格竞争上，零售商应该有代表企业价格形象的堡垒商品，始终优于竞争对手，长期保持市场上的最低价格。堡垒商品通常是价格比较敏感的民生类商品，这部分商品贡献毛利的空间非常低，甚至有些是负毛利商品，其作用在于吸引顾客到店，通过顾客一并购买其他商品贡献综合毛利。堡垒商品旨在维护公司价格形象和品牌承诺，建立与顾客之间的信任关系。

市场上同质化的商品，价格竞争指数通常在 95 ~ 99，意在通过保持价格竞争优势来树立价格形象，如果竞争对手跟价，则可在竞争对手现价的基础上，保持价格竞争指数在 95 ~ 99。但要注意，不要在一个商品上同竞争对手竞价三次以上，如果竞争对手持续跟价，则在适当的时机转向近似品类和关联商品上的多品促销，实行"打、打、平、转"的价格竞争策略。

对于一些品牌性的商品，为了维护市场价格形象，应选择价格不变，通过买一送一或赠品的方式，避免直接低价促销损坏品牌策略。另外，对于非常态商品，如临近保质期、临近季末、库存尾货、新鲜度变化等商品，可实行及时的弹性定价机制。

零售商对价格的操作体现了零售商的定价水平和损耗控制能力。

4. 价格竞争指数

价格竞争指数是门店对竞争对手商品价格进行调查统计，然后根据统计结果计算出来的相对值，是分析门店价格相对于竞争对手价格是否有优势的一项参考数据。价格竞争指数通常针对两类商品，分别是常规商品和敏感商品。

（1）价格竞争指数的计算

从品类中随机抽取一定数量的单品，数量通常占品类总数的 10% ~ 15%，因为有的商品可能竞争对手的门店没有，最后可以对比的商品至少要有 30 个以上。按所选单品对竞争对手门店相同商品的售价进行调查，然后将自己门店和竞争对手门店重叠商品的价格分别进行累加。

价格竞争指数的计算方法如下：

价格竞争指数 = 自己门店商品的价格总和/竞争对手商品的价格总和

（2）价格竞争指数的分析

如果价格竞争指数等于1，说明双方价格虽然有高有低，总体基本持平；价格竞争指数如果大于1，说明自己的价格比竞争对手的价格高；价格竞争指数如果小于1，说明自己的价格比竞争对手的价格低，具有竞争优势。

零售商可以定期通过与竞争对手进行常规商品和敏感商品价格竞争指数比对，了解是否具有价格竞争优势，并根据企业实际情况和要达到的目标采取相应的行动。

（八）毛利组合检视

完成商品价格的设定后，如果只有单品的毛利率，要想了解商品组合后品类的汇总毛利率，那么可以通过单品的销售额占比与单品毛利率的乘积之和计算出单品的毛利贡献率。用汇总毛利率的测算结果与品类的目标毛利率进行比对，可以检视商品定价的合理性。汇总毛利率的计算模板如表 5 - 26 所示。

表 5 - 26　　　　　　　　　汇总毛利率的计算模板

商品品种	销售额占比	单品毛利率	毛利贡献率
#1 商品	46%	20%	9.2%
#2 商品	9%	30%	2.7%
#3 商品	16%	18%	2.88%
#4 商品	12%	25%	3%
汇总毛利率			17.78%

　　企业的利润不应该通过盲目抬高商品价格来获取，这只是短视的行为。提升企业的综合毛利率，乃至最终的利润，从根本上来说要从商品端发力。一是有可以满足顾客需求的正确的商品；二是以商品作为媒介，通过诚信标价和持之以恒的服务等与顾客建立信任，令顾客满意；三是正确把握时机管理商品的进、存、销、退、清，控制损耗；四是用商人的敏锐度经营，通过陈列、促销与合理的库存提升商品销售量；五是因销量提升促动采购量扩大，带来前后台成本降低，从而提升整体毛利，此时要重视细节管理，合理订货并保证订单满足率；六是正确规划、正确执行、正确沟通，并通过内部一致的行动带动效率提升，进一步带来成本节省。利润就是在一个个的细节中积累和沉淀下来的。毛利提升正流向如图 5 - 9 所示。

图 5 - 9　毛利提升正流向

（九）品类结构检视

品类结构检视包括检视 SKU、综合贡献率、销售、毛利、毛利率、库存和同比增长等业务指标，目的是使各品类或者品类内部的大类、中类、小类之间保持 SKU 数量与业绩产出之间的平衡性和健康性。品类结构检视示例如图 5 – 10 所示。

综合业务指标	品类A	品类B	品类C	品类D	品类E	品类F	品类G
SKU数量	438个	2290个	113个	185个	317个	955个	127个
SKU占比	9.9%	51.8%	2.6%	4.2%	7.2%	21.6%	2.9%
综合贡献率	17.2%	22.2%	21.1%	10.4%	14.4%	13.4%	1.4%
销售额占比	25.2%	19.8%	18.6%	15.7%	11.3%	7.7%	1.7%
销售量占比	15.0%	24.9%	22.1%	1.4%	15.8%	20.7%	0.1%
毛利额占比	12.0%	21.0%	22.1%	17.1%	15.7%	9.3%	2.8%
库存额占比	6.7%	12.1%	11.9%	41.4%	5.4%	13.0%	9.5%
2020年毛利率	9.3%	20.7%	23.1%	21.2%	26.9%	23.5%	31.9%
2020年销售额同比	38.2%	26.7%	18.2%	25.2%	−0.7%	17.8%	69.2%
2019年销售额同比	36.8%	36.2%	11.5%	51.5%	13.7%	2.8%	69.6%

图 5 – 10　品类结构检视示例

从图 5 – 10 中可以看出，B 品类与 F 品类都出现了 SKU 多但销售贡献低等结构不平衡的现象，导致其他品类虽然产出高，但也出现了不平衡。在商品组合时，除非是商品策略特别为某个品类倾斜资源，留待其后期成长，否则对这种情况都要予以调整和修正。通常，SKU 数量占比与业绩贡献占比之间的差异不高于 3% 为可以接受范围，超过这个参考线，则需要做 SKU 优化，或业绩提升整体计划。品类结构检视如表 5 – 27 所示。

表 5 – 27　　　　　　　　　品类结构检视模板

综合业务指标	品类 A	品类 B	品类 C	品类 D	品类 E	品类 F	品类 G	品类 H
SKU 数量（个）								
SKU 占比（%）								
综合贡献率（%）								
销售额（元）								
销售额占比（%）								

续 表

综合业务指标	品类 A	品类 B	品类 C	品类 D	品类 E	品类 F	品类 G	品类 H
同比去年（%）								
销售量								
销售量占比（%）								
同比去年（%）								
毛利额（元）								
毛利额占比（%）								
同比去年（%）								
毛利率（%）								
周转天数								
平均库存金额（元）								

四、定案全品项商品组合

在商品组合实战中，通过从商品策略上确定经营的品类和各品类经营的 SKU 数量；通过 360 度全景分析体系的应用，回顾品类各个维度的历史数据，用 80/20 法则和 ABC 优化法挑选出要淘汰的商品；通过供应商绩效分析，做供应商与合作产品的优化；通过 GMROII 分析，进一步优化掉投资回报产能低的商品；通过竞争对手调研，找到商品差异，补充缺失和优化可以替代的商品，完成第一次以单品销售表现为基础的品项优化工作。

第二次品项优化工作是通过商品多元化组合检视、品牌组合检视、商品分级和定价检视、毛利组合检视，以及品类结构检视等再次完成对滞销商品的淘汰和缺失商品的补充工作。两次品项优化工作完成后，一份全品项商品组合清单就完成了，商品组合的新征程也即将开启。

五、商品组合量化分析

全品项商品组合清单的诞生，意味着商品组合第一阶段的工作落下帷幕。在组合过程中，有淘汰的商品，也有增加的商品，包括待增加的商品等，供应商名单也有增减更新。针对商品组合前后在品项和供应商方面的增减变化，以及由此产生的销售和毛利的变化，需要作出量化分析，以记录增加和淘汰商品对品类和购物篮的财务影响，同时需要跟进顾客对商品组合变化的反馈。商品组合量化分析如表 5 - 28 所示。

表 5 – 28　　　　　　商品组合量化分析模板（按年度计算）

品类名称	原有 SKU 数量（个）	计划淘汰 SKU 数量（个）	原有供应商数（个）	计划淘汰供应商数（个）	预计损失销售额（元）	预计损失毛利额（元）	净销售额影响（元）	净毛利额影响（元）
	117	26	23	4	152000	45100		
××品类	更新后 SKU 数量（个）	计划增加 SKU 数量（个）	更新后供应商数（个）	计划新增供应商数（个）	预计增加销售额（元）	预计增加毛利额（元）	1362500	409250
	137	46	22	3	1514500	454350		

　　本章的重点就是商品组合的规划。从明确品类和商品总数开始，采用数据分析体系，从销售角度对单品进行淘汰和补充，以及从组合检视角度对品类整体策略实施回顾和验证，之后定案全品项商品组合，以及进行量化分析和量化指标设定工作，环环相扣地完成了一项重点业务流程的规划。精细化的管理过程虽然有些复杂，但其中蕴含的价值与意义值得每个与品类规划领域相关的零售人士躬身入局，脚踏实地去思考、实践。

六、淘汰商品退场、补充和替代商品引进

（一）淘汰商品的退场策略

　　在商品组合量化分析完成后，需要着手准备淘汰商品的退场，尽快清理完总仓和门店的库存，并释放出门店的货架空间给效能高的商品。淘汰商品越早清理完，销售损失就越少。因此，采购需要及时制订并提供给门店淘汰商品的退场方案，门店需要尽早完成淘汰商品在门店的清理。淘汰商品的跟进如表 5 – 29 – 1 和表 5 – 29 – 2 所示。

表 5 – 29 – 1　　　　　　　　淘汰商品的跟进（一）

商品编号	条码	商品名称	规格	销售单位	品牌	商品状态	商品生效时间	出样门店数量（家）	含税成本（元）	当前销售价（元）	当前毛利率（%）	单店月均销售额（元）	销售额（元）	同比增长（%）	ABC 属性	淘汰原因

表 5 - 29 - 2　　　　　　　　　淘汰商品的跟进（二）

商品基础信息（略）	剩余库存金额（元）	剩余库存数量	预计销售损失（元）	预计毛利损失（元）	供应商名称	供应商属性	淘汰商品处理方式	淘汰商品处理起止时间	第一次清仓价（元）	第二次清仓（元）	第三次门店自定义价（元）

淘汰商品的原因：①淘汰滞销品；②淘汰重复品，包括规格、价格等重叠的商品；③换季清仓；④新旧商品切换；⑤问题商品下架；⑥供应商停产等。

淘汰商品的处理方式：①退货给供应商；②原装箱未开退货回仓库；③仓库或门店之间调拨；④当前价销售，或是附加赠品销售；⑤清仓；⑥转赠品；⑦报损。

根据单店月均销售额、销售门店数量和计算周期（通常为半年或一年），将淘汰商品可能对销售额和毛利额带来的影响提前预估出来。一般会同时预估新增商品与淘汰商品对业绩的影响。根据新品和淘汰商品通常会同期进行陈列图更替，制订好新品的采购计划和销售计划，以及淘汰商品的退场或清货计划，是陈列图更新流程中非常重要的环节。

因涉及物流成本和人工处理，需要注意：有时候退货并不是最佳选择。评估对淘汰商品采取何种处理方式，要看哪种处理方式所产生的费用最少。门店清理淘汰商品时，如涉及临期商品，通常会实行分阶段清货打折的计划，并需要让顾客知道商品剩余有效期。

为淘汰商品制定退场策略并严格执行，是品类规划得以落地的必要条件。

（二）补充与替代商品的引进规划

商品组合过程中，会对缺失的商品进行补充，或者用更适合的商品替代掉原有的旧商品，如果补充或替代的商品在之前从未在零售商处经营过，则为零售商待引进的新商品，待引进的新品通常需要在 3 个月内根据新品的优先性有计划地完成。新品跟进详情如表 5 - 30 - 1 和表 5 - 30 - 2 所示。

表 5 – 30 – 1　　　　　　　　　　新品跟进详情（一）

新品基础信息													新品计划							
大类	中类	小类	商品编号	商品名称	条码	单位	规格	品牌	税率（%）	进货价（元）	零售价（元）	毛利率（%）	引进类型	提交审批周数	上市售卖日期	出样门店数（家）	到店陈列方式	90天销量预测	总订货量	预估销售率（%）

表 5 – 30 – 2　　　　　　　　　　新品跟进详情（二）

新品基础信息	新品实际达成							评估结果		90天后续跟进		
略	90天时间进度（%）	累计销量达成（%）	90天累计销售额（元）	90天累计毛利额（元）	销售毛利率（%）	实际销售率（%）	库存周转天数	是否达标	备注	退场库存金额（元）	退场库存数量	库存处理方式

引进类型包括结构性补充、功能替代、价格替代、规格替代等。

提交审批周数：根据新商品引进的优先性，计划安排新品审批的时间，一般以周为单位。

上市售卖日期：预计商品可以到店销售的日期。

到店陈列方式：常规货架陈列或促销陈列，促销陈列包括堆头、端架、促销货架陈列等。

预估销售率：在 90 天的试销期内预测销售量与总订货量的比值。

90 天时间进度：每次评估进行时，已销售天数占 90 天的比率，用以与累计销量达成做对比，评估在该时间点下销售达成的进度是否理想，也可以预测是否有能力完成预估销售目标。

累计销量达成：已经销售的数量占 90 天预测售卖销量的比率，用以与90 天时间进度对比。

实际销售率：用以评估新商品是否达标的参考值。

按月评估新品自上市之日起90天内的销售表现，通过数据了解顾客认可度和产品的销售能力。在此期间，要避免门店因为执行不到位影响新品的销售表现，同时降低顾客信任。90天的试销期结束后，进入评估期。每个企业可以根据对商品成功的定义，设定评估新品销售率的参考线。通常，新品销售率≥75%，可以视为引进成功，全面扩铺到其他门店销售；销售率在50%~75%，考虑在部分门店销售；如果销售率≤50%，则视为引进失败，清理库存退场。

为补充和替代的商品设定引进计划和时间表，是实现品类规划目标的必要条件。切记，不要出现只有计划没有执行的现象。

第五章　思维导图

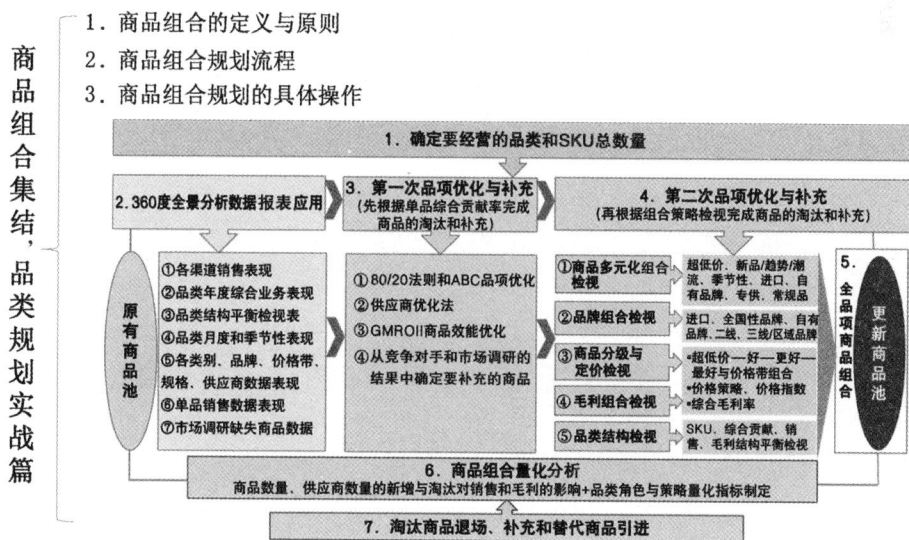

落地必经之路，
品类级别构建

品类级别构建是商品精细化运营模型中的一个原创概念，在品类规划的实践中产生，是品类规划的核心成果，也是品类规划通往终端落地过程的必经之路。可以说，没有品类级别，就没有品类规划在终端实施的可行性，没有终端商品精细化运营的可行性。

第一节　品类级别的定义

品类级别是指在品类全品项商品组合的基础上，根据品类下的商品数量和门店面积跨度，将所经营的商品从全品项的商品组合结构向宽而精或者窄而精的结构过渡，逐级划分出大小不同的组合，并分配以适当的货架陈列空间，每一套品类组合即为一个品类级别。最大的级别就是品类全品项商品级别，确定最小级别后，最大与最小级别之间可以根据品类角色再划分出若干个级别。

虽然品类级别的设置没有限制，但品类级别越多，管理的成本和难度也会越大，相对于常规商品配置而言（不含商圈特色商品、地方特产），每个品类的级别通常规划在 2~4 个为宜，重点品类可以设置 5 个级别。品类级别之间具有大包小的包容性，即属于小级别的商品必然被包含在其上一品类层级之中。例如，级别一中的商品一定在级别二、级别三和级别四中都有。假如级别二中的某个商品被替代了，意味着级别三和级别四需要同时替代该商品。品类级别示意如图 6-1 所示。

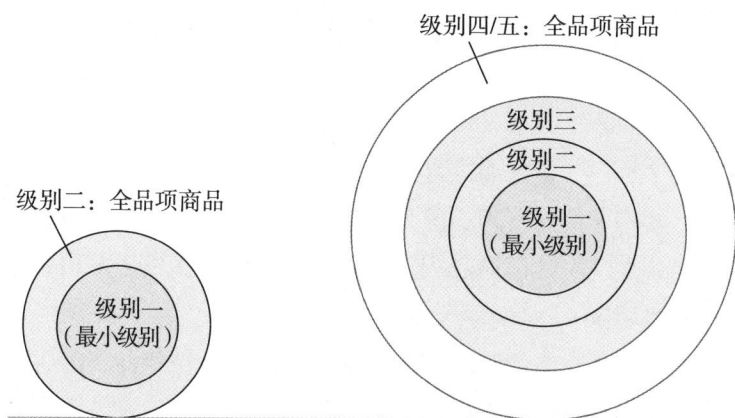

图 6-1　品类级别示意

第二节　品类级别产生的背景

在连锁规模化扩张的进程中，随着门店数量的增加，企业对商品配置的管理难度也逐渐增加，因为门店所处的地域、顾客消费习俗、门店商圈、面积和销售情况都存在差异。很多企业在总部没有精力面面俱到照顾这些差异化时，往往会放权给门店进行商品自主选择和订货，而只负责核心商品管理，这是为了更好适应本地化管理和满足当地顾客的需求。但时间久了，实际情况是同一品类在不同的门店货架陈列的组数多样，且缺乏销售体量与空间容量的逻辑关系，以某医药企业汤料品类货架组数分布与对应的 SKU 数量、销售额为例，分析三者关系（见表 6-1）。

表 6-1　　某医药企业汤料品类货架组数分布与对应的 SKU 数量、销售额

货架组数分布	一	二	三	四	五	六	七	八	九	十	十一
货架组数（组）	2	2.5	3	4	4.5	5	5.5	6	7	8	9
平均 SKU 数量（个）	89	101	132	130	127	139	162	181	199	208	210
月均销售额（万元）	1.6	2.5	3.8	2.2	1.9	2.1	2.3	5.2	2.7	3.9	3.1

从表 6-1 中可以发现，对于 210 个 SKU 的品类而言，陈列的货架组数从 2 组到 9 组出现了 11 种分布方式，货架组数和实际陈列的 SKU 数量之间

也存在着逻辑不清晰的矛盾关系。3 组货架的 SKU 数量也多过 4 组和 4.5 组的 SKU 数量，与 5 组货架也只相差了 7 个 SKU。进一步分析平均每组货架的 SKU 数量时，会发现 3 组及以下的货架，每组陈列的 SKU 数量超过 40 个，货架拥挤到一个商品一个排面，有的商品因为没有足够的空间而侧放或者躺平在货架上，影响了商品管理、陈列效能和营运效率。如果分析对应门店的销售产出，还会发现有的门店陈列该品类的货架较多，销售产出却很低，出现空间与销售不匹配。

除了上述现象外，诸如滞销商品增加、核心商品被遗漏、门店一方面缺货率上升另一方面商品货架上拥挤不堪、积压商品清退困难、商品过期的损耗增加等现象也屡见不鲜。如果仔细分析，造成这些问题的主要原因有以下四点。

一是企业虽然在商品配置上放了权，但没有建立清晰的业务规则。

二是订货权限分散导致采购对商品缺乏整体规划，无法集中洽谈商品成本的降低和争取供应商资源，也导致了采购和营运在商品营销上不聚力。

三是采购会向门店配货，门店自己也会在商品库中订货，导致商品过多，甚至超过门店负荷。

四是营运团队虽然有心做好本地化管理，奈何对商品信息掌握不全面，卖场经常缺货，因为只有采购才有第一手商品状态和供应商供货能力的信息。

因此，企业放权看起来是为了解决地区差异化的问题，实际上是差异化的问题没有得到有效解决，又产生了另外的问题。这就是很多本土零售企业目前存在的困惑，也是迫切要解决的问题。品类级别构建就是将品类划分出大小不同的组合，为不同组合建立商品配置的业务规则，并形成标准，让不同的门店自己选择，以此提升商品产出的效能、提高团队的运作效率。

如果把门店面积的大小与人的高矮胖瘦相对，把门店内经营的品类与人要穿的衣服相对，那么每个品类的商品配置也应该像衣服的尺码一样有大小不同的选择，来适合面积大小不同的门店。品类级别与尺码对应如表 6 - 2 所示。

表6－2 品类级别与尺码对应

品类	级别一	级别二	级别三	级别四	级别五
烟草	S	M	L		
酒	S	M	L	XL	
干货	S	M	L	XL	XXL
个人护理	S	M	L	XL	XXL
家居用品	S	M	L		

衣服除了尺码不同，穿衣场景也会不同，有些人商务装多，有些人休闲装多，也有些人运动装多，所以打开衣柜，除了常规衣服外，还会有些适合特定场景穿的衣服，这就如同门店所处的商圈一样。有些商圈是大众化的，有些商圈在大众化的基础上，又带有自己的特色。所以在商品配置上，除了有大小不同的标准配置外，还要外挂些特殊配置的商品，以满足商圈的特色化需求。

外挂商品覆盖哪些品类、用于何种场景、商品品种数量多少，以及计划的陈列空间大小等，由采购和营运共同讨论确定。之后，采购负责引进该商圈所需的特色商品，营运负责日常补货和促销规划等管理，采购和营运定期对外挂商品的销售情况进行回顾，以持续提升和完善外挂商品与本地特色的匹配度。

采购就像裁缝一样，为所管理的品类裁剪出不同的尺码，如有必要，还会为品类配置好外挂的特色商品。门店根据自己商圈的特点和面积去采购的品类尺码库（也称为品类级别库）中选择适合自己的品类级别，两者匹配度越高，商品效能和工作效率发挥得就越高。

第三节　如何构建品类级别

每个品类都有其对应的企业内部价值，承担着驱动销售增长和创造毛利等不同的角色，所以要规划好品类级别，就要清楚每个品类在企业业务的整体架构下所发挥的内部价值是什么，所能获取到的资源有哪些，这就又回到了品类角色和策略的定位上。

一、影响品类级别构建的因素

品类级别涉及两个核心要素，一是将所经营的全品项商品组合结构向宽而精或者窄而精的结构过渡，逐级划分出大小不同的组合，这涉及品类定位；二是为这些不同的商品组合分配适当的货架陈列空间，这涉及空间策略。

除了自家企业的空间策略，我们还需要了解竞争对手分配给不同品类的陈列空间情况。还有一个影响品类级别构建的重要因素，就是当下各个门店陈列品类的货架组数和 SKU 分布情况，因为所有的执行都离不开现状。了解现状的目的是知晓某品类现有多少种货架组数分布、每种货架组数分布对应有多少家门店，以及找到不合理的问题并进行修正，最终分析出在现有状态下合理的货架组数分布有几种、分别是多少。

影响品类级别构建的因素如下。

一是品类角色、品类定位和空间策略。

二是现有门店的品类陈列空间情况。通过统计各门店各品类货架组数、SKU 数量、月均销售额情况，分析当前空间分配是否合理。各品类货架组数、SKU 数量和销售额统计如表 6-3 所示。

表 6-3　　　　　　各品类货架组数、SKU 数量和销售额统计

门店编号	门店名称	中类名称 A			中类名称 B			中类名称 C			中类名称 D			……		
		货架组数（组）	SKU数量（个）	当年月均销售（元）	货架组数（组）	SKU数量（个）	当年月均销售（元）	货架组数（组）	SKU数量（个）	当年月均销售（元）	货架组数（组）	SKU数量（个）	当年月均销售（元）	货架组数（组）	SKU数量（个）	当年月均销售（元）

注：统计时，要注意标出不同货架的类型和尺寸。

三是竞争对手的品类空间分配情况（参考 360 度全景分析体系中，关于竞争对手货架与 SKU 数量的市场调研数据）。

二、品类最小级别商品组合的确定

品类的最大级别来源于品类规划时所确定的全品项商品组合，是以品类整体结构完整并能体现企业品牌和该品类形象为基础来规划的。门店在发展过程中，难免会受到各种各样的限制，最直接的就是门店面积。

有的零售企业对自身门店面积设定了单一策略，即一种业态下只发展一种面积参数的门店，或者即使门店面积有差异，但经营的 SKU 数量只有一种模式，这种策略会使企业的资源与精力更加聚焦于一种业务的发展上。但大部分零售企业会遇到同一种业态下门店面积多种多样的情况，这也是要建立 2 ~ 4 种品类级别的原因。

（一）确定最小级别的 SKU 数量

关于品类最小级别要经营的 SKU 数量，有两种确定方式，一种是面积策略确定法，另一种是 80/20 转化法。

1. 面积策略确定法

面积策略确定法是根据企业所确定的最小门店面积画出门店图纸，参考货架布局和货架组数，按每组货架平均陈列 30 个 SKU 计算出总的 SKU 数量，再参考每个品类的综合贡献率，初步计算公式如下：

各品类最小级别（初始）SKU 数量 = 各品类综合贡献率 × 总的 SKU 数量

在各品类最小级别（初始）SKU 数量的基础上，参考品类增长趋势、品类角色，以及企业的策略，对 SKU 数量进行调整确定各品类最小级别 SKU 数量。这一步以品类管理者的主观认知为主导。

2. 80/20 转化法

80/20 转化法是以 80/20 法则为底层逻辑（15% ~ 20% 的商品通常会贡献 80% 的销售额），将 20% 的 SKU 数量扩大到 30%，以此来覆盖住更高的销售额，计算方法如下：

最小级别 SKU 总数量 = 30% × 全品项商品总数

（即用 30% 的商品覆盖住 85% 以上的销售额）

各品类最小级别（初始）SKU 数量 = 各品类综合贡献率 × 总的 SKU 数量

在各品类最小级别（初始）SKU 数量的基础上，参考品类增长趋势、品类角色，以及企业的策略，对 SKU 数量进行主观认知上的调整，确定各品类最小级别 SKU 数量。

（二）确定最小级别的选品原则

无论是面积策略确定法，还是 80/20 转化法确定的 SKU 数量，都共享相同的选品业务原则。品类的最小级别意味着限制条件最高，在这种情况下都要销售的商品，一定是对企业和顾客非常重要的商品。这些商品包括：销售额/销售量/毛利额三个维度都进入企业销售前 80% 份额的商品；当年保留下来的新品；持续引进的新品；应季商品；要培养的自有品牌商品；要培养的差异化商品；有明显便利性特色、毛利高、新颖的商品；地方特色商品。

根据以上原则，提取出符合条件的商品进入选品池，再进行品牌、商品分级与定价、毛利组合、品类结构检视，做品项进一步优化和替代，最终完成品类最小级别商品组合的确定。

三、构建品类最大与最小级别

品类最大与最小的商品组合确定后，要解决最大与最小级别所需要的陈列空间问题。涉及商品陈列，就会有陈列场地和货架的需求。零售企业归根结底还是以商品为核心，因此，我建议企业设置一个陈列室用于品类规划的现场陈列，以及日常商品的陈列与调整。

（一）建立陈列室和搭建货架

品类规划和陈列可以按批次进行，因此，陈列室的面积可以设置在 60 ~ 100 平方米，有条件的企业可以将陈列室面积扩大到 200 平方米，同批次可以操作的品类越多，品类规划用时就越短，节省了品类排队等候的时间。

设置陈列室的好处有以下几点。

一是品类规划期间，将全品项商品上架，采购及管理层对商品能有全局观。采购平时通过报告回顾商品，再加上人员的变迁，很难同时具备对商品理性和感性的认知，陈列室可以帮助采购建立相关认知。

二是使商品组合质量更加直观，使作出商品增、删和替代决策更有效率。

三是在品类规划成果审批时，采购、决策层和相关部门可以面对品类商品陈列展示的现场效果展开讨论和交流，能更快达成共识。相关部门也能更好地理解品类规划，对商品的支持和配合效果更好。

四是通过现场陈列，陈列部门的员工对商品及商品间的连接认知更快，陈列图的质量更高，门店执行陈列图的效率也就更高。

五是陈列室可以作为新品引进确认或是促销选品的现场研讨会议室。

六是陈列室的商品组合空间和陈列空间可以作为采购和陈列部的培训场所。

七是陈列室可以与样品室共享空间，也可以增设一张站立式会议围台，作为采购内部的站立式会议室。

根据陈列室的场地搭建货架，货架分为中岛货架和靠墙货架。货架类型与企业现行标准一致。陈列室内可以布置些有关企业文化、顾客服务，以及商品和市场洞察的宣传标语。

在陈列室和货架都落定后，采购根据最大级别商品清单安排配送中心或供应商送陈列样品到陈列室。通常200元以上的商品，可以申请2个陈列样品，200元以下的商品，按最小包装规格申请，也可用空包装替代陈列样品。所有的陈列样品到达陈列室后，都要做进出或者损坏登记，陈列完成后，不影响二次销售的样品转到门店销售，其他样品可在内部折价处理。

（二）设计思考标签

对品类最大与最小级别做陈列，一方面是为了构建整体的品类级别，另一方面是为了对本轮品类规划的商品做最后一次增补、删除和替换。在陈列室陈列商品时，为每一个商品所准备的货架标签与顾客在门店中看到的不同，陈列标签上有很多用于业务判断和决策的数据，我称之为思考标签。思考标签示例如表6-4所示。

表 6 - 4 思考标签示例

商品名称	干红葡萄酒	初始零售价（元）	33.0
商品编码	—	平均成交价（元）	29.0
规格	750mL	初始毛利率	25.8%
出样门店数量（家）	265	销售毛利率	23.2%
商品销售率	70.3%	近 4 周销售毛利率	23.2%
库存周转天数	63	店月均销售额（元）	11.2
累计销售天数（天）	365	GMROII	1.4
最小订货量	6	是否销售核心商品	—
中类名称	葡萄酒	是否综合贡献末位	—

表 6 - 4 中的取数周期：2020 年 6 月 1 日至 2021 年 5 月 31 日。下面对表中的几个概念进行具体说明。

出样门店数量：商品最近 1 个月有销售或期末有库存的门店总数量。

商品销售率：取数期内商品销售总量除以（商品进货总量 - 退货），用以评估商品畅销程度。

库存周转天数：360/库存周转率。库存周转率 = 销售成本/平均库存金额。

累计销售天数：因为取的是一年的数据，累计销售天数最大为 365 天，用以判断是当年引进的商品还是一年以上的老品。

近 4 周销售毛利率：用于判断商品在最近一个月是否有促销或清仓导致的销量增加。

GMROII：库存投资毛利回报 = 毛利额/平均库存金额 = 毛利率×商品周转率。数值在 2 以上为健康，小于 1 则表示投在该商品上的资金没有回报，是亏损商品。

是否销售核心商品：指是否属于贡献了 80% 销售份额的核心商品。

是否综合贡献末位：指是否属于综合贡献率后 20% 中的商品，若是，则为慢流转商品。

思考标签上取数的时间，可以是滚动 12 个月的年数据，也可以是自然年的年度数据。通常取数时间如果发生在 3 月之前，则取上一自然年的年度数据，如果取数时间发生在 3 月之后，可按滚动 12 个月提取数据。

思考标签上的商品来源于最大级别的商品组合，数据可从 360 度全景分析体系的品类数据分析中提取。一张 A4 纸可以放置 15 ~ 18 个思考标签，为了方便辨识商品，可以通过不同颜色的纸张打印思考标签。例如，绿色纸打印新商品标签，红色纸打印占 80% 销售份额的商品，黄色纸打印综合贡献末位的商品，其他常规标签用白色纸张打印，货架上商品的特点就一目了然了。

（三）设定陈列原则

如果商品陈列没有一套统一的标准，那么顾客在购买商品时，对不同品类的购买决策也会出现不同。因此，要在源头上设定好陈列原则，各品类保持方向一致性，在执行细节上可以根据品类属性进行适当调整。品类级别中的陈列原则不仅指商品方面的陈列，还包括大类、中类和小类的陈列位置和与其关联品类的选择。

1. 影响陈列原则的因素

影响陈列原则的因素有顾客购物决策树、品类角色指引方向、关键业务指标、品类关联性。

下面以 M 超市的酒水饮料为例，介绍品类级别构建的流程与步骤。M 超市的相关信息如表 6 - 5 所示。

表 6 - 5 　　　　　　　　　　M 超市的相关信息

业态类型	精品超市，生鲜业务占比 40%，食品占比 45%，非食品占比 15%
目标顾客	25 ~ 45 岁，受教育程度高，崇尚品质、健康、自然，收入稳定的新中产阶层
商圈与面积	门店开在一线城市购物中心、中高档社区，门店面积 2500 ~ 5000 平方米
价值主张	精挑严选，以优品优质为顾客带来美好生活
酒水饮料的 SKU	全品项商品组合 1851 个 SKU，最小级别商品组合 640 个 SKU

2. 设计品类陈列位置

（1）确定大类商品的内外部关联品类

以酒水饮料区域为例，M 超市酒水饮料包含的大类有酒、饮料和常温乳品饮料三大类，显然酒类不适合与常温乳品饮料关联陈列，所以这三大类之间的关联顺序是酒、饮料，最后是常温乳品饮料。酒通常可以在独立区块陈列，或者作为品类的终点，其外部也适合同冷藏熟食、芝士/乳酪和坚果＆炒货等品类相关联。常温乳品饮料的外部适合同冷藏乳品饮料、奶粉、麦片/冲调和休闲冲饮类相关联，也可以同蛋糕/饼干和烘焙类做关联搭配（见图6-2）。

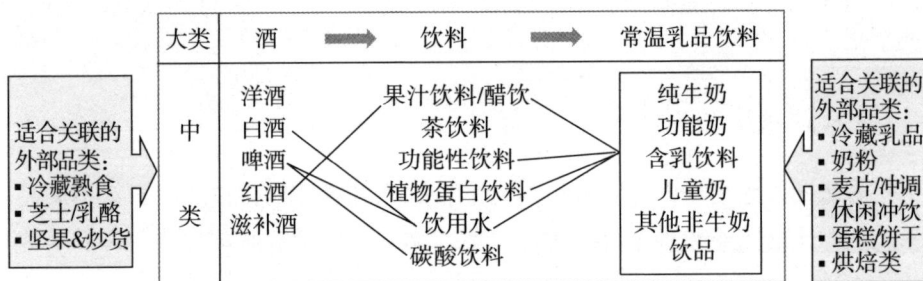

大类	酒 ➡ 饮料 ➡ 常温乳品饮料

适合关联的
外部品类：
- 冷藏熟食
- 芝士/乳酪
- 坚果＆炒货

中类

洋酒
白酒
啤酒
红酒
滋补酒

果汁饮料/醋饮
茶饮料
功能性饮料
植物蛋白饮料
饮用水
碳酸饮料

纯牛奶
功能奶
含乳饮料
儿童奶
其他非牛奶
饮品

适合关联的
外部品类：
- 冷藏乳品
- 奶粉
- 麦片/冲调
- 休闲冲饮
- 蛋糕/饼干
- 烘焙类

图6-2　酒、饮料和常温乳品饮料的内外部关联品类

饮料与酒和常温乳品饮料之间都有着密切的关联关系。中类的碳酸饮料与啤酒、饮用水与啤酒和白酒、果汁饮料与红酒等可以做关联陈列，植物蛋白饮料、功能性饮料中的液体咖啡、果汁饮料、饮用水等都可以与常温乳品饮料做关联陈列。在该案例中，我们选择将酒类作为品类的终点，不再与其他品类关联。用休闲品类的蛋糕和饼干与常温液体饮料做外部关联，用植物蛋白饮料连接常温乳品饮料，用碳酸饮料连接啤酒，同时用饮用水连接白酒作为内部大类之间的关联陈列。

（2）设计中类和小类的位置

货架的可视度会受离主通道距离远近，以及面向还是背对顾客主动线的影响，在安排中类和小类位置的时候，尽可能考虑品类之间的关联度，为顾客提供购物方便，同时根据品类角色和关键业务指标，将重点品类设置在可视度相对好的位置。在没有具体完成商品陈列前，小类的位置还不能完全确定，可以将小类名称标识在A4纸上，先贴在相应的货架位置处，便于陈列样品上架。

3. 确定商品陈列的原则

一是纵向陈列为主，不排除个别品类横向陈列。高货架顶层的1~2层不方便拿取商品，可以作为库存层重复陈列。

二是根据顾客购物决策树决定商品属性的优先层级，如功能、品牌、包装、规格、口味、材质等。

三是自有品牌商品具有优先陈列权，陈列在该类别的起始端。如自有品牌的商品陈列超过一组货架的 2/3，则该组货架可定义为自有品牌货架，剩余的 1/3 空间用于自有品牌商品面位扩大。

四是保持进口商品在所属品类内有陈列后，可以设置进口商品专区。

五是根据核心商品和其他商品的 ABC 属性分配商品的排面。核心商品保持面位数 3 个或以上（大包装 2 个）；A 类和 B 类商品面位数 2～3 个；C 类商品保持面位数 1～2 个，控制库存，货架深处不必铺满货。

六是陈列起始端为货架左侧。

七是商品可以按价格由低到高或由高到低排列，必须有序排列。

八是大包装、重货放置在货架底层。

（四）确定最大与最小级别的品类陈列

将商品按照小类的位置标签先摆在货架上。M 超市已有自己的陈列软件，只需将设定好的陈列原则输入陈列系统中，预先出一份智能版陈列图，然后到现场调整陈列。如果企业没有陈列软件，可以先将商品在货架上摆出首层排面，然后根据陈列原则逐步调整。

在最大级别的商品数量、陈列原则、陈列位置都明确后，商品陈列就成了一件容易的事。当最大级别陈列完成后，大类、中类、小类陈列的货架组数与各自的 SKU 数量也都确定了，相应的品类布局图和陈列图也呼之欲出。再用同样的方法延伸到最小级别，当最大与最小级别的品类陈列完成后，会输出三个业务成果，即品类级别表、品类布局图和品类陈列图。

M 超市酒水饮料最大与最小级别示例如表 6－6 所示，最大级别所需货架总数为 71 组，SKU 1851 个，平均每组货架陈列约 26 个 SKU；最小级别所需货架总数为 23 组，SKU 640 个，平均每组货架陈列约 28 个 SKU。

表 6－6　　　　　　　　M 超市酒水饮料最大与最小级别示例

大类名	中类名	小类名	最小级别		最大级别	
			货架组数(组)	SKU数量(个)	货架组数(组)	SKU数量(个)
酒	洋酒	外摆洋酒	2	60	8	160
	国产酒货架＋柜台	盒装白酒			6	170
		简装白酒			2	
		滋补酒				
		米酒/黄酒				
	葡萄酒/果酒	进口/国产葡萄酒	4	100	6	238
		果酒/预调酒			4	
	啤酒	进口/国产啤酒	2	60	5	150
	汇总		8	220	31	718
饮料	碳酸饮料	可口可乐、百事、其他汽水、苏打水等	2	60	5	150
	饮用水	矿泉水、纯净水、蒸馏水等	2	42	5	103
	果汁饮料/醋饮	果汁饮料、果蔬汁、苹果醋	2	60	6	180
	功能性饮料	运动饮料、机能饮料	1	35	3	100
	植物蛋白饮料	豆奶、核桃、杏仁、椰汁、五谷汁等	1	30	3	90
	茶饮料	柠檬茶、红茶、绿茶、乌龙茶、奶茶、凉茶	2	68	6	200
	汇总		10	295	28	823
常温乳品饮料	纯牛奶/功能奶	纯牛奶、早餐奶、酸奶、其他非牛奶	3	70	6	130
	含乳饮料	乳酸菌奶饮料、加味奶、果粒奶	1	30	3	90
	儿童奶	儿童纯奶、含乳饮料	1	25	3	90
	汇总		5	125	12	310
	酒水饮料汇总		23	640	71	1851

品类布局指引着大类、中类和小类的内外部关联。酒水饮料最大和最小级别的品类布局示例如图 6 - 3 所示。

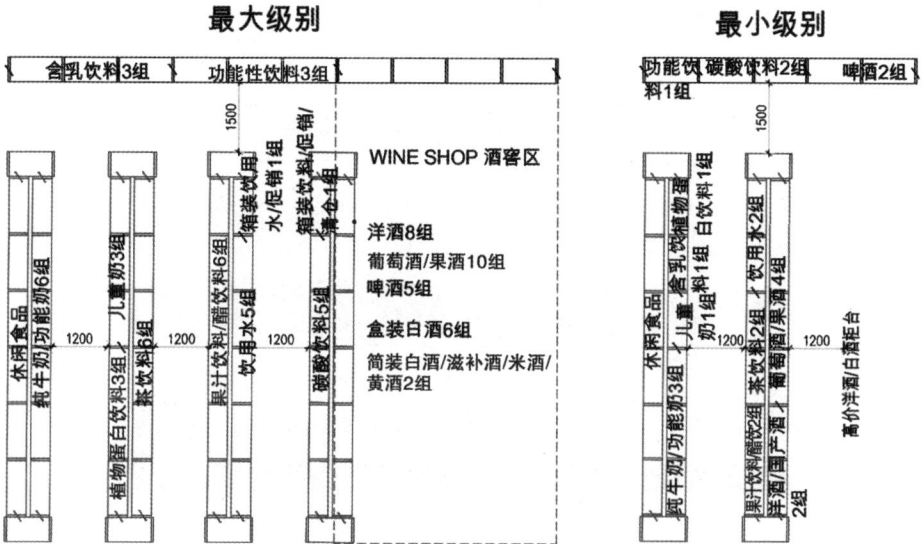

图 6 - 3　酒水饮料最大和最小级别的品类布局示例

注：图中 1200 与 1500 指通道之间的间距，单位是厘米。

品类陈列指引着商品的陈列规则，以饮用水品类为例，最大级别和最小级别的陈列示例如图 6 - 4 和图 6 - 5 所示。

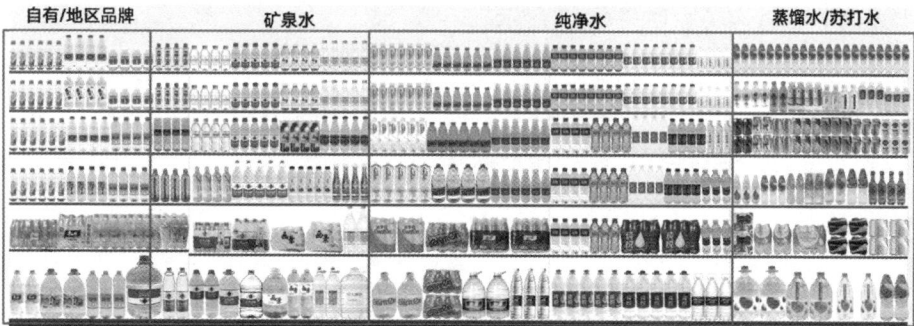

图 6 - 4　饮用水最大级别的陈列示例

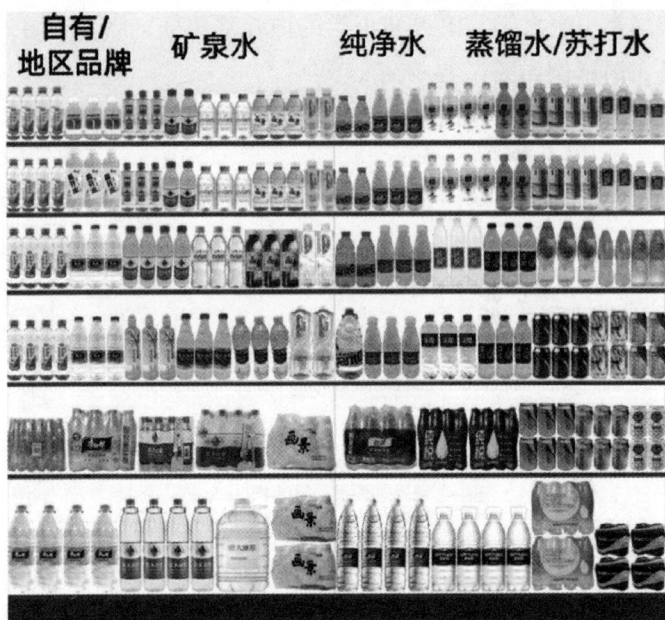

图6-5 饮用水最小级别的陈列示例

四、构建品类其他级别

品类角色是影响品类级别构建的一个重要因素，无论是品类定位、品类发展方向，还是空间策略，都给品类级别的构建提供了决策参考。参考各个品类的角色与策略，并结合品类级别在实践中的应用，空间策略、品类级别与品类角色对应关系如表6-7所示。

表6-7　　　　　　　　　空间策略、品类级别与品类角色对应关系

品类角色与策略	明星品类	金牛品类	幼童品类	结构品类
品类角色特征	● 高增长，高贡献度 ● 处于引导和领先地位 ● 竞争激烈	● 增长放缓，高贡献度 ● 竞争激烈 ● 吸引客流	● 高增长，贡献度还在成长期 ● 需要投入，但发展不稳定 ● 具备成为明星品类的潜质	● 增长与贡献度相对弱势 ● 品类业务创造力衰退 ● 一站式、便利服务

续 表

品类角色与策略	明星品类	金牛品类	幼童品类	结构品类
品类整体方向	• 资源重点投入，引领市场 • 确保稳定的高品质价值比 • 保持差异化和精细化 • 意义重大，确保竞争优势	• 选择性投入，巩固市场 • 为常规需求提供具有竞争力的价值	• 策略性投入，促进成长 • 注重品类引导和教育 • 为非刚需需求提供好的价值	• 以利润驱动为主导，可接受适度的缓慢发展 • 为临时需求提供基本价值 • 优化与收缩业务
品类定位	专业形象，品类宽而深	形象品类宽而深、其他品类宽而精	结合品类发展趋势，在宽而精和窄而精的定位中选择	窄而精的品类定位。为便利需求提供精致的选择
空间策略	• 提供完整呈现商品优势的货架陈列位置与空间 • 促销空间优先分配	• 提供不低于竞争对手的货架陈列空间 • 促销空间以季节和主题性按需求分配	• 提供不低于竞争对手的货架陈列空间 • 促销位置按活动主题分配	• 提供满足品类商品陈列的基本需求空间 • 促销空间分配优先等级低
品类级别	3～5个级别	3～4个级别	2～3个级别	1～2个级别，最小级别可以与相关品类合并

M超市酒水饮料品类角色与品类级别数量配置示例如图6-6所示。

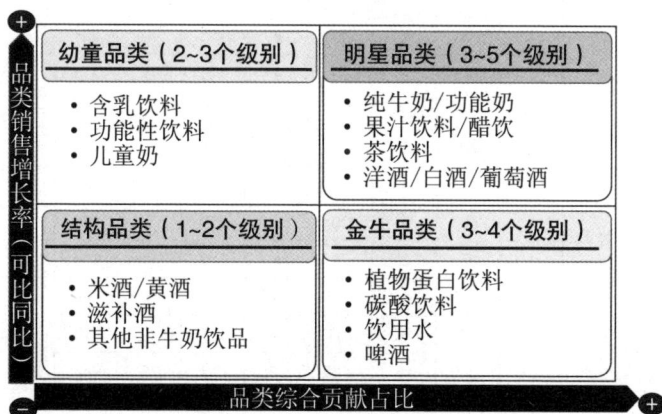

图6-6 M超市酒水饮料品类角色与品类级别数量配置示例

品类级别构建的步骤如下。

一是结合品类角色所对应的各个品类的级别数，初步确定最大与最小之间的级别数量。

二是结合现有门店品类陈列货架的分布、最大与最小级别的货架组数，确定级别的数量与陈列的货架组数。

三是根据平均每组货架陈列的 SKU 数量，确定各个级别的 SKU 数量。

四是根据思考标签的信息、选品原则和各个级别的 SKU 数量要求，完成各级别选品。

五是根据各级别货架组数，完成各级别品类布局图。

六是根据选品完成各级别商品陈列工作。

按照以上业务规则步骤，完成所有品类级别的构建工作后，一份完整的品类级别汇总也呈现出来，M 超市酒水饮料品类级别汇总如表 6 - 8所示。

表 6 - 8　　　　　　　　　M 超市酒水饮料品类级别汇总

大类名	中类名	级别一		级别二		级别三		级别四		级别五		品类角色
		货架组数（组）	SKU数量（个）	货架组数（组）	SKU数量（个）	货架组数（组）	SKU数量（个）	货架组数（组）	SKU数量（个）	货架组数（组）	SKU数量（个）	
酒	洋酒	2	60	1	25	4	80	8	160	8	160	明星
	国产酒（盒装白酒）			2	40	4	80	6	120	6	120	明星
	国产酒（简装白酒/滋补酒/黄酒/米酒）			1	30	2	50	2	50	2	50	结构
	葡萄酒/果酒	4	100	6	150	8	200	10	238	10	238	明星
	啤酒	2	60	3	90	4	120	5	150	5	150	金牛
	汇总	8	220	13	335	22	530	31	718	31	718	
饮料	碳酸饮料	2	60	3	90	4	120	5	150	5	150	金牛
	饮用水	2	42	3	65	4	88	5	103	5	103	金牛
	果汁饮料/醋饮	2	60	3	90	4	120	5	150	6	180	明星
	功能性饮料	1	35	2	70	3	100	3	100	3	100	幼童
	植物蛋白饮料	1	30	2	60	3	90	3	90	3	90	金牛
	茶饮料	2	68	3	104	4	135	5	170	6	200	明星
	汇总	10	295	16	479	22	653	26	763	28	823	

续　表

大类名	中类名	级别一		级别二		级别三		级别四		级别五		品类角色
		货架组数（组）	SKU数量（个）	货架组数（组）	SKU数量（个）	货架组数（组）	SKU数量（个）	货架组数（组）	SKU数量（个）	货架组数（组）	SKU数量（个）	
常温乳品饮料	纯牛奶/功能奶	3	70	4	90	5	115	6	130	6	130	明星
	含乳饮料	1	30	2	60	3	90	3	90	3	90	幼童
	儿童奶	1	25	2	60	3	90	3	90	3	90	幼童
	汇总	5	125	8	210	11	295	12	310	12	310	
酒水饮料汇总		23	640	37	1024	55	1478	69	1791	71	1851	

从表 6 - 8 中可以看出，酒这个品类在 M 超市有着特殊的地位，洋酒、国产酒和葡萄酒/果酒的陈列空间超过其他品类。这是因为酒类在 M 超市的大部分门店都以酒窖的方式呈现给顾客。虽然酒类的业绩产出不足以提供这么大的陈列空间，但出于企业经营策略和商品策略考虑，M 超市有意打造行业内经营酒类最专业的零售商，成为差异化的品类和顾客购买酒的首选。因此，品类级别的构建也受企业策略和商品策略的影响。

在影响品类级别构建的因素中，除了品类角色，现有门店各个品类的陈列货架组数也发挥着至关重要的作用。品类级别的构建也可以通过最大与最小级别的商品数，以及门店现状的品类货架情况进行推算。

前期分析的某医药企业汤料品类就是个比较典型的案例。

汤料货架组数分布与对应的 SKU 数量、销售额与门店数量如表 6 - 9 所示，从该企业各门店反馈回来的汤料品类的现状来看，采用 3 组、4 组和 6 组货架的门店数量较多，但对于汤料这类以袋装挂钩和罐装层板相结合的商品而言，3 组及以下现状的 SKU 数量都超出了货架的容量，使得商品无法正常展示其正面，部分商品不得不侧身竖起来摆放，所以在规划汤料的品类

表6-9　　汤料货架组数分布与对应的 SKU 数量、销售额与门店数量

货架组数分布	一	二	三	四	五	六	七	八	九	十	十一
货架组数（组）	2	2.5	3	4	4.5	5	5.5	6	7	8	9
平均SKU数量（个）	89	101	132	130	127	139	162	181	199	208	210
月均销售售额（万元）	1.6	2.5	3.8	2.2	1.9	2.1	2.3	5.2	2.7	3.9	3.1
门店数量（家）	39	62	233	287	21	22	35	157	54	68	22

级别时，需要对 SKU 的数量进行优化。

汤料品类在该药店当前的品类角色为金牛，且属于药食同源、发展趋势较好的品类，所以该药店在做汤料的品类规划时，对商品做了优化和扩充，其全品项商品组合为 224 个 SKU，参考最小级别的选品原则所选出最小级别的 SKU 为 90 个。那么如何规划汤料的品类级别呢？

按平均每组货架陈列 30 个商品估算，汤料品类的最小级别需要的货架组数为 3 组。最大级别的 SKU 为 224 个，对应的货架组数为 8 组。我们要考虑的是在 3 组至 8 组间需要规划几个级别。从表 6 - 9 可以看出，4.5 组、5 组和 5.5 组在门店分布少，而且销售产出与陈列空间不匹配，因此这三种货架组数可以忽略。6 组货架无论是门店集中度，还是销售产出相对都较高，是一定要保留的，8 组又是最大的级别，因此 7 组货架也没有保留的价值。因为是金牛品类，汤料可以有 3 ~ 4 个品类级别，因此可以保留当前门店集中度较高的 4 组货架，由此可以得出汤料规划后的品类级别。汤料品类级别规划前后对照如表 6 - 10 所示。

表 6 - 10　　　　　　　　　　汤料品类级别规划前后对照

	货架组数分布	一	二	三	四	五	六	七	八	九	十	十一
规划前现状	货架组数（组）	2	2.5	3	4	4.5	5	5.5	6	7	8	9
	平均 SKU 数量（个）	89	101	132	130	127	139	162	181	199	208	210
	门店数量（家）	39	62	233	287	21	22	35	157	54	68	22
规划后品类级别	货架组数（组）			3	4				6		8	
	SKU 数量（个）			90	120				180		224	

绝大多数连锁零售企业都会经历的共性问题，就是没有把源头的品类规划与终端门店的执行贯穿在一起。与其让各个门店在没有业务规则的情况下摸着石头过河，不如在企业内部投入时间和精力来建立业务规则。规划好的汤料品类级别投入使用后，门店不再需要单独选品，而是全力去销售所选的品类级别下的商品，对比过去，经营的商品减少了，工作效率和商品的销售产出提高了。汤料当年的销售同比增长达到 32%。

五、设定品类各级别 SKU 经营的上限数量

商品在日常运营中的优胜劣汰是动态变化的，新品引进时，也会淘汰商品。而淘汰的商品在门店仍有库存，且一段时间与新品"共存"。另外，会根据商品策略、陈列原则和销售产出，在货架上安排多个陈列面位来"暗示"商品重要程度。因此，每组货架上的商品容量要设定一个上限值，低于上限值，商品上架时实行的是宽松制，一旦达到 SKU 数量上限值，就必须实行商品一上一下严格管控，以此来建立商品管理的规范，避免商品进多出少、造成货架拥挤不堪，进而影响到商品效能的发挥，增加损耗和降低工作效率。

SKU 上限数量是在执行陈列原则的基础上设定的，如重点商品、常规商品和综合贡献末位的商品都有着不同的陈列面位数指引。通常情况下，以每组货架可以额外再陈列 5 个 SKU 作为上限。以茶饮料品类为例，各级别 SKU 上限数量示例如表 6 – 11 所示。

表 6 – 11　　　　　　茶饮料品类各级别 SKU 上限数量示例

细分	级别一	级别二	级别三	级别四
货架组数（组）	2	3	4	5
SKU 数量（个）	68	104	135	170
SKU 上限数量（个）	78	119	155	195
级别销售占比（%）	87.3	92.4	95.5	100

SKU 上限数量也可以在各级别陈列完成后，根据每组货架商品的实际陈列情况进行自定义设置。总之，设置 SKU 上限数量的目的是通过一定的规则保证商品管理的规范和商品效能的最大化发挥。

六、确定品类级别的财务预算

在品类级别确定后，以单品单店的月均销售额和毛利额为数据源，根据各个级别下的商品，可以预估出各个级别的月均销售额和毛利率。茶饮料品类各级别月均销售额和毛利率示例如表 6 – 12 所示。

表6－12　　　　茶饮料品类各级别月均销售额和毛利率示例

细分	级别一	级别二	级别三	级别四
货架组数（组）	2	3	4	5
SKU 数量（个）	68	104	135	170
SKU 上限数量（个）	78	119	155	195
级别销售占比（%）	87.3	92.4	95.5	100
单店月均销售额（万元）	5.9	6.3	6.5	6.8
整体毛利率（%）	10.1	10.5	11.4	11.4

　　品类级别的财务预算不仅为自身业绩达成提供了评估标准，也为新店、改造店销售预算的设定提供了参考。同时，在销售分析时，可以对采用同一品类级别的门店进行业绩对比，通过差异寻找业务的提升点。

　　如同要定期回顾品类规划一样，也要定期回顾品类级别，评估各个级别的效能产出，并结合品类的市场发展趋势与商品策略，进行品类级别相应地缩小或者扩大，形成一个内部持续完善的闭环。品类级别构建流程如图6－7所示。

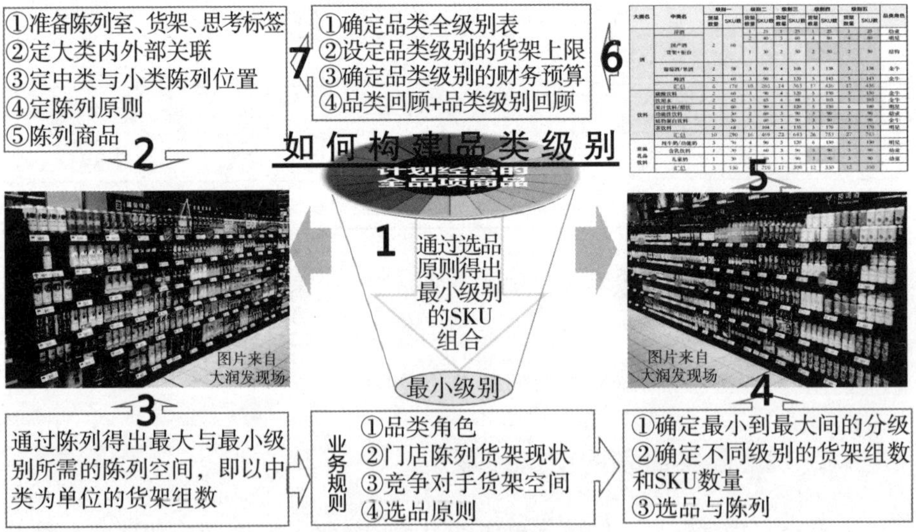

图6－7　品类级别构建流程

随着品类级别和品类级别应用指引的建立，商品配置、门店面积、商圈与执行就此变为一体。在商品配置领域，无论面对多少家门店，采购需要做的就是管理好品类级别的数量和级别下的商品组合与优胜劣汰；门店需要做的就是在采购规划的品类级别中挑选与自己门店面积和商圈相符度最高的，并在一定的销售周期后根据商圈特色申请屏蔽或新增一定数量的商品；陈列部需要做的工作，除了陈列图输出与维护，就是定期通过数据监管陈列图商品执行、动销、缺货和清理从陈列图上淘汰的商品，并针对过程中出现的问题对业务负责人及时预警。

第四节　品类规划的汇报与审批

品类级别的完成意味着当期的品类规划已经接近尾声，接下来要进行的一项重要工作就是向管理层汇报。不同企业对品类规划汇报工作的要求会有不同。通常参与品类规划的管理层级别越高、对品类规划审批越严格的企业，其商品管理的严谨性和商品产出的效能就越高，企业在商品领域的竞争力也就越强。

一、品类规划汇报参与人员

品类规划汇报工作由采购部主导完成，通常会在陈列室现场进行，直观面对商品使沟通更加顺畅和高效。在核心决策层审核之前，采购部内部管理层需要先完成对各品类规划工作的回顾与共识。除了项目组、采购部和核心决策层的参与，与采购部工作相关联的部门，如电商部、陈列部、营运部、供应链（补货部、物流部）、市场部、设计部、物资部等也会被邀请参加，这些部门了解品类整体规划越多，对采购部门的配合与支持力度也就越大。品类规划汇报参与人员如图 6-8 所示。

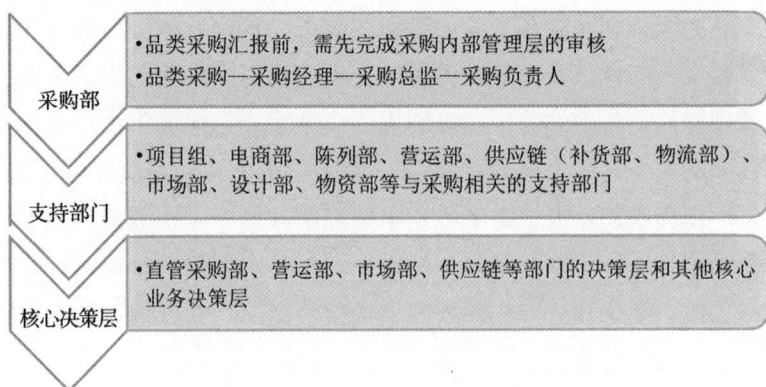

图6-8　品类规划汇报参与人员

二、品类规划的汇报流程

为了更有效管理好时间，品类规划汇报采用先汇报再提问的方式。

①采购负责人从整体上介绍企业的业务方向、商品策略和本次品类规划汇报的目的，所包含的品类和品类采购。

②各个品类采购汇报，每个采购汇报时间约为30分钟。

③采购回答核心决策层的问题。

④采购回答各个支持部门的问题。

⑤就会议中产生的其他后续工作明确时间和责任人。

三、品类规划的汇报内容

品类规划汇报开始前，采购需要准备好所需的数据，以及整个品类规划进行的业务节点等汇报资料。品类规划汇报包括以下主要内容。

①品类各个渠道/业态的销售表现。

②品类连续3年综合业务表现和品类增长趋势。

③品类规划前后各品类及大类之间的业务结构。

④品类月度销售表现及季节性指数变化。

⑤顾客洞察分析。

⑥竞争对手调研与分析结果。

⑦原品类角色、策略回顾与总结，新的品类角色与策略介绍。

⑧按类别、品牌、价格带、规格和供应商等多维度汇报品类业务规则。

⑨价格策略、竞争策略。

⑩品项优化、品项补充、替代、供应商优化的量化分析。

⑪品类级别介绍，即共有多少个级别，最大、最小级别与所需空间介绍，各品类级别的 SKU 上限、财务预估，以及陈列原则和顾客决策树的汇报资料。

⑫品类规划后整体销售和毛利的预算，以及如何实现预算目标。这是品类规划整体汇报中重要的一环。以坚果品类为例，品类角色、策略量化指标与实施计划示例如图 6-9 所示。

品类名称：坚果				品类负责人：XXX		完成时间：2021年11月17日	
关键指标		当前	计划	品类角色	明星品类	对供应商的价值主张	集中优势供应商直采，联合共创OPP占领市场
财务指标	销量增长	10.7%	13%	品类期望	稳定优质的产品供应，更多推广营养健康配方	品类现状	原料导致产品供应不稳定，线上激烈竞争
	初始毛利率	30.1%	32%	销售战略	需要增长的业务	需要巩固的业务	需要消减的业务
	销售毛利率	27.3%	28.6%		综合果仁类产品 口味型果仁类产品	传统带壳坚果	小袋装坚果群组
	促销降价	2.8%	3.4%	实施计划	要素	重点	
	库存周转天数	15.07	14		产品	开发自有品牌健康综合果仁类、箱装产品、进口产品	
价格指数	价格指数	99	97~99		价格	在现有价格带宽上增加高价格带产品，以OPP引领市场消费	
	OPP 商品数量	4	6~8		促销	增加产品促销频率	
产品指标	SKU数量（个）	100	80		库存	必备商品100%有货，并保持3周库存，其他控制在2周	
	自有品牌占比	8%	11.4%		空间	三个品类级别，以2组货架为主推	
	其他品牌占比	92%	88.6%		人员	保持现有的人员结构，增加坚果浆新食法的现场演示	

图6-9 坚果品类角色、策略量化指标与实施计划示例

⑬确定所需的资源和各部门的支持是什么，如补货参数的设定、市场部活动策划和物料设计、营运的执行、设计部布局的规划等。

⑭淘汰商品库存及退场方案。

品类规划的汇报强化了企业上下保持一致的业务方向，增强了部门间对跨部门业务的理解、支持和配合。经决策层审批后的品类规划将进入实施和评估阶段。

第五节　品类级别的应用

终端门店是品类级别运用的载体。品类级别的应用多种多样，并不是最大的级别就要用在面积最大的门店，或者小面积门店只能用小的级别。品类级别的应用直接受门店商圈、面积、消费能力、竞争环境，以及商品策略的影响。就如同积木可以组合拼搭一样，品类级别的应用也可以是在大、中和小组合形式下进行的。品类级别的应用如图 6 – 10 所示。

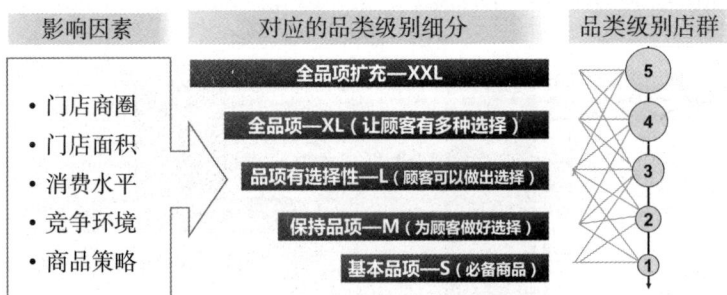

图 6 – 10　品类级别的应用

比如，体育用品这个品类，在卖场中通常以"配角"的身份出现。但对于开在体育馆附近的门店而言，这个品类就可以向最大级别（宽而深）的方向发展了。如果一家开在医院附近、固定居民少的超市，即使面积有限，对于水果、便当、烘焙、饮品、休闲食品和日用消耗品等都应该优先选择大一些的品类级别，而相应的居家和厨房类用品等，则满足基本需求即可。

门店商圈的特色，一部分是正在或将要变化的，一部分已经体现在门店的历史销售中，所以对于商圈因素的行动计划是在主观与客观相结合的形式下开展的。比如，门店周边盖了几年的高档楼盘终于可以入住了，社区居民中将增加一部分以家庭为单位的中高端消费群体，此时门店的管理层就要考虑现有的商品配置能否满足新增加的这部分消费群体的需求，需要作出哪些变化等。这些来自主观意识和经验的判断，需要结合门店的历

史数据进行系统分析才会更加客观。门店品类空间分配模板如表 6 – 13
所示。

表 6 – 13　　　　　　　　　　门店品类空间分配模板

门店名称：　面积：　日均销售额（元）：　2020 年平效（元）：　2020 年销售同比增长（%）：

门店基础信息表（2020 年 1 月 1 日—2020 年 12 月 31 日）												目标配置			
大类	中类	SKU 数量（个）	销售额占比（%）	销量占比（%）	毛利占比（%）	综合贡献率（%）	销售额同比增长（%）	现有货架组数（组）	货架空间占比（%）	数据分析建议货架组数（组）	竞争对手货架组数（组）	手工调整货架组数（组）	新级别SKU数量（个）	SKU数量占比（%）	新级别货架组数（组）	新级别空间占比（%）
酒	洋酒															
	葡萄酒/果酒															
	国产酒（盒装白酒/简装白酒/滋补酒/黄酒/米酒）															
	啤酒															
	汇总															
饮料	碳酸饮料															
	饮用水															
	果汁饮料/醋饮															
	功能性饮料															
	植物蛋白饮料															
	茶饮料															
	汇总															
常温乳品饮料	纯牛奶/功能奶															
	含乳饮料															
	儿童奶															
	汇总															
酒水饮料汇总																

数据周期为滚动 12 个月或为整个自然年。下面对表中几个概念进行详细
说明。

● SKU 数量：针对过往 12 个月有销售的正常状态，且现在有库存的商
品。另外，核对最近 3 个月有过销售而现在没有库存的正常状态商品，排除
近期缺货导致的商品遗漏。

● 综合贡献率：40% 销售额占比 + 30% 销售量占比 + 30% 毛利额占比，
权重可以自行调整。

● 数据分析建议货架组数：设定公式，报表模板会自动用综合贡献率

乘以现有货架总数得出各品类建议货架组数，即根据业绩产出分配货架空间。

• 竞争对手货架组数：调研商圈内主要竞争对手各品类的货架组数，作为手动调整品类货架组数时的参考。如果商品策略是要打败竞争对手，则从品类级别上选择优于对手现状的商品配置。

• 手动调整货架组数：考虑综合贡献率的重要程度和同比增长趋势、竞争对手各品类货架组数，以及商品策略，手动将品类货架组数从小数调整为整数。

• 新级别 SKU 数量等于各品类级别所对应的 SKU 数量，如果有区域和门店的核心商品需要加入，此处为品类级别下 SKU 数 +（区域 + 门店端未被品类级别包含的核心商品数量）。

• 新级别货架组数：用"手动调整货架组数"栏得出的各品类货架组数与品类级别中的级别货架组数对应，选出接近的品类级别货架组数。

每一家门店都可以根据表 6 - 13，结合自身的历史数据，以及对市场发展的分析、判断和决策，选出适合自己的品类级别。品类级别规划是做好品类管理的必备条件和必经之路，是任何终端零售企业都必须具备的对商品的核心管理能力的体现。

第六节　品类级别的价值和意义

过去随着门店连锁规模的扩大，地域的不同、顾客消费习惯的差异、门店商圈和面积的多样性和复杂性，以及终端运营管理和执行上的良莠不齐，给商品的管理带来了许多困难。总部与终端缺乏商品配置上的共识，商品数量超过终端门店的承载量，货架拥挤不堪，给顾客购买和员工工作都带来了不便，急需建立商品配置标准。品类级别的建立，意味着企业商品配置标准的建立，意味着商品与门店商圈和面积的融合，在建立规范和提供指引的同时解决了过往总部采购与门店营运在商品配置上不统一的难题，有效提升了企业的内部协同和运营效率。

品类级别的价值和意义在于以下几个方面。

①提升商品管理效率与质量。当品类级别生成后，不管采购面对的是几十家门店，还是几百、几千家门店，采购所做的品类管理就是管理品类级别下的商品组合，这种有规划的聚焦能有效提高管理效率和质量。

②为引进新品提供指引和参考。引进新品时，采购需要先思考这个新品与现有的商品组合是怎样的关系，是全新品类的增加、结构上的补充、功能或规格上的替代，还是价格上有优势，要引进到哪个级别销售，这个级别对应多少家门店，需要的订货量等，环环相扣的思路提升了业务决策的系统性和客观性。

③解决门店在商品组合与陈列空间占用上的困境。有了品类级别，门店对品类的选品和货架空间的选择不再凭借主观意识进行，门店可以结合商圈的变化，适时地对品类级别作出调整。将原来门店各品类的货架陈列组合由多种多样、杂乱无章的形式向灵活多样、有序可循的管理模式转型，有效解决部分品类产出低但占用的陈列空间很大、产出高的品类陈列位置又不够的困境。

④使商品组合与门店商圈、面积与执行高效融合，并支持"一店一策"。在品类级别库中，门店可以根据自身商圈的特色选择适合的品类级别，既可以满足商圈内消费者的需求，又能平衡商品产出与空间占用。品类级别的应用也使得不同门店可根据自身的差异化，对不同大小的品类级别进行自由组合。这种"一店一策"的模式最大化地发挥了商品的效能，同时改变了门店过往参考某一类似门店自行选品的局限性和主观性，提高了选品的效能与效率。

⑤支持门店实行陈列图。

⑥为新店和改造店的销售和库存预算提供参考。每套品类级别都根据下属的商品组合进行销售、毛利和库存的预估。新店和改造店根据门店的商圈和面积选择完适合的品类级别后，品类级别下的销售、毛利和库存估算可以为新店和改造店预算的设定提供参考，并使预算结果更加客观。新店/改造店品类级别配置示例如表6-14所示。

表 6 – 14　　　　　　新店/改造店品类级别配置示例

门店名称	所属省/市/区域	业态类型	门店面积	开业日期	销售预算	员工编制

顾客定位	
商圈描述	

品类名称	门店品类级别配置（根据商圈和门店面积勾选相应的品类级别）								货架总数（组）	SKU数量（个）	参考销售额（万元）	参考毛利率（%）	参考库存额（万元）
品类A	级别一　□		级别二　□		级别三　□		级别四　□						
	SKU数量（个）	货架组数（组）	SKU数量（个）	货架组数（组）	SKU数量（个）	货架组数（组）	SKU数量（个）	货架组数（组）					
	65	3	120	6	165	8	220	12					
品类B	级别一　□		级别二　□		级别三　□		级别四　□						
	SKU数量（个）	货架组数（组）	SKU数量（个）	货架组数（组）	SKU数量（个）	货架组数（组）	SKU数量（个）	货架组数（组）					
	56	2	90	3	112	4	—	—					
品类C	级别一　□		级别二　□		级别三　□		级别四　□						
	SKU数量（个）	货架组数（组）	SKU数量（个）	货架组数（组）	SKU数量（个）	货架组数（组）	SKU数量（个）	货架组数（组）					
	150	6	208	8	260	10	330	12					
品类D	级别一　□		级别二　□		级别三　□		级别四　□						
	SKU数量（个）	货架组数（组）	SKU数量（个）	货架组数（组）	SKU数量（个）	货架组数（组）	SKU数量（个）	货架组数（组）					
	30	1	63	2	—	—	—	—					
品类E	级别一　□		级别二　□		级别三　□		级别四　□						
	SKU数量（个）	货架组数（组）	SKU数量（个）	货架组数（组）	SKU数量（个）	货架组数（组）	SKU数量（个）	货架组数（组）					
	27	1	54	2	83	3	—						
品类F	级别一　□		级别二　□		级别三　□		级别四　□						
	SKU数量（个）	货架组数（组）	SKU数量（个）	货架组数（组）	SKU数量（个）	货架组数（组）	SKU数量（个）	货架组数（组）					
	60	2	96	3	128	4	168	5					
品类G	级别一　□		级别二　□		级别三　□		级别四　□						
	SKU数量（个）	货架组数（组）	SKU数量（个）	货架组数（组）	SKU数量（个）	货架组数（组）	SKU数量（个）	货架组数（组）					
	70	2	140	4	180	5	240	7					
⋮													
汇总													

⑦可以验证企业的面积策略。品类级别的应用可以从商品配置的角度，预估出对货架的需求，进一步预估出商品货架区域对门店面积的最大和最小需求，结合门店收银区、促销区、顾客体验区、仓库、租赁等面积需求，可以从整体上估算出门店所需的最大面积和最小面积，可以与企业的面积策略互相验证，也可以从整体上为企业的拓展策略提供参考。

具备了品类级别的管理体系，就具备了有别于竞争对手的差异化壁垒。对品类级别持续优化的能力，是零售企业在商品管理领域的核心竞争力。

第六章　思维导图

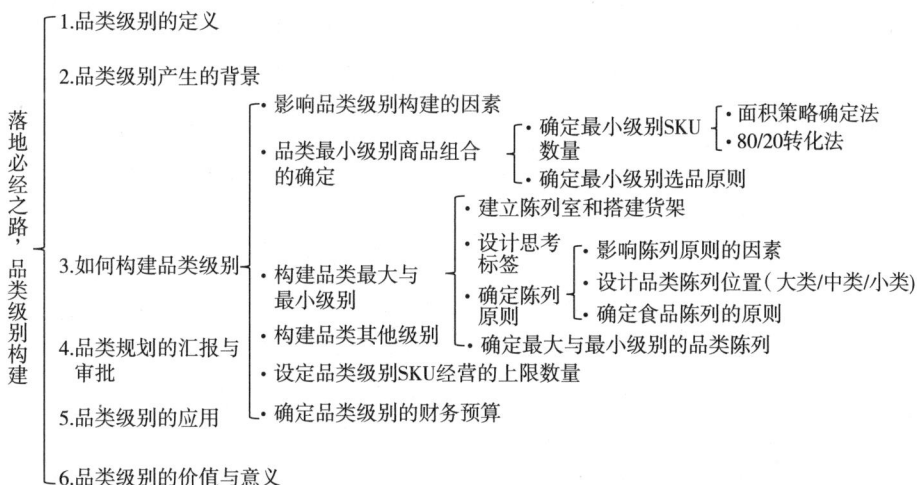

```
落                ┌─ 1.品类级别的定义
地                │
必                ├─ 2.品类级别产生的背景
经                │                      ┌─ 影响品类级别构建的因素
之                │                      │                              ┌─ 确定最小级别SKU ┌─ 面积策略确定法
路                │                      ├─ 品类最小级别商品组合          │   数量          └─ 80/20转化法
，                │                      │   的确定                      └─ 确定最小级别选品原则
品                │                      │
类                │                      │                       ┌─ 建立陈列室和搭建货架
级                ├─ 3.如何构建品类级别     │                       ├─ 设计思考
别                │                      │                       │   标签         ┌─ 影响陈列原则的因素
构                │                      ├─ 构建品类最大与         ├─ 确定陈列      ├─ 设计品类陈列位置(大类/中类/小类)
建                │                      │   最小级别             │   原则         └─ 确定食品陈列的原则
                  │                      │                       └─ 确定最大与最小级别的品类陈列
                  │                      ├─ 构建品类其他级别
                  │                      ├─ 设定品类级别SKU经营的上限数量
                  ├─ 4.品类规划的汇报与     │
                  │   审批               └─ 确定品类级别的财务预算
                  │
                  ├─ 5.品类级别的应用
                  │
                  └─ 6.品类级别的价值与意义
```

第七章

品类规划的落地
执行与评估

在整个品类规划的过程中，品类规划的前奏篇、方向篇和实战篇完成了全品项商品组合的输出；通过构建品类级别完成了各个品类不同的商品组合和陈列图，使得门店可以"一店一策"，更加贴近商圈。品类规划业务流程中的最后一环，是实现品类规划的成果，即品类级别在门店的落地执行、品类评估，以及后续推广。品类规划的实施步骤如图 7–1 所示。

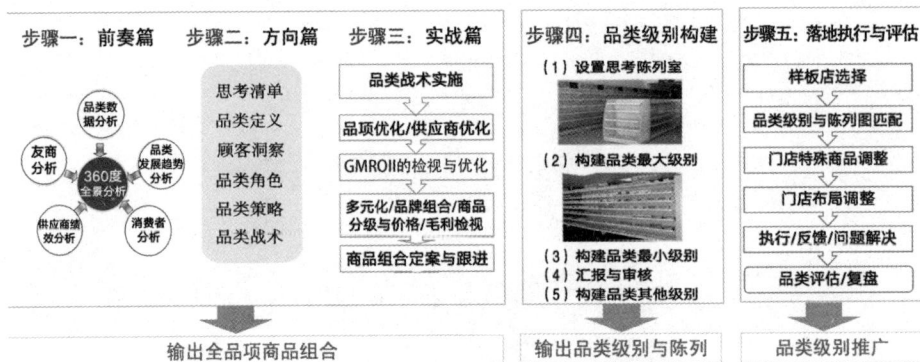

图 7–1　品类规划的实施步骤

品类规划进入落地执行阶段时，可以分两步进行。第一步是在区域中找出有代表性的门店作为第一批执行的样板店，先在样板店完成品类规划的实施，这样就可以对实施过程中遇到的问题进行分析和解决，提高后期大部分门店的执行质量和效率。第二步是让其他兄弟门店店长到样板店参观和学习，使他们对品类规划前后的变化有更直观理解，这可以提前为他们答疑解惑，然后开始在第二批门店推广和执行。

第一节　如何选择样板店

选择样板店时，应从开业一年以上的门店中选择，并且样板店应具有一定的代表性，具体选择条件如下。

一是可以从企业现有的样板店或培训店中选择。

二是覆盖销售额高的门店、当前销售一般但有潜力的门店，以及负增长较严重的门店。

三是覆盖企业的主要商圈。

四是门店覆盖大、中、小主面积群组。

五是所选门店的货架标准与企业现行的货架标准尽可能一致。

六是门店管理层积极正面，勇于接受挑战和变化。

关于样板店，应最少选择三家门店，企业可以根据对品类规划推广速度的要求进行样板店确定和选择。

第二节　如何为门店匹配适宜的品类级别

确定好样板店后，下一步就是为样板店匹配相应的品类级别。品类级别的匹配需要结合样板店滚动 12 个月或自然年度的历史销售数据、样板店当前各个品类的 SKU 数量和陈列的货架组数，以及商圈内重点竞争对手各个品类陈列的货架组数等数据进行分析、判断与决策。

下面以 M 超市 A 门店酒水饮料的数据为例，详细解读如何运用门店空间分配法为门店匹配适宜的品类级别。

数据周期：如果提取数据时的日期在 3 月之后，则按滚动 12 个月的方式提取数据，如果提取数据时的日期在 3 月之前，则可按上一自然年年度提取数据。

先提取 A 门店酒水饮料当前销售状态正常且现在有库存的商品，再核对最近 3 个月有过销售而现在没有库存的正常状态商品，将近期缺货导致的无库存商品一同纳入品类级别匹配环节的商品分析中。对以上商品数据进行汇总，然后提取各品类 SKU 数量，销售数据，将其导入品类级别与门店空间分配模板中。A 门店品类级别与门店空间分配模板如表 7-1 所示。

表 7-1　　　　　　　　　A 门店品类级别与门店空间分配模板

门店名称：　面积：　日均销售额（元）：　2020 年平效（元）：　2020 年销售同比增长（%）：

门店基础信息表（2020 年 1 月 1 日—2020 年 12 月 31 日）													目标配置			
大类	中类	SKU 数量（个）	销售额占比（%）	销量占比（%）	毛利占比（%）	综合贡献率（%）	销售额同比增长（%）	现有货架组数（组）	货架空间占比（%）	数据分析建议货架组数（组）	竞争对手货架组数（组）	手动调整货架组数（组）	新级别SKU数量（个）	SKU数量占比（%）	新级别货架组数（组）	新级别空间占比（%）
酒	洋酒	50	3.8	0.1	6.6	3.5	-8.6	1	2.0	1.8	2	1	25	1.8	1	2.0
	葡萄酒/果酒	120	5.3	0.9	5.3	4.0	5.3	4	7.8	2.0	4	6	150	10.7	6	11.8
	国产酒（盒装白酒/简装 白酒/滋补酒/黄酒/米酒）	178	8.2	0.7	11.5	6.9	-18.3	5	9.8	3.5	4	5	110	7.8	5	9.8
	啤酒	150	5.6	5.3	6.1	5.7	16.6	5	9.8	2.9	6	4	120	8.6	4	7.8
	汇总	498	22.9	21.6	7.2	17.8	-8.6	15	29.4	10.3	16	16	405	28.9	16	31.4
饮料	碳酸饮料	136	4.2	5.0	5.2	4.7	-4.0	6	11.8	2.4	6	4	120	8.6	4	7.8
	饮用水	82	3.0	4.5	3.9	3.7	6.0	4	7.8	1.9	4	4	88	6.3	4	7.8
	果汁饮料/醋饮	168	7.7	4.8	8.5	7.1	9.6	4	7.8	3.6	2	4	120	8.6	4	7.8
	功能性饮料	83	3.0	1.9	3.4	2.8	8.0	3	5.9	1.4	2	3	100	7.1	3	5.9
	植物蛋白饮料	80	4.9	7.1	7.0	6.2	3.0	2	3.9	3.2	2	3	90	6.4	3	5.9
	茶饮料	181	7.1	11.2	7.8	8.5	5.1	6	11.8	4.4	6	6	200	14.3	6	11.8
	汇总	730	29.9	29.7	34.3	31.2	5.1	25	49.0	16.9	22	24	718	51.2	24	47.1
常温乳品饮料	纯牛奶/功能奶	115	34.5	38.7	21.4	31.8	8.5	6	11.8	16.2	5	6	130	9.3	6	11.8
	含乳饮料	128	10.0	17.2	10.2	12.2	-12.1	3	5.9	6.2	5	3	90	6.4	3	5.9
	儿童奶	50	2.7	2.6	3.1	2.8	4.9	2	3.9	1.4	1	2	60	4.3	2	3.9
	汇总	293	47.2	48.7	58.5	51.0	3.4	11	21.6	23.9	11	11	280	20.0	11	21.6
	酒水饮料汇总	1521	18.5	38.3	17.1	24.0	1.3	51	100	51.0	49	51	1403	100	51	100

下面对表 7-1 中部分概念进行详细说明。

● 综合贡献率：通常取 40% 销售额占比 +30% 销售量占比 +30% 毛利额占比，具体权重可以根据企业自身实际情况进行调整。商品的角色不同，有的创造销售，有的创造毛利，从综合贡献率的角度考量避免了单纯以某个指标为主的评价偏向，可以更加客观地评估品类和商品的表现。

● 数据分析建议货架组数：即品类建议货架组数，设置好公式，报表模板会自动计算。计算公式为综合贡献率×现有货架总数（51），得出各品类建议货架组数，即根据综合业绩产出分配货架空间。

● 竞争对手货架组数：调研商圈内主要竞争对手各品类的货架组数，作为手动调整品类货架组数时的参考依据。如果商品策略是要打败竞争对手，则即使数据分析所建议的陈列空间较小，也要选择大一些的品类级别，即优于对手现状的商品陈列空间配置，这是以经营策略为导向进行的陈列空间配置。

● 手动调整货架组数：考虑各品类综合贡献率的重要程度、品类发展趋势、同比增长趋势、竞争对手各品类货架组数，并结合商品经营策略，再手动将品类货架组数从小数调整为整数。比如，建议货架组数是 1.3，如果品类发展趋势和同比增长向好，从经营策略上也想优于竞争对手，则可以将建议货架组数升至 2。

● 新级别货架组数：用"手动调整货架组数"栏得出的各品类货架组数与品类级别表中的级别货架组数做比对，选出接近的品类级别货架组数。

● 新级别 SKU 数量等于各品类级别所对应的 SKU 数量，如果区域和门店需要加入其他核心商品，则此时新级别 SKU 数量为品类级别下 SKU 数 +（区域 + 门店端未被品类级别包含的核心商品数量）。

从"手动调整货架组数"所显示的信息来看，相对于 A 门店原有的各品类货架组数，调整后的 A 门店改变如下。

一是减少了 1 组啤酒。减少的原因是啤酒是季节性明显的品类，夏季畅销，秋冬季节的销售表现一般，而且夏季应季时的大部分销售来自促销堆头。

二是减少了 2 组碳酸饮料。减少的原因是碳酸饮料的综合贡献率 4.7%，与原空间占比 12% 不匹配，销售产出与所占空间不匹配，且查询其他数据发现连续两年同比销售都是负增长，传统碳酸饮料已呈现下降趋势。

三是增加了 2 组葡萄酒。原因是从商品策略出发，葡萄酒为 M 超市的明星品类，M 超市要将葡萄酒打造成差异化的品类，成为顾客的首选。

四是增加了 1 组植物蛋白饮料。近年来，植物蛋白饮料的品类市场发展趋势向好，且在 A 门店的综合贡献率和同比增长也支持其陈列空间的扩大。

从与竞争对手的比较来看，竞争对手比 A 门店洋酒多 1 组、啤酒多 1 组、含乳饮料多 2 组等。A 门店则比竞争对手果汁饮料/醋饮多 2 组、功能性饮料多 1 组、纯牛奶/功能奶多 1 组、儿童奶多 1 组等。可以看出 A 门店对品类的选择偏向健康的路线，这种选择也符合 M 超市目标顾客的需求，其定位的目标顾客是崇尚品质、健康和自然的新中产阶层。

从品类市场发展趋势的把握上，碳酸饮料的市场份额在萎缩，植物蛋白饮料等品类处于上升趋势。A 门店在品类发展趋势上的倾向更接近市场需求。

另外，需要注意的是，品类级别匹配前后的 SKU 数量发生了变化。在新的品类级别下，SKU 数量减少了 118 个，也就意味着门店原有的部分商品将不再经营，需要考虑后续商品处理。

品类级别的匹配是品类规划在门店执行的基础，完成品类级别的匹配后，就可以开始商品和门店布局的后续调整。

第三节　如何根据门店特色调整商品

每一套品类级别都有与之对应的品类级别清单和陈列图。通常，门店选择了品类的级别，对应的商品和陈列图就可以用于该门店。

但在门店的实际运营中，其所经营的商品与品类级别清单中的商品有一定的差别，可能存在着现有商品结构中某些畅销产品未出现在规划品类级别的商品清单中，或者门店为了满足商圈顾客需求而增加的专属商品没有被品类级别商品清单覆盖的情况。为了不影响当下销售，在第一次执行品类级别时，门店需要将这部分特殊商品暂时加入商品配置清单中，待品类级别回顾时根据商品的业绩表现再决定这部分特殊商品是否纳入门店经营中。特殊商品的确认方法如下。

一是根据 80/20 法则提取门店核心商品。从门店现有的正常销售状态的商品清单中，按销售额、销售量和毛利额三个维度分别提取占门店份额 80% 的核心商品清单。

二是将核心商品清单与门店品类级别商品清单进行比对，筛选出未纳入品类级别清单中的商品。

三是检查这部分未纳入品类级别清单的商品，在品类级别清单中是否有可替代的商品，如规格、包装差不多的商品等。

四是将品类级别清单中没有可替代商品的核心商品加入门店的商品配置清单中。

五是将为了满足商圈顾客需求而增加的专属商品交由门店店长确认是否继续保留。

经过以上回顾后，门店最终的商品配置清单包括品类级别清单中的商品、未被纳入品类级别清单但占门店销售额、销售量和毛利额80%份额的核心商品，以及适合门店商圈的专属商品。

品类级别的应用使部分品类的货架组数产生变化，商品也会随之变化。对于新增的商品，门店需要订货；对于从门店经营清单中删除的商品，门店需要根据项目组的指引进行退货或清理。

除了门店核心商品和商圈专属商品外，还会有另外一些商品在执行品类级别后，需要退出门店。品类规划时会产生一部分淘汰商品，针对这部分商品，采购人员会制订统一的清理方案。剔除采购人员淘汰的商品后，如果门店还有计划退出的商品，可以考虑将未拆原装箱的商品退回给总仓或供应商做二次配送。对于已经拆了原包装的散货商品，一般由门店安排清理。这也是为什么在做货架上 SKU 数量的陈列规划时需要预留空间。如果规划时把货架的陈列位排满商品，门店就比较被动。这样执行陈列规划，就意味着这部分要清理的商品没有面位、无处安放，会造成损耗；如果将这部分待清理的商品摆上货架，则不能有效执行陈列规划，同时货架会拥挤不堪。商品的优胜劣汰贯穿在日常的经营活动中，淘汰商品清理也是一种常态工作，所以企业切不可"贪图"货架上的一时之"多"，给运营造成长期的窘境。

在品类级别的陈列规划中，有部分商品会被安排多个陈列排面，当遇到需要"共享"陈列空间时，可以调整多排面商品的排面数，待清理完淘汰商品的库存后，再按照规划的陈列图执行标准陈列。

第四节　样板店布局调整

零售终端在发展过程中，会经历很多变化，如随着时间的推移，门店实际布局受到各种人为因素的影响，会出现与开业时的原始布局图或者系统中保存的布局图对应不上的现象。总部相关部门以系统中的布局图为标准所做的规划到达门店时，如果差异小尚可执行，如果门店实际布局与系统布局图的差异较大，门店基本就没法执行了。这也成了连锁企业在发展一段时间后，终端实行标准化管理时不得不去解决的问题之一。品类规划在门店的执行为系统布局图和门店实际布局达成统一提供了条件。

第一，完成门店现状布局初步更新。

无论门店实际布局与系统布局图之间有多大的差异，只要不涉及违反消防或者其他法规，统一接受门店实际布局现状，并先按门店实际布局更新系统中保存的门店布局图。

第二，完成门店品类级别布局的更新。

门店完成品类级别的匹配和门店布局的初步更新后，需要按各个品类级别所对应的货架组数再次更新系统布局图。品类内外部之间的关联可以参考品类最大级别的标准布局图。最终更新的门店布局图需一式两份在总部和门店分别存档，并始终保持二者一致。

第三，准备布局更新后的货架及货架配件。

根据新的品类级别完成门店布局图的再次更新后，需要核对门店现有货架和货架配件能否满足新的品类级别对货架及配件的需要，对照陈列图对门店现存量不足的陈列物资进行增订。

门店布局图确定后，如果后期在经营过程中需要对实际布局进行调整，则必须确保门店存档的布局图与总部存档的布局图同时更新。企业需要对门店布局建立布局调整管理机制。

第五节　品类规划的执行

当门店完成了品类级别的匹配、门店特色商品的调整，以及门店布局的调整等一系列准备工作后，门店进入万事俱备只欠东风的待执行阶段。根据工作量和强度，品类规划执行可以分批次和分品类进行，通常在 3 天内完成全部调整。在人员方面，可以向兄弟店申请支持。样板店品类规划执行计划示例如表 7 - 2 所示。

表7-2　　　　　　　　　样板店品类规划执行计划示例

序号	品类规划执行计划	时间	负责人	支持部门
1	选择样板店	1 天	项目组	营运部
2	品类规划执行沟通与培训会召开	0.5 天	项目组	营运部
3	样板店分析模板确认与数据提取	3 天	项目组	营运部
4	样板店品类级别匹配、商品清单确定和陈列图匹配		项目组	营运部
5	样板店特色商品调整		项目组	营运部
6	总部淘汰商品处理方案执行	3 天	采购部	营运部
7	对不再属于门店经营范围而有现货库存的商品进行清理	长期	店长	营运部
8	样板店布局图调整	1~2 天	项目组	营运部
9	新增商品订货、货架及配件订购	1 天	店长	营运部
10	样板店分批执行计划制订	1 天	营运部	项目组
11	样板店人员支持计划制订		店长	营运部
12	增订商品、货架与配件到位	5 天	店长	营运部/项目组
13	现场执行前启动沟通会召开	1~3 天	项目组	门店、营运部
14	样板店现场执行（项目组、陈列部应在现场支持）		店长	营运部/项目组
15	总部项目组、采购人员巡店	定期	项目组	采购部
16	执行中问题反馈、沟通与解决	随时	门店	项目组/采购部/营运部
17	样板店每周业绩跟踪	周	项目组	营运部、采购部、门店
18	品类级别推广计划制订	2 天	项目组	营运部/采购部
19	品类规划执行后品类评估与总结	3个月后	项目组	营运部、采购部、门店

在品类规划执行的过程中可能会遇到各种各样的问题，如商品未到齐、新制作的图纸与现场出现差异、陈列图货架尺寸与现场不符、货架配件缺失、从货架上撤下的散货较多等，营运管理层需要以正面和积极的态度来引导现场员工。在执行当天，项目组和陈列部的员工应尽可能到现场支持。在现场执行前，需要召开执行启动会，项目组负责人和营运负责人分享本次调整的目的，并鼓励和感谢员工的辛苦付出，将可能预见的问题提前与现场执行的员工沟通，并公示出问题反馈的渠道和跟进人。

在样板店执行品类规划过程中所遇到的每一个问题，都需要有记录和解决方法，一方面用于执行后的总结和复盘，减少问题重复发生；另一方面可以在其他门店执行时提供参考。

品类规划的执行完成后，需要每周对品类 KPI（关键绩效指标）的表现进行评估，通常持续 3 个月。品类 KPI 表现评估示例如表 7-3-1 和表 7-3-2 所示。

表 7-3-1　　　　　　　　　品类 KPI 表现评估示例（一）

大类	中类	小类	改造前3个月（××月××日—××月××日）								改造前1周（××月××日—××月××日）					
			货架数量（组）	SKU数量（个）	周均销售额（元）	销售额占比（%）	销售额同比增长（%）	毛利率（%）	库存周转天数	周均销售额/每组货架（元）	销售额（元）	销售额占比（%）	销售额同比增长（%）	毛利率（%）	库存周转天数	周销售额/每组货架（元）
		小类汇总														
	中类汇总															
大类汇总																
门店整体																

表 7-3-2　　　　　　　　　品类 KPI 表现评估示例（二）

大类	中类	小类	改造后第1周（××月××日—××月××日）												第2周	……	改造后3个月
			货架组数（组）	SKU数量（个）	SKU差异率（%）	周均销售额（元）	销售额占比（%）	销售额同比增长（%）	毛利率（%）	库存周转天数	周均销售额/每组货架（元）	销售额环比增长（%）	淘汰商品数量（个）	淘汰商品库存金额（元）	各项业绩指标	各项业绩指标	各项业绩指标
		小类汇总															
	中类汇总																
大类汇总																	
门店整体																	

品类规划执行后的结果，可以通过每周品类 KPI 表现的数据反馈出来。通常，品类的销售额会逐步呈现上升的趋势，如果销售额下跌，立刻检查品类的有货率，特别是畅销商品的有货率。对持续下跌的品类，项目组和门店店长要调查下跌的原因，及时纠正经营过程中的问题，必要时与采购一同寻找解决方案。

品类规划在样板店执行完成一周后，可以着手准备品类规划在其他门店的推广计划。

第六节　品类评估

品类评估是基于对品类规划前后变化的结果进行的分析与评估，用以检视本轮品类规划实施效果和对企业的贡献是否达到预期，其结果同时是对品类角色和策略的评估与验证。品类评估前需要一定的运营时间积累数据。通常在品类规划执行 3 个月后进行品类评估。

品类评估涉及货架陈列空间的重新分配，所以品类评估时不能只局限于销售和利润等财务指标，还需考虑库存周转、缺货、每组货架的业绩产出。对于单店整体维度，需要考虑客流、客单价、平效和人效的变化等。因此，品类评估会从品类业绩、陈列空间、消费者购买行为和库存四个维度进行分析，同时应与执行品类规划的门店、未执行品类规划的门店，以及区域整体和企业整体进行比较和分析。

不同时期，企业关注的指标不一样，在做具体的品类评估时，企业可以结合内部实际的运营情况，从品类评估的指标中有重点地进行选择和排序。品类评估的指标与维度可参考表 7-4。

表 7-4　　　　　　　　　××品类评估指标与维度

评估指标	调整前 3 个月 （××—××月）	调整后 3 个月 （××—××月）	品类规划执行门店	品类规划未执行门店	区域内门店	企业整体
SKU 数量（个）			—	—	—	—
淘汰商品数量（个）			—	—	—	—

续　表

评估指标	调整前3个月 （××—××月）	调整后3个月 （××—××月）	品类规划执行门店	品类规划未执行门店	区域内门店	企业整体
淘汰品库存额（万元）						
销售额（万元）						
销售额占比（%）						
销售额同比增长（%）						
销售量（件）						
销售量占比（%）						
销售量同比增长（%）						
毛利额（万元）						
毛利额占比（%）						
毛利额同比增长（%）						
初始毛利率（%）						
销售毛利率（%）						
动销率（%）						
销售额/单品（万元/个）						
销售量/单品（万元/个）						
毛利额/单品（万元/个）						
*销售额/货架（万元/组）						
*毛利额/货架（万元/组）						
*销售额/平方米（元/平方米）						
*毛利额/平方米（元/平方米）						
*人均销售额（万元）						
品类渗透率（%）						
*平均客流量						
*客流量同比增长（%）						
*平均客单价（元）						
*客单价同比增长（%）						
*购物频率						
*顾客满意度						
缺货率（%）						
库存周转天数						
库存金额（万元）						

注：带"*"指标项按门店整体进行分析，其他项可以分为大类、中类和小类进行分析。

品类角色不同，与其所对应的指标也会有不同的期望值。例如，明星品类和商品是消费者的首选，评估指标应以销售额、客流量为主；结构性品类和商品主要是一站式购物的补充，评估指标主要以利润为主。品类评估具有针对性，企业可根据需求选择重要的指标进行评估，可以针对某一品类，也可以针对某个单品进行评估。

第七节　品类管理的意义

品类管理通过自身的三个业务环节——品类规划、品类日常管理和品类回顾，不断地完善与优化商品管理的业务流程，使各品类的策略与企业层面的战略紧密联系在一起，并使企业的经营策略与各品类策略、业务流程和业务目标等能更快适应市场与环境的变化，以持续提升运营效率和降低运营成本。

作为商品精细化运营管理体系的核心构成模块和商品管理的源头，品类规划侧重于从商品顶层架构展开业务规划，以企业层面的战略和经营策略为指导思想，以满足顾客需求、顺应市场发展趋势、提升企业业绩，以及建立与竞争者的差异化识别度为业务目标，对商品作出从策略定位到落地执行的全面规划。

品类日常管理是对品类规划的业务方向、规则和行动的承接与执行，与品类规划有着共同的目标。品类日常管理贯穿全年商品管理始终，先完成品类规划，才会有品类日常管理，两者是先后承接的关系。

品类回顾是在品类规划完成一段时间后，根据各品类实际达成的业务结果，对前期品类规划所输出的品类角色、品类策略、业务规则，以及实施的业务行为等，进行全面梳理和回顾，以此评估各品类当期表现，挖掘可以借鉴的最佳实践，总结和纠正不足之处，并设定下一阶段的业务策略、目标和行动计划。

商品是零售的基础，品类管理是商品管理的根本。品类管理可以助力企业实现以下目标：品类销售、利润与市场份额增长；顾客满意度提升；缺货率降低；库存周转加快，库存天数降低；每平方米销售与利润提高，货架产出效能提升；整体竞争力提升。

　　品类管理就是在对商品持续的规划、管理、回顾、评估与调整中，完善商品管理的各个业务环节，不断提升商品效能和发现新的业务机会，是一项值得每一个零售企业投入时间和精力的与业务经营结果密切相关的核心工作。

第七章　思维导图

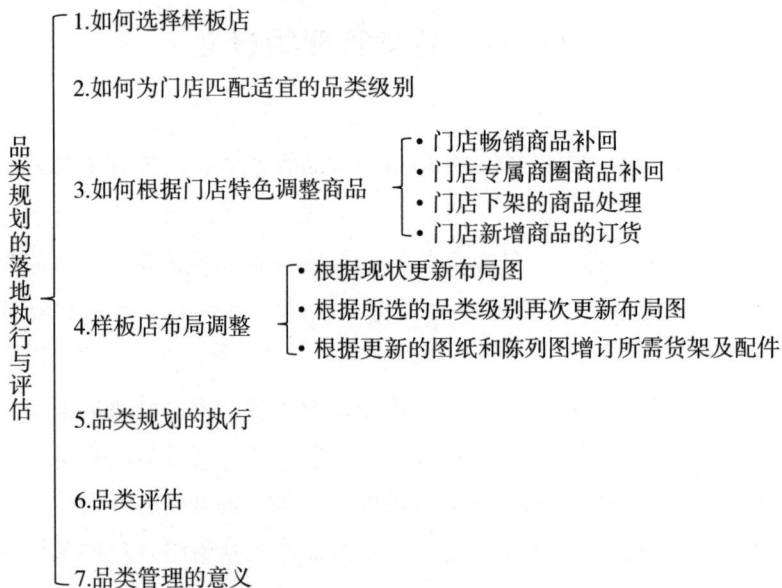

```
                  ┌─ 1.如何选择样板店
                  │
                  ├─ 2.如何为门店匹配适宜的品类级别
                  │
                  │                        ┌─ • 门店畅销商品补回
                  │                        │  • 门店专属商圈商品补回
品              ├─ 3.如何根据门店特色调整商品 ┤  • 门店下架的商品处理
类              │                        └─ • 门店新增商品的订货
规              │
划              │                        ┌─ • 根据现状更新布局图
的              │                        │
落              ├─ 4.样板店布局调整       ┤  • 根据所选的品类级别再次更新布局图
地              │                        │
执              │                        └─ • 根据更新的图纸和陈列图增订所需货架及配件
行              │
与              ├─ 5.品类规划的执行
评              │
估              ├─ 6.品类评估
                  │
                  └─ 7.品类管理的意义
```

货架上的智慧，陈列规划

　　商品陈列是有关品类管理一系列组合拳的外在呈现，是零售商与顾客沟通的主要渠道。商品陈列是以商品为主体，运用一定的艺术手法，并借助陈列道具产生视觉冲击力，引导顾客消费。商品陈列的本质是把企业的品牌精神、商品策略和业务规则凝聚成无声的语言，通过默默地"诉说"，引起顾客的共鸣后创造销量。

　　好的商品陈列，可以在视觉上对顾客产生吸引力，带来趣味性、知识性的购物体验，既能创造销售，又可以引领时尚的艺术享受，是管理智慧的呈现。

第一节　商品陈列类型与陈列案例

一、商品基础陈列

　　基础陈列是指不需要艺术设计和特殊道具支持，根据陈列原则在常规货架上进行的商品原貌陈列。大润发和无印良品的基础陈列货架如图 8 - 1 和图 8 - 2 所示。

- 多买优惠信息牌
  传递单件48元、两件
  85元更优惠的信息
- 样品展示区
  让顾客了解款式、
  做工和面料
- 按类别、款式、
  颜色分类陈列
- 端架上促销的商品为顾客深入到本组货架选择提供了引导性的宣传

图 8 - 1　大润发的基础陈列货架　　　　图 8 - 2　无印良品的基础陈列货架

只能用基础调味料炒出的菜，如果要好吃，对食材必定有一定的要求，基础陈列也如炒菜一样，如果不借助其他辅助道具，只用满足于货架容量的库存商品来陈列的话，必然要有清晰的商品策略和业务规则。基础陈列在同业竞争中胜出对手，才能吸引顾客到店购买。

大润发是典型的商品纵向陈列的代表，以顾客购买决策树为导向执行商品陈列，常规货架每组约陈列 30 个 SKU。分类标识（如炒货类）和产品属性标签（新品、促销、清仓提示牌）清晰。因此，大润发的商品陈列给顾客的印象是整齐、美观和有气势，其背后的关键不仅是清晰的陈列原则，还有对商品品种的控制，因为有数量限制，品类采购对商品必然精挑细选。即使大润发货架上陈列的商品品种数少于其他卖场，仍然给顾客商品选择丰富的感觉。在这一点上，商品陈列功不可没。这是追求商品品种多，却商品重复、货架拥挤到没有重点的企业要思考的。

在无印良品的门店中，端架上展示的商品不仅有促销的作用，也是该组货架上商品类别的"代言人"，引导顾客深入常规货架内部做更多的选择。其商品也是纵向陈列，颜色由浅至深有规则地分布。10%的折扣信息和产品材质信息在端架顶部的标牌上清晰地向顾客展示着。

来到常规货架的通道，基础陈列的细节呈现着无印良品的专业功底。货架左上端的起始位置是实物展示空间，产品款式和面料所见即所得地展现在顾客眼前，商家也有意挑选了耐脏的暗色系作为样板展示。展示空间上插着促销牌，以图样的方式告诉顾客单件 48 元，2 条组合价 85 元，对增加客单的购买行为以 11.5% 的折扣予以鼓励。顾客想要了解的其他有关价格、尺码、款式和产品卖点等信息，都显而易见地印在包装的右侧，无声胜有声。

基础陈列还包括各种主题陈列，如进口商品、地方特产等主题（见图 8-3）。

图 8-3 进口商品、地方特产、无糖食品的主题陈列

二、商品视觉营销陈列

视觉营销陈列是从传统的商品陈列中衍生而来的，以基础陈列为前提，借助恰当的陈列道具与物料衬托，利用商品本身的特点和商品与商品之间的关联性，营造出可产生视觉冲击效果的艺术氛围的多元化陈列。视觉营销的艺术效果多种多样，可以是商品数量上的夸张气势，可以是生活场景的温情与雅致，也可以是突出功能的品类知识引导，通过各种展示形式向顾客传递商品的销售卖点和情感价值，增强商品的感召力，创造引导性消费或者冲动性消费。

视觉营销中的量感陈列如图 8-4 所示。

图 8-4 量感陈列

场景陈列容易唤起与顾客的共鸣和建立情感链接。视觉营销中的场景陈列如图 8-5 所示。

图 8-5 场景陈列

视觉营销中的关联搭配陈列如图 8 - 6 所示。

图 8 - 6　关联搭配陈列

在图 8 - 6 中，葡萄酒与醒酒器皿和酒杯、咖啡与咖啡壶和咖啡杯，以及画笔和画纸等关联搭配的陈列，体现了零售服务的人性化和专业化，同时有利于提高客单价、提高销售和毛利。

视觉营销中的品类教育陈列如图 8 - 7 所示。

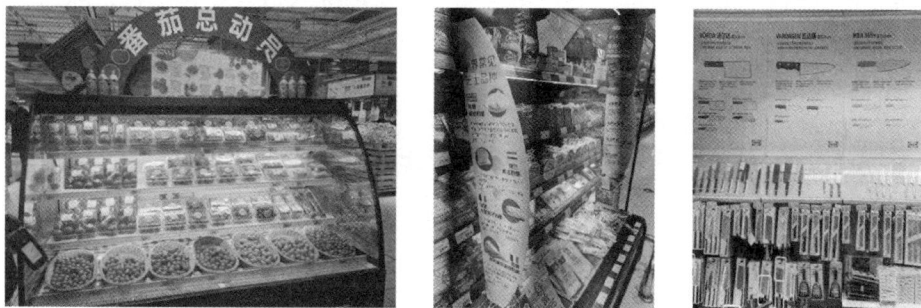

图 8 - 7　品类教育陈列

品类教育陈列是通过陈列和物料结合的形式，将产品的营养价值、功能、产地、特点等信息传递出来，让顾客了解到产品背后的价值。品类教育陈列可以给顾客带来趣味性和知识性的购物体验，对建立顾客信任和巩固顾客忠诚度发挥着重要的作用。

视觉营销中借助道具的生动陈列如图 8 - 8 所示。

图 8-8　借助道具的生动陈列

好的视觉营销陈列能使卖场购物氛围更具感染力，提升顾客愉悦的购物体验，在顾客心目中快速建立起情感链接，在提升促销单品销量的同时带动品类和门店整体销量的提升。

第二节　商品陈列的底层逻辑

从常规的标品，到冷冻冷藏商品，再到生鲜商品，商品的类型多种多样，同样有多种多样的陈列道具与之相匹配，但无论陈列道具如何变化，陈列位置、陈列空间和陈列的基础原则，这三者所构建的商品陈列的底层逻辑是一致的。

一、构建商品陈列底层逻辑的方法与步骤

第一步，根据门店业态和目标顾客定位，决定陈列精细化程度、陈列道具和物料的使用标准。

第二步，明确商品策略中对陈列有特殊需求的品类。商品策略既对品类的陈列位置产生影响，也对陈列空间产生影响。

• 是否有企业要特殊打造的品类，如明星品类，明确企业对品类的期望，确定其陈列位置、陈列空间和陈列道具与物料。

• 明确企业对自有品牌商品的定位与期望，如自有品牌的空间分配、陈列优先权等。

• 明确进口商品是专区陈列，还是分布在所属品类中，或是重复陈列。

● 明确是否有其他主题品类需要专区陈列，以及陈列的空间大小，如地方性特产、有机等主题。

第三步，在明确明星品类陈列位置与空间的基础上，根据品类之间的关联性确定大类的陈列位置。同理，确定中类的陈列位置。

第四步，提取 360 度全景分析中的品类数据，结合品类角色、品类发展趋势和品类的综合贡献率，分配大类和中类的陈列空间。品类级别就是在这个业务环节中确定的。

以上四个步骤也是决定门店商品布局策略的要素。如果企业已经建立了门店商品布局策略，企业的商品陈列工作就具备了非常好的实施基础，陈列的具体工作则从第五个步骤开始。

第五步，根据小类综合贡献率、品类同比增长趋势和品类关联性，安排小类的陈列位置和顺序。

第六步，明确顾客购买决策树的相关层级。

顾客购买决策树的相关层级包括功能、品牌、质量等级、价格、规格、口味、香型、材质、形状、包装、颜色、产地等，不同的商品会有不同的侧重，一般选择四个层级即可。以茶饮料为例，根据顾客购买决策树建立的陈列原则如下：

①按功能类别原则，分为凉茶、柠檬茶、红茶、绿茶、花茶、乌龙茶、奶茶；

②按品牌集中原则，主要品牌有王老吉、加多宝、维他、康师傅、统一等；

③按包装和规格分类集中原则，以瓶装为主体，以盒装、组装和箱装为补充；

④按口味集中原则。

顾客需求和购物时所处的环境是多元化的。比如，多口之家的购物者，在购买油这个品类时，首要的决策层级是油的种类（橄榄油、菜籽油、花生油等），但单身的购物者，首要的决策层级是油的规格（大、小包装）。因此，对于顾客购买决策树中的决策层级以普适性为原则。

第七步，明确陈列的主要形式。

陈列分为横向陈列和纵向陈列，有时也采用横向与纵向相结合的形式。

无论是横向还是纵向陈列，都有各自的特点，企业可以根据自身的经营策略选择适合的形式。

横向陈列是相似属性的商品在区域内按照水平的形式完成商品陈列，引导顾客通过左右浏览，完成对目标商品的选择。名创优品的陈列是典型的横向形式（见图 8 – 9）。纵向陈列是指相似属性的商品在区域内按照垂直的形式完成商品陈列，使顾客在货架前停留，通过垂直浏览商品分类，完成对目标商品的选择。大润发是典型的纵向陈列形式（见图 8 – 10）。

图 8 – 9　名创优品的横向陈列形式　　　图 8 – 10　大润发的纵向陈列形式

第八步，建立商品排面分配的原则。

针对超市的常规货架上的商品，可以根据核心商品和其他商品的 ABC 属性建立排面分配原则，核心商品保持面位数 3 个或以上（大包装 2 个），A 类和 B 类商品面位数在 2 ~ 3 个，C 类商品保持面位数 1 ~ 2 个，控制库存，货架深处不必铺满货。

第九步，商品陈列的镜像原则。

货架陈列图是按照从左到右的顺序来设计的，将左边起始的商品默认为该组货架的重点商品，离主通道最近。由于每间门店主通道的方向不同，品类在店内的位置不一样，原来的设计在某些店里不能很好地执行，带来销售的损失。为了弥补该问题，部分品类需要执行陈列图的镜像原则，即根据主人流方向，将货架上最左侧的商品依次调整到最右侧并向左过渡，从而吸引顾客的视线，带来额外的销售增长。

二、商品陈列原则

（一）商品陈列的基础原则

商品陈列的基础原则包括以下几点。

一是方便性原则。商品陈列要易见、易选、易取，商品顶部距离层板尽可能保持两指原则，且商品正面朝向顾客。

二是集中原则。如类别、功能、品牌、质量等级、价格、规格、口味、香型、材质、形状、包装、颜色、产地等，采用分别集中原则，优先顺序以顾客购买决策树中的决策层级为依据。

三是美观整洁性原则。同一层板上的商品，其规格大小尽可能相近，避免出现落差较大的情况。商品要干净整洁，并确保货架和商品都符合清洁卫生标准。

四是丰满原则。商品尽可能丰满陈列，需要控制库存的商品，把前端的排面陈列丰满，后端留空。

五是先进先出原则。商品陈列和补货时应遵循先进先出原则，把早期的商品陈列在货架最前端以尽快销售，补货时要确保先到期的商品始终摆放在货架的最前端。

六是安全原则。安全原则分为食品安全原则和物理性安全原则。上架商品应定期检查商品的外包装和保质期，确保无缺陷、变质和过期等现象。商品陈列设施要稳固安全，商品摆放要整齐，较大、较重的商品应陈列在货架下层，保证顾客和员工的安全。

七是价格标识清晰原则。卖场内销售的每一种商品都要有价格标签，价格可以由低到高，也可以由高到低，但必须有序排列。调整商品陈列位置或商品零售价格发生变化后，都要及时更换价格标签，确保商品价格、标签价格、系统价格一致。

八是辅助物料清晰原则。除了价格标识，商品在销售时会借助其他辅助销售的物料，如具有导航和指引作用的分类标识牌，具有促销作用的新品、爆品、进口商品的提示卡，以及功能、卖点说明标签等。陈列完成后，需要检查这些物料是否已经设置好，位置是否与商品准确对应。

（二）商品陈列的 Z 定律

顾客在货架上浏览商品的视觉动线一般是先聚焦在货架的黄金位置，如果没有找到想要购买的商品，其会从左上方扫描到右上方，然后再从下层货架的左下方看到右下方，视线轨迹如 Z 字形，因此把这种现象称为 Z 定律。Z 定律中的黄金位置相对于成人来说，一般距离地面 110 厘米至 150 厘米，相对于儿童来说，一般距离地面 60 厘米至 110 厘米（见图 8 – 11）。

图 8 – 11 货架黄金陈列位置示意

如图 8 – 12 所示，在左右脑功能中，右脑主管图像与左眼相连，所以人类倾向于从左侧开始识别事物，看东西也大多是从左到右，价格标签陈列在商品的左下角就是基于这一原理。

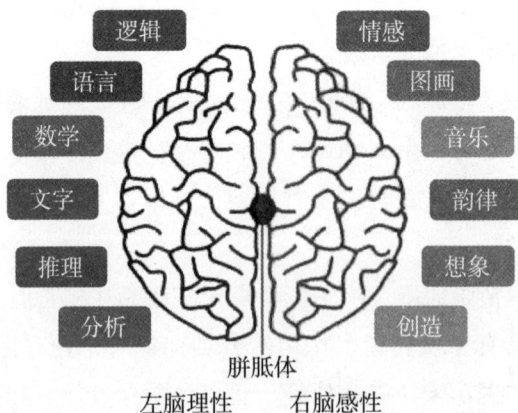

图 8 – 12 左右脑功能

（三）商品陈列策略

对于使用了同一套品类级别的门店，商品组合相同，但各个门店的商圈和顾客购买力会出现差异，有时差异比较大，这就类似同一个参考范围内的最大值与最小值，陈列策略和陈列在执行中的灵活性原则，恰好为这种情况提供了解决思路。

商品陈列可以根据商圈作出应对策略，陈列在执行中的灵活性原则，允许了在保持品种数量不变的情况下，商品排面数量可以调整。因此，在购买力较高的商圈中，门店可以将更好、最好分级下商品的排面扩大，将好分级下商品的排面缩小。同样，在购买力相对弱一些的商圈，门店可以将好、更好分级下商品的排面扩大，将最好分级下商品的排面缩小，从陈列策略的角度应对商圈的差异性。

（四）商品陈列跟踪评估

陈列变化后，需要跟踪主要指标的变化，客观地评估陈列对销售的影响，这些评估指标包括销售额、销售量、毛利额、毛利率、平均每组货架的销售额和毛利额、缺货率、库存周转天数等。

关于商品陈列，没有一套统一的标准，顾客在购买商品时，针对不同品类，购买决策也会出现不同。因此，要在源头上构建好商品陈列的底层逻辑，各品类在陈列规则上保持方向上的一致性，在执行细节上可以根据品类属性做适当调整。

第三节　陈列图的价值与意义

一、商品陈列现状

企业在商品陈列上所下的功夫，决定了收获品类规划成果的大小。虽然商品陈列是零售管理中重要的一个环节，但遗憾的是很多零售企业还意识不到这点。

有的企业放养式地将陈列工作交给门店的员工，得到的结果是一个门店一个样子，因为每个员工都有自己对陈列工作的理解，门店员工凭主观经验摆放商品直接导致了销售数据的不稳定。比如，同一个商品，在这个店畅销，在那个店滞销，这是因为其在两个门店陈列的位置不同。当企业很多业务策略需要在门店统一执行时，会因为没有共同的标准而无法实施，影响了企业的效益，而企业效益不好，又会进一步影响到员工的利益。

虽然有的企业形式上给门店提供了陈列规范，但这些规范或者空泛到放之四海而皆准，或者始终不变，或者跟不上商品更新速度，对门店的商品陈列起不到具体的指导作用。

还有一些采购人员认为打理好自己的一亩三分地就很好了，门店陈列执行好坏不是自己所能影响的，与自己无关。那么，如图 8 - 13 所示，这样凌乱的陈列，品类规划、品类角色、品类策略、陈列原则又从何体现呢？能吸引顾客购买吗？能实现销售目标吗？当初规划品类的初衷又是什么呢？

图 8 - 13　凌乱的陈列

以上这些对陈列的认知态度，就好比播种的时候用了好的种子、好的土壤和好的营养灌溉方式，等到收获的时候却过于粗犷，以至于很多硕果都没摘就放过去了，让人看了不免有些遗憾。

二、为什么要实施陈列图管理

1. 商品陈列是与顾客沟通的重要媒介，代表企业形象

在零售商超的实际运营中，70%以上的销售来自正常货架，货架是与顾

客有最多互动的地方。商品摆放在货架上的形象，是门店整体经营水平的呈现，直接影响着顾客对零售商品牌的印象，乃至顾客对线下购物地点的选择。对于这样一个与顾客沟通的重要媒介，真的需要反思一下在货架陈列上用心经营的程度。

2. 商品陈列凝聚着深刻的含义，只能在总部规划，通过陈列图在门店实施

商品承担着为企业贡献销售、创造利润、吸引顾客和树立零售商品牌差异化形象的使命，品类角色、品类策略、顾客购买决策树等都要通过商品在货架上的陈列来诠释，与其相关的信息也都集中在总部，只能由采购部和陈列部予以规划，通过陈列图的方式对外呈现。门店员工也因为触及不到这些关键信息，只能从商品整齐、美观的角度进行陈列工作。

3. 与其百花齐放、良莠不齐，不如专业聚焦、追求效率

随着门店数量的增加，企业对门店的管理难度也随之增加。如果说商品陈列是每家门店的日常工作，那么是让不同门店的员工每次上货的时候，都按照自己的认知和思路去摆放商品，产生良莠不齐的陈列效果，还是建立一个专业的部门研究商品在货架上呈现的形式，制作陈列图，再让员工简单地执行？答案是不言自明的。陈列图可以实现经营策略与商品呈现融会贯通的标准化管理，实现专业度与工作效率的持续提升。

4. 通过陈列图针对商品异常进行管理，减少人为因素的影响

零售管理就是细节管理。在商品到店直至销售出去的这一过程中，商品因销售会发生各种变化，员工需要跟进和处理订货、缺货、库存积压、滞销、商品临近保质期等情况。门店有成千上万的商品，员工没有那么多精力把每一个商品都照顾好，但是企业可以用系统来管理商品的常规状态，而让门店只去针对商品的异常状态进行管理。如系统可以将需要门店关注和解决的问题快速地提取出来，比如商品缺货和不动销等，让门店进行处理。实施陈列图管理，可以降低人为因素导致商品异常状态的频率，并能提高员工的工作效率，让员工有更多的时间去服务顾客和销售商品。

三、陈列图下载、更新和执行的频率

1. 陈列图下载的时间

每个品类都有自己的销售属性，在一年当中会有几个销售峰值点，特别是一些季节性强的品类。陈列图的制作与下载需要与品类的销售属性保持一致性，即在销售高峰期到来前，必须完成陈列图的制作、下载到店，包括门店执行，这样才能争取品类销售峰值的最大化。因此，陈列部需要与各采购提前沟通好一年中陈列图的下载时间，做好陈列规划工作。

2. 陈列图更新和执行的频率

随着新品不断加入，以及原有商品在日常运营中的优胜劣汰，陈列图需要更新，并下载到门店执行。但并不是说商品一有变化，陈列图就必须要一同变化。常规情况下，陈列图更新的频率为每月一次或者每月两次，重要节假日到来之前的一个月内要完成陈列图的更新和执行。通常，门店需要在收到陈列图的 7 个自然日内完成调整工作。

日常运营中，陈列图更新也会有打破常规出现例外的情况，主要原因如下。

一是商品品项数量的变化。以中类为单位，如果陈列图上的商品品项数量变化小于 20%，陈列图可以暂时不更新。

二是品类市场趋势变化的需求。为了顺应品类的市场变化，经授权领导批准后，陈列部可以临时增加陈列图的更新频率。

三是品类级别的调整需求。品类级别偶尔会在某些特殊的情况下发出调整需求，陈列部会予以配合。

陈列图更新的频率不宜过高。如果同一品类的陈列图每个月更新超过两次，总部看似保持了商品上图和下图的及时性，但下载到终端门店的结果，可能是员工刚刚按陈列图调整完，马上又收到了新的，不仅加大了门店员工的工作负荷，陈列图的频繁变动也会影响员工的士气和任务的执行效果。

四、陈列图的意义

一是以顾客购买决策树为导向，为顾客提供购物便利。

二是参考商品策略、市场发展趋势和销售业绩决定商品陈列的位置与排面数，合理规划空间，提高销售和空间产出。

三是通过品类之间的关联和商品之间的关联引导关联消费，创造销售和利润。

四是通过视觉营销陈列，营造销售氛围，激发顾客购物欲望，提升零售商的品牌形象。

五是通过陈列策略调整商品的排面，灵活处理购买力不同的商圈差异化问题。

六是指引门店合理订货，优化库存，减少缺货或库存积压产生的利润损失。

七是通过陈列图使货架上的缺货和动销情况一目了然，加快跟进和解决问题的速度与效率。

八是通过陈列与供应商展开深入战略合作，吸引更多的资源投入，降低商品成本。

九是陈列原则的一致性和标准化，提高了门店的执行效率、顾客服务和标准化管理水平。

十是制作陈列图时需要考虑货架的重量平衡，为顾客和员工提供安全保障。

十一是对于药店，可以将药监法规融入陈列图制作中，确保门店的运营与陈列合规。

商品陈列是企业的品牌精神、商品策略、业务规则和外在视觉效果的智慧结晶，是"无声却有力"的艺术呈现，也是零售管理中智慧的呈现。

第四节　商品陈列系统的应用

商品精细化运营管理体系在搭建过程中，既需要主观的决策判断，又需要客观的决策支持。

所谓主观的决策判断是对品类发展趋势研究后，确定在企业内部如何具体实践和应用，是对市场洞察后的一些主观判断，是对数据后的业务行为的挖掘和探究，是商品精细化运营"正向经验"的有效应用。

客观的决策支持是指商品精细化运营需要从企业内部的 IT 系统中提取商品和会员的销售数据，在分析后作为决策时的参考依据。在商品精细化运营的陈列规划模块，需要使用专门的货架空间管理软件，对陈列图的制作和陈列图商品的数据进行分析与应用。当前零售业已进入数字化赋能时代，企业在系统建设和数字化应用上的投入是必要也是值得的。

如果没有这些 IT 系统和软件的支持，陈列规划虽然可以继续运作，但对数据的提取和陈列图的规划就只能通过手工作业模式来完成，工作的效率和质量必然受到影响。商品精细化运营管理体系与 IT 系统及大数据应用的融合，不仅使专用性较强的商品管理工作嫁接 IT 后赋能更加高效，也使 IT 系统和软件的应用结果更加适用业务场景，三者不仅相辅相成，也赋予了彼此更深层次的意义和使命。

较为知名的货架空间管理软件有 JDA 和 SPACEMAN，两者都是美国公司的产品，沃尔玛除了自身强大的 IT 系统外，在商品管理上使用的就是 JDA 系统，主要用于补货和陈列图的制作。随着中国零售业发展的日趋成熟，我国涌现出一些优秀的国产软件品牌，这些国产软件的性价比更高，更贴近本土企业商品管理的数据分析场景，定制也更加灵活，如盒马、易捷和昆仑好客、中国沃尔玛旗下的山姆会员店等企业，采用的是山东数图科技有限公司的可视化品类空间管理系统。

第五节　如何提升门店陈列图的执行率

在陈列图执行前，为了让员工能理解陈列图设计背后的逻辑和原则，以及实施陈列图将会给企业和门店带来的价值与意义，相关陈列管理的培训是非常必要的。员工对陈列图了解得越多，他们执行得就越好，而且遇到问题时应对的方案也就越灵活。

一、商品陈列培训内容

商品陈列培训所包含的内容如下：陈列图制作的逻辑与原则；什么是顾客购买决策树；陈列图的价值与意义；相关陈列的"两图一表"（门店布局图、品类陈列表、商品陈列图）；陈列图执行的步骤与注意事项；陈列图在执行过程中的"灵活"与"必须"原则；陈列图执行现场问题的处理与反馈；陈列图执行后动销的评估、不动销商品的处理。

二、相关陈列的"两图一表"

"两图一表"是门店布局图、品类陈列表与商品陈列图的统称，是门店陈列商品时的重要参考工具。企业使用不同的陈列系统，其"两图一表"的名称、形式和内容都存在着差异。下面以某便利店的"两图一表"作为案例解读。

（一）门店布局图

门店布局图上有收银台、货架、展示柜等设备设施，常规货架上商品以中类为单位，呈现品类空间和品类之间的关联，并配有区域货架编号，可以帮助了解门店的全貌。门店布局示例如图8-14所示。

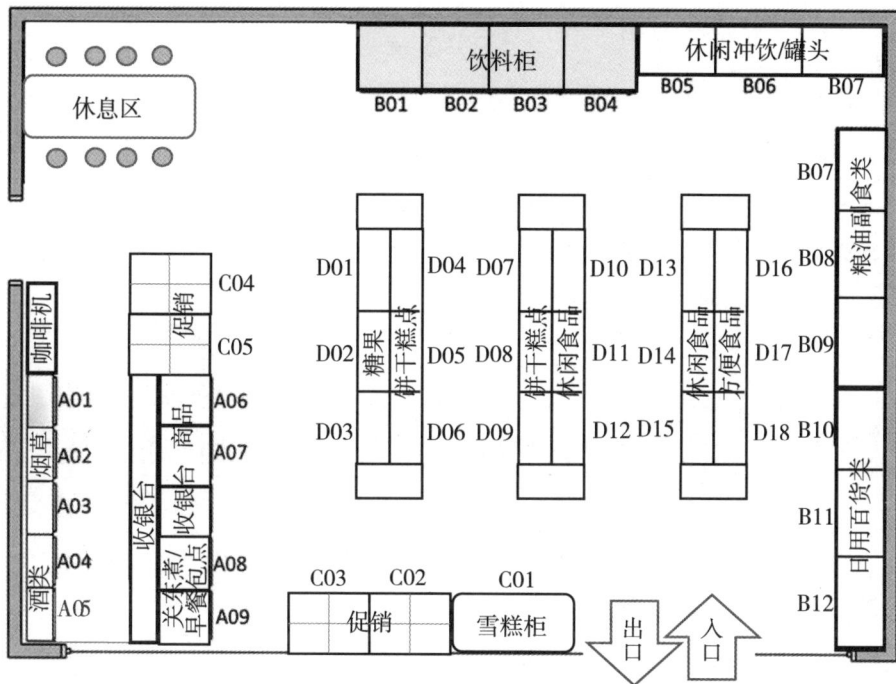

图8-14　门店布局示例

（二）品类陈列表

品类陈列表与门店布局图配合使用，将货架上的中类进一步分解为小类，通过货架编号与摆位图一一对应，为商品陈列的具体执行提供指引。品类陈列表示例如表 8 – 1 所示。

表 8 – 1　　　　　　　　　　　　品类陈列表示例

区域号	区域货架号	货架层数（层）	陈列类别
B	B01	6	碳酸饮料/气泡水/功能饮料
B	B02	6	碳酸饮料/果汁饮料
B	B03	6	茶饮料
B	B04	6	饮用水/啤酒
B	B05	7	牛奶/植物蛋白饮料/咖啡/奶茶
B	B06	5	蜂蜜/奶粉/麦片/其他冲饮类
B	B07	7	罐头食品

（三）商品陈列图

商品陈列图也叫商品棚割图、商品摆位图，是以顾客购买决策树为依据，结合商品策略和业绩等因素，对小类货架上具体的商品陈列位置和排面明确定位的一种直观图，并指示商品所在的货架类型和配件。商品摆位图为门店员工执行商品陈列提供了方便、快速的指引。商品陈列图示例如图 8 – 15 所示。

图 8 – 15　商品陈列图示例

"两图一表"能够有效指导商品陈列空间的分配和关联，指引门店做好商品陈列管理，加强陈列规范，促进销量和盈利水平的提升。

三、执行陈列图的步骤

陈列图在执行过程中的步骤如下。

第一步，在非顾客高峰期执行陈列图调整。

第二步，仔细阅读陈列图上的各项信息，对陈列图的执行有总体了解。

第三步，核对陈列图上中类的起始位置与顾客动线是否一致，门店结构的不同，有时需要将某些中类的陈列图做镜像处理，即面对货架，将原来最左侧的商品调整到最右侧，并以此类推。

第四步，判断是否需要做镜像处理后，将陈列图用透明胶贴在货架上，先看当前货架的层数是否需要增加或减少，层板的高低是否需要调整。通常这些信息会标在陈列图上，但部分开业较久的门店存在着货架型号与标准货架不一致的现象，未必能完全照搬陈列图，做到实际层数与陈列图要求的层数相同。层板间的距离安排以方便客户拿取商品为原则。

第五步，层板调整好后，不要急于把商品库存全部上到货架上，而是先将每层每个商品的首排排面陈列出来，之后看货架层板是否因商品的高低不同还需进一步调整，确保每层的商品都方便放下和取出，再开始补足每个排面商品的库存。

第六步，陈列商品时，每个商品均要正面朝外，整齐摆放，货架标签插在每种商品最左侧第一个商品的下面。确保每个摆放在货架上的商品都完好无损，切勿将有缺陷的商品陈列在货架上。

第七步，陈列时遵循先进先出的原则，即先进商品陈列在货架最前端，以便尽快销售。

第八步，陈列图执行完成后，执行者先自检一遍，再提交给直接主管检查。执行者和其直接主管都完成检查后，均需在陈列图上签名确认，执行后的陈列图在门店存档以备需要时查询。

第九步，如遇到货架与陈列图对应不上时，可联系指定部门人员寻求帮助。

第十步，勿将陈列图悬挂于营业期间的卖场，严防企业内部信息外泄。

通常，零售商会将陈列图的执行纳入对门店的考评，但门店在执行陈列图的过程中，确实存在着某些特殊情况而无法 100% 执行，如货架类型不同，或是门店商圈的差异使某些门店畅销的商品在其他门店未必畅销。因此，就需要制定陈列图执行时可灵活操作的部分和必须遵循的业务规则，使陈列图既能指引门店的商品陈列，又能贴近门店的实际运营需求。

四、执行陈列图的灵活与必须原则

（一）陈列过程中可灵活操作的部分

一是门店可以根据商品的实际销售情况，进行商品排面数的增加和减少。

二是原则上，门店必须经营商品配置清单上的商品，但如遇确实不适合当地销售的商品，门店可以在实际经营 3 个月后，用数据向陈列部门负责人申请减少个别商品的经营。

三是对于商品状态已变更为淘汰或其他非正常状态的商品，且门店已无库存，门店可以拉大相邻商品的排面，或选择同类商品填充货架。

四是新品先于陈列图生效到店时，门店可以将新品按价位顺序陈列在所属品类的同功能商品中。

五是商品库存不足或缺货时，可以调整面位，但至少留一个面位放置原商品标签或专用的缺货标签。

六是收到体积大于原排面商品的促销装商品时，可以适当调整其他商品的面位。

七是企业发起的促销商品不在门店规划的经营范围中，促销所剩的尾货可以按价位顺序陈列在所属品类的同功能商品中。

（二）陈列过程中必须遵循的原则

一是陈列图生效后，门店在一周内完成更新（遇特殊情况，如促销活动或盘点等，则可顺延）。

二是未经陈列部门负责人批准，商品品项数不能缩减。

三是不能跨层调整商品的陈列位置。

四是采购指定商品，不能压缩排面数或调整其陈列位置（具体详见陈列图中备注栏）。

五是商品状态正常，门店暂时缺货时，至少保留一个面位放置原商品标签或专用的缺货标签。

很多时候，当企业实行了陈列图管理，却在执行上屡屡遇到抵触和抱怨，一定要反思是否商品管理的源头出现了问题。陈列图对门店是一个非常有用的指引工具，但其自身受商品管理水平的影响较大。如果关于商品的引进和淘汰有着清晰的业务规则，并且陈列图管理能得到及时和有效跟进，陈列图可以促动销售提升，并且促进采购、运营和陈列部门本身工作效率的提高。反之，如果商品引进和淘汰没有系统性的管理和规划，商品进多出少，即使再合理和美观的陈列图，门店都难以执行。

第六节　陈列图商品的动销管理

一、商品动销

商品动销是利润产生的直接驱动力。因此，动销率的高低成了评估零售企业商品管理水平高低的一项关键指标。关于商品动销有三个相关的术语。

1. 商品动销率

商品动销率是指一定周期内，门店有销售的商品品种数与门店所经营的商品品种总数的比率。如果以结果论英雄的话，商品动销率不仅是检验商品引进是否成功的重要指标，同时是检验员工专业能力、销售能力和门店营销能力的重要指标。门店商品动销率的参考线通常是80%，低于这个参考值，门店就需要警惕并及时采取有效的措施来提升商品动销率。

2. 商品销售率

商品销售率是指一定周期内某商品的销售数量与该商品净进货量之间的比率。商品销售率通常是用以评估新品或促销商品是否成功，以及在品项优化时评估商品是保留还是淘汰的一项参考指标。

3. 不动销商品

有动销就有不动销，不动销商品是指在一定周期内，没有产生过销售的有库存的商品。商品不动销容易造成库存积压、过期和损耗等风险。在门店的运营中，要提升商品的动销率，就要找出不动销商品和导致商品不动销的原因，解决问题。不动销商品就如同"偷懒"的"小群体"，混杂在一群勤劳的"兄弟"之间。某门店经营了5000种商品，近3个月的商品动销率是82%，该店的不动销商品率是18%，那么目标就浮现了出来，找到这18%的商品，才有可能让它们动销起来。

二、不动销商品的管理方法

一是将不动销的难题分解到人，集群体之力找到原因并各个攻破。

二是检查商品的系统状态。排除已淘汰但商品状态仍然活跃的人为失误，并及时更正。

三是检查商品的系统库存数是否准确。排除系统中有库存、但无实物的情况，对错误库存及时更正。

四是检查商品的实物库存。排除货架上有商品，但破损、残缺或过期等非正常现象，确保货架上的商品都处于顾客可购买状态。

五是检查陈列位置。排除有实物库存，但未陈列在货架上的现象，及时将商品在货架上展示出来，也可尝试调整一下陈列位置。

六是分析不动销商品是否被其他同功能、价格带近似的商品替代。有些商品不动销是由于本身可替代性太强，对功能重复的商品可以反馈给品类采购决定是保留还是淘汰。

七是市调商品的价格。排除价格贵，顾客不买的现象，也可以了解下兄弟门店是怎样销售的。

八是培训确保员工掌握商品的销售知识和技巧。同时，可利用爆炸牌等突出商品卖点，增加其被顾客了解和购买的机会。

九是可尝试设定销售奖励，激发部门之间的良性竞争和员工的积极性。

在做了以上跟进后，面对仍然不动销的商品，如果库存量大，可考虑调拨到其他能销售的门店或在本店清仓后申请下架。

商品自身的优胜劣汰是正常的现象，但每一个商品从引进到上架销售都凝聚了企业的大量投入，不要因为主观的判断，就轻易淘汰一个商品，而错失了本来有销售潜力的商品和增加销售的机会。

三、不动销商品的退场机制

陈列图实施后，属性近似的门店，商品陈列的方式相同并且稳定。企业可以更有效地跟踪商品的动销情况，并可以通过门店间的对比寻找差异。对陈列图上商品动销的跟踪通常每 3 个月进行一次，由陈列部发起，采购部提供不动销商品的处理方案，运营端负责执行，通过内部协作的方式共同完成。对于大范围门店都不动销的商品，采购通常会先安排商品促销清理库存。如果促销的效果不佳，采购会将商品纳入预淘汰机制，争取退货给供应商。对于未开原装箱的，退货至企业仓库，或调转至当地可销售的门店，或提供清货方式就地清货。

对于个别门店不动销的商品，如果其经过反复售卖都无法被商圈内的顾客所认同，且已排除引起不动销的各种人为因素的可能性，门店可向陈列部申请单店不上陈列图。

定期且系统性对商品的动销进行管理，可以提升空间产出效率，提高商品的库存管理水平，并降低商品损耗。

第七节　陈列图商品的缺货管理

缺货是商品在流通中的一种状态，是提升销售的一个过程指标，很多零售企业将其纳入采购和运营端的业务考核体系进行管理。

一、缺货类型

从商品的订货来源看，缺货分为在采购端产生的仓库缺货、在运营端产生的门店缺货，以及物流端漏配或少配造成的缺货。如果总仓在源头上缺货，门店在终端自然也缺货，这就是采购端的责任。总仓有货、门店没订或少订了商品配置清单中的商品导致的缺货，就是门店端的责任。如果是物流端在配送时漏配或少配，就是物流端的责任。明确了缺货来源，才能明确责任，针对责任有效地管理和跟进，才能从本质上减少缺货发生。

从商品的销售属性看，缺货分为核心商品缺货（占销售和毛利80%份额的商品）和常规商品缺货。缺货是日常运营中的一种现象，受供应商生产、供应和配送能力的影响，同时受采购和门店端订货的影响，很难避免永远不出现缺货的情况，但可以通过对核心商品和常规商品的库存进行差异化管理，降低缺货的影响。

从缺货时间上看，缺货分为短期缺货和长期缺货。如果是供应商的原因造成长期缺货，采购端就要对商品状态作出调整，门店也要用其他商品替代长期缺货商品陈列。

二、缺货率的计算方式

商品管理能力较好的零售企业，整体缺货率通常控制在3%以内，核心商品的缺货率在1.5%以内。如果企业当前的缺货水平较高，可以设定分段目标，逐步将缺货率降到可接受的范围。缺货率是以商品品种为基础的，其计算方式如下。

缺货率 = 系统库存为"0"的正常状态的商品数量/正常状态商品的总数量

对门店而言，此处是门店商品配置清单中正常状态商品的总数量。

需要注意的是，顾客眼中的缺货往往大于系统库存为"0"的商品缺货。在顾客眼中，货架上看不到的商品即使有库存也意味着缺货，货架上的商品有库存但商品有缺陷也是缺货。早期 AC – Nielsen 公司的一项调研显示，面对缺货时，40%的顾客会选择下次再来购买；16%的顾客会选择用同品牌其他规格的商品替代；20%的顾客会接受同功能的商品作为替代；24%的顾客会流失到其他品牌的门店购物。缺货是顾客流失的主要原因之一，直接影响着门店的销售和顾客服务。

三、控制缺货的方法

正确执行陈列图，使每个商品在货架上都能找到属于自己的"家"，是降低缺货率非常有效的一个工具。通过陈列图，商品的安全库存参数和陈列位的商品容量可以为确定订货数量提供参考，提高订货的准确率。通过巡视货架，商品在货架上是丰满或是稀少等情况一目了然，门店可以及时补货，或者发现商品库存量不足，进而及时订货。当商品出现缺货时，至少保留一个标签位的面位，提醒门店员工在商品到货后第一时间把商品补充到货架上，减少缺货造成的销售损失。除此之外，控制缺货的方法还有以下几种。

一是保持系统中商品的库存数量与门店实物库存数量准确一致，及时修正错误的库存数据，尤其针对系统中库存数量不为 0 而实际库存数量为 0 的商品。

二是减少供应商缺货，通过建立供应商绩效评估体系，提升供应商的订单送货履约率，进而帮助和督促供应商优化工作流程和提高工作质量，提升履约能力。

三是及时处理货架上的空包装和缺陷商品。

四是设定缺货指标，编制缺货率报表，定期跟进缺货情况。

五是培训员工，减少收货、销售、盘点等业务环节中的人为失误率。

对于缺货商品的跟进要有预见性，提前将有可能出现的缺货控制在摇篮里，如果等到缺货后再跟进，即使货订回来了，销售和顾客服务也已受到影响。

第八节　陈列图商品的库存管理

库存管理是零售进销存业务管理中的重要一项。库存不足，可能失去销售机会；库存过大，则会造成库存管理的困难及资金的浪费。科学管理商品的库存，既要使商品不因库存太多积压资金而增加运营成本，也不会因缺货而损失销售机会。

一、库存管理的关键业务指标

库存周转率是指库存商品在单位时间里卖出的比率，也就是一年中，库存的商品可以周转多少次而返回现金，也称库存周转次数。库存周转率越高，商品越好卖。对某类商品的周转率进行分析，可以了解采购来的商品是否适销对路、库存水平是否合理等。库存周转率的计算公式如下。

库存周转率＝年度销售成本/平均库存成本

　　　　＝指定周期内的销售成本/指定周期内的平均库存成本

平均库存成本＝（期初库存成本＋期末库存成本）÷2

平均库存成本还等于指定周期内，每天的移动加权平均库存成本。

库存周转天数是库存管理中的一个重要指标，是指门店从取得商品库存开始至全部销售完毕所经历的天数。在不影响销售的情况下，库存周转天数越少，说明库存变现速度越快，占用资金的时间越短，库存管理工作的效率越高。

$$库存周转天数 = 360/库存周转率$$

二、提升库存周转的意义

一是加速库存周转，提高盈利能力。

二是保持卖场的新鲜度，加快商品更新迭代的速度。

三是使新商品、趋势和潮流商品更及时出现在门店的货架上。

四是减少库存积压造成的货架和仓库空间占用，以及商品破损、过期等损耗。

五是减少人力成本耗费，提高运营效率。

六是减少企业资金和存货场地的占用。

三、如何通过陈列图提升门店库存管理水平

确保系统中库存数据准确，并对错误的信息进行及时修正。

通过商品销售数据，确定核心商品和 ABC 属性特征的商品分类，设定库存周转天数的目标。

为商品设定商品库存下限值（安全库存值）和库存上限值。根据订货频率、送货周期、周平均销售数量和陈列图上商品的货架容量，计算出商品在货架上所需的最少和最多库存数量，有效减少缺货和库存积压。

通过品类级别和陈列图匹配，实现商圈的差异化经营。门店根据商圈和面积选择适合的品类级别，并匹配对应的陈列图，在设定各商品库存上下限参数时，也应考虑商圈的特点。

有效执行陈列图，为系统补货更准确提供保障，使商品得以在顾客购买决策树和商品策略的指导下设定陈列规则，减少了个人主观因素的影响，使销售数据客观、真实呈现。

通过陈列图，可以计算出每个商品所需的货架库存数量和库存金额，再加上日常运营的库存周转数量，就可以得出商品的标准库存金额和数量的参考值。门店可以用商品在门店的实际库存值与标准库存参考值进行对比，核对商品超过标准库存的原因，对库存实施精准管理。

充分利用 GMROII 商品角色管理法，及时清理低周转和低毛利等贡献率低的商品。

加强滞销商品的销售和处理，及时清理库存尾货、不可退货商品和清仓商品。

建立订货指引，培训门店员工合理订货，并有效执行陈列图。

陈列规划通过对商品在货架上的空间管理，将企业品牌精神、商品策略与业务规则融为一体。对外用无声的语言实现与顾客的沟通与互动，对内通过对商品动销、缺货、库存周转等过程指标的管理促进业绩良性提升。陈列规划与商品陈列图的实施，标志着零售企业商品精细化运营水平有了质的飞跃，是对零售细节管理的极简呈现，看似简单的货架背后，融合着企业治理和经营管理的深度思考。

第八章　思维导图

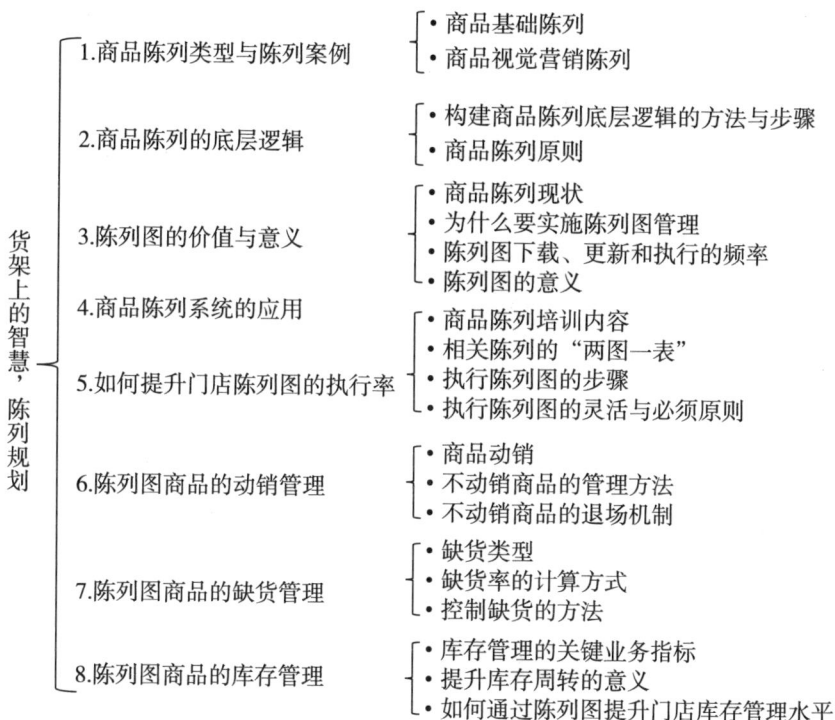

货架上的智慧，陈列规划

- 1.商品陈列类型与陈列案例
  - 商品基础陈列
  - 商品视觉营销陈列
- 2.商品陈列的底层逻辑
  - 构建商品陈列底层逻辑的方法与步骤
  - 商品陈列原则
- 3.陈列图的价值与意义
  - 商品陈列现状
  - 为什么要实施陈列图管理
  - 陈列图下载、更新和执行的频率
  - 陈列图的意义
- 4.商品陈列系统的应用
- 5.如何提升门店陈列图的执行率
  - 商品陈列培训内容
  - 相关陈列的"两图一表"
  - 执行陈列图的步骤
  - 执行陈列图的灵活与必须原则
- 6.陈列图商品的动销管理
  - 商品动销
  - 不动销商品的管理方法
  - 不动销商品的退场机制
- 7.陈列图商品的缺货管理
  - 缺货类型
  - 缺货率的计算方式
  - 控制缺货的方法
- 8.陈列图商品的库存管理
  - 库存管理的关键业务指标
  - 提升库存周转的意义
  - 如何通过陈列图提升门店库存管理水平

打造有"温度"的卖场，门店布局规划

终端门店是商品得以面市的场所。品类规划的实施、检验与评估，以至于未来的推广，都需要在这里完成。

很多企业在做品类规划的时候，可谓精挑细选、用心良苦，但忽略了终端这个与顾客紧密连接的"用武之地"。品类规划精选的所有种子，最后必须在终端这一环节播种，如果忽视了这片土地的土壤条件、光照条件，就很难长出好的果实。就好比把东北的水稻移植到江南来种，自然收获不到好的东北大米，因为没有因地制宜。因此，品类规划要想得以落地，必然要有清晰的商圈与面积策略基础。

另外，卖场布局规划中蕴藏着企业的商品策略和顾客服务精神。一套设计优秀的布局不仅能让商品呈现出琳琅满目的效果，还可以引导顾客在一个个亮点区域穿梭、停留，享受购物的乐趣。这是当前互联网电商平台、直播带货和社区团购所不能提供的。打造有"温度"的卖场，通过直接的视觉、听觉、触觉、嗅觉、味觉等感官体验建立与顾客之间的情感链接，是线下实体零售企业所独有的优势。

第一节　如何使门店商圈、面积与商品配置高效融合

一、为什么要建立门店商圈和面积策略

商圈和面积策略是门店发展策略的重要组成部分，包含在企业的业务方向和指导思想之中，是企业早期需要确定的顶层架构的方向之一，对企业的经营策略产生重要的影响。通过对本书第二章表 2 - 1 中问题的思考，企业明确了自身的业务方向和指导思想（见表 9 - 1）。

表 9–1　　　　　某企业构建业务方向和指导思想的思考清单示例

序号	思考问题描述	思考结果
1	门店的主营业态是什么（门店定位） （思考与其相匹配的运营策略和商品策略）	综合超市和社区精品超市
2	门店的目标顾客人群有哪些（目标顾客定位） （根据目标顾客人群的特征、需求，思考商品的定位）	中国一线、二线城市的中高端收入家庭和时尚白领
3	门店会开在哪些城市和商圈 （进一步明确目标顾客的特色，思考经营的差异化）	一线、二线城市的购物中心、中高端住宅区
4	主营门店的面积是多少，以及门店面积跨越的范围有多大（思考经营的品类与商品品种怎样配置）	主力店型约 3500 平方米，为综合商超； 最大店型约 5000 平方米，为综合商超； 最小店型约 800 平方米，为社区精品超市
5	企业发展战略、经营策略是什么 （确保商品策略上的一切行动与指导思想保持一致性）	全渠道、构建差异化的商品体系；高品质、高性价比
6	行业里的标杆企业是谁？主要竞争对手是谁 （思考要学习的对象，以及要防守和超越对象）	标杆企业：盒马、大润发、Ole'、在中国的 ALDI（奥乐齐） 主要竞争对手：盒马

门店商圈和面积策略一方面可以根据门店业态和目标顾客定位而制定，另一方面可以参考行业的标杆企业和相对领先的竞争对手在门店面积和商圈上所采取的策略。门店商圈与面积策略的制定还受企业领军人物对市场趋势的主观判断，以及门店盈亏模型的测算等因素影响。

商圈的一层含义是企业选址策略中对商圈的定位。如某企业选址策略是一线、二线城市的购物中心，影响着商品的定位和选品的逻辑与原则，同时影响着商品组合中的品牌组合和商品分级的设置。

商圈的另一层含义是指每家门店周边 2 千米范围内具体的商业环境。如某门店位于高档住宅区附近，属于社区店。因为该店周边学校较多，该门店又有了学区店的商圈特色。门店的商圈策略影响门店对品类级别大小的选择、商品的陈列策略，以及是否需要为该类商圈定制特殊的商品等。

面积策略是指在确定业态后，确定以多大的门店作为该业态的主体门店，同时明确该业态门店最大和最小的面积分别是多少，即明确企业的主力店型、最大店型和最小店型。门店面积策略直接影响企业拓展部做开店数量的决策、影响门店自营和租赁的规划质量、影响商品经营的数量，以及品类级别大小的选择。

很多本土实体零售企业在门店商圈和面积上并没有形成精细化的策略体系。一方面，门店面积大小的跨越非常大，如从 2000 平方米到 6000 平方米，门店使用的是一套商品模式。另一方面，门店各品类的货架空间和经营的 SKU 数量没有标准。比如，某企业一家 6000 平方米的门店经营了 20000 多个 SKU，一家 4000 平方米的门店经营 22000 多个 SKU。商品的底层管理逻辑不清晰，必然影响门店商品配置的合理性。

本土企业生鲜传奇的门店商圈策略和面积策略非常清晰：做小区门口的菜市场，解决中产家庭的一日三餐。生鲜传奇用看似简单的一句标语，将门店发展策略构建得清清楚楚。"菜市场"对标社区生鲜店，是门店定位。"中产家庭"是目标顾客定位。"社区"是商圈定位。生鲜传奇将主营门店的面积定位在 250 平方米左右，这是门店面积策略。

另一个案例来自世界排名前十位的德国零售商 ALDI。ALDI 在门店发展定位上有着清晰的策略。例如，其在德国的经营业态为廉价折扣店，目标顾客定位在中低消费水平的人群。为了节约成本，使商品价格做到最低，早期的 ALDI 门店选址都比较偏僻，装修也极其简单，门店面积通常在 600～800 平方米。

ALDI 进入中国市场后，将首入城市定位在上海，入乡随俗地取名为奥乐齐，并且精准地认识到欧洲与中国市场的不同，将折扣店的业态定位调整为精品社区超市，将目标顾客转向了新中产人群，主力商圈选址在上海的中心城区。门店精致的装修也与上海人注重生活品质的格调相符。门店面积约为 500～800 平方米。ALDI 在德国与中国的门店发展策略如表 9 - 2 所示。

表 9 - 2　　　　　　　ALDI 在德国与中国的门店发展策略

门店所在地区	业态	选址	门店面积
德国	廉价折扣店	较为偏远的地区，租金便宜，装修简单	600～800 平方米
中国	精品社区店	主要在一线城市的中心区，装修精致	500～800 平方米

有清晰的门店发展策略，才能有清晰的商品策略和较强的商品运营能力，希望该案例可以给本土实体零售企业的管理者带来思考和启示。

二、门店商圈、面积与商品配置高效融合"四部曲"

（一）制定门店商圈应对策略与行动

每家门店都有自己的商圈类型属性，如社区店、购物中心店、学区店、写字楼店、交通枢纽店等。对商圈类型进行名称的定义和描述，企业通常都能做好，但知道商圈类型后，采取什么样的行动，就需要精细化设计了。很多实体零售企业对商圈的研究止步于定义类型，如果要发挥商圈真正的影响力，就必须有针对性地设计出门店商圈的应对策略与行动。

我以综合商超为目标业态，以写字楼和学区/社区为商圈类型做了示例，列举了有关商圈特点、相关重点品类和品类应对行动的具体内容，实际采取的行动不仅限于此。该示例旨在提供给读者参考，企业可以根据自身情况进行深度思考，梳理出适应自己商圈的应对策略与行动。商圈应对策略与行动示例如表9-3所示。

表9-3 　　　　　　　　　　商圈应对策略与行动示例

门店名称	A 店	B 店
所在城市	深圳	深圳
开业时间	2012 年	2013 年
卖场面积	2580 平方米	3500 平方米
平均销售额	1.1 亿元	2.3 亿元
前台毛利率	29.70%	29.36%
商圈类型	写字楼	学校/社区
商圈特点	• CBD 高端商圈 • 地铁 A 出口 200 米直达 • 1.5 千米内有 5 个公寓楼盘 • 早上顾客老年人居多，以肉菜和食品为主；中午和傍晚顾客多为白领上班族，潮流、网红产品畅销，下午茶，果切和饮品畅销 • 周六日客流降低 50% • 客单价 113 元，排名靠前 • 500 米内拥有全家、7-11、百里臣等 5 家便利店，1 家星巴克，2 家蛋糕/西饼店，1 家百果园 自身缺点：停车困难	• 距离××外国语中学 200 米 • 距离××小学 400 米 • 距离××小学 1 千米 • 距离××科技中学 1.5 千米 • 距离××中学高中部 2 千米 • 距离菜市场 1 千米 • 距离××超市 1 千米 • 周边 1 千米内有 16 个中高档楼盘 自身优点：停车场大，停车方便

续 表

相关重点品类	• 熟食快餐类、烘焙 • 水果、果切、果汁 • 休闲食品、下午茶 • 方便食品 • 酒水饮料 • 冷藏冷冻 • 文具 • 化妆品 • 个人护理	• 生鲜全品类 • 冷冻冷藏类/牛奶类 • 酒类/干货/糖果 • 休闲食品/酒水饮料 • 文具/玩具/体育用品 • 个人护理/家庭用品 • 家居用品 • 纺织基础类
品类应对行动	• 熟食快餐类突出早餐、轻食、寿司、面食、盒饭套餐等 • 烘焙突出面包、蛋糕、点心 • 生鲜供应高品质高性价比商品，以包装肉、菜果为主，增加配菜/腌制牛扒/猪排/禽类等产品 • 休闲食品、方便食品、酒水饮料、冷冻冷藏、文具、化妆品、个人护理为重点品类，采用级别二，其他品类可选择最小级别 • 增加趋势、潮流、网红产品	• 精品旗舰店模型 • 增加趋势、潮流、网红产品 • 生鲜、食品类选择大级别 • 商品级别以更好、最好（Better、Best）为主 • 生鲜售卖高品质高性价比商品，主推包装类、整箱装 • 围绕一日三餐、预制菜、健康餐食 • 做进口商品专区/酒窖专区 • 做文具/玩具专区 • 合作引进儿童乐园

（二）选择参考店

如果是为已经开业的原店进行品类级别和商品配置清单的重设，则可以用原店的销售历史作为主要参考数据进行分析。如果是为一家新店选择品类级别，则需要在现有开业的门店中，选择一家与新店商圈和面积条件类似的兄弟店作为参考店，提取该店的数据用来分析参考。

参考店选择的五个维度：

①开业 12 个月及以上的门店（特殊情况下，开业时间不少于 6 个月）；

②优先选择在同一区域的门店，若同一区域没有可参考的门店，则选择同一城市的门店，或选择同一省份的门店；

③其次选择在同一商圈的门店；

④最后选择面积或货架节数较接近的门店；

⑤新店预算销售与老店销售尽可能接近，一般浮动范围不超过 20%。

（三）根据门店商圈和面积选择品类级别

品类级别构建是商品精细化运营模型中的一个原创概念，是在预知门店商圈和面积差异的情况下以终为始的业务行动之一，在品类规划的实践中产生，是品类规划的核心输出成果，也是品类规划通往终端落地这一过程的必经之路。可以说，没有品类级别，就没有品类规划在终端实施的可行性，没有终端商品精细化运营的可行性。每一套品类级别都对应一套品类级别清单。

在品类级别库中，门店可以根据自身商圈的特色和门店空间情况选择适合的品类级别，既可以满足商圈内消费者的需求，又使得商品产出与空间资源的占用得以平衡。品类级别的应用也使得不同门店根据自身的差异化，对不同大小的品类级别进行自由组合。如何运用门店的历史数据进行品类级别选择，分析工具如表9-4所示。

表9-4　　　　　　　　　品类级别与门店空间分配模板

门店基础信息（2020年1月1日—12月31日）												目标配置			
大类	中类	SKU数量（个）	销售占比（%）	销量占比（%）	毛利占比（%）	综合贡献率（%）	同比增长（%）	现有货架组数（组）	货架空间占比（%）	数据分析建议货架组数（组）	竞争对手货架组数（组）	手动调整货架组数（组）	新级别SKU数量（个）	SKU数量占比（%）	新级别货架组数（组）	新级别空间占比（%）
酒	洋酒															
	葡萄酒/果酒															
	国产酒（盒装白酒/筒装白酒/滋补酒/黄酒/米酒）															
	啤酒															
	汇总															
饮料	碳酸饮料															
	饮用水															
	果汁饮料/醋饮															
	功能性饮料															
	植物蛋白饮料															
	茶饮料															
	汇总															
常温乳品饮料	纯牛奶/功能奶															
	含乳饮料															
	儿童奶															
	汇总															
酒水饮料汇总																

（四）根据门店商圈和销售情况确定商品配置清单

门店选择和确定了各品类级别，就有相对应的品类级别清单。商品配置清单则是在品类级别清单的基础上，将未被纳入品类级别清单但占门店销售额、销售量和毛利额80%份额的核心商品，以及适合门店商圈的专属商品一起纳入门店的商品配置。

由此可见，当门店的商品配置清单确定后，门店就实现了商品配置与门店商圈、面积的高效融合，也形成了"一店一策"的业务模式。这种"一店一策"的模式，最大化地发挥了商品的效能，同时改变了门店过往参考某一类似门店自行选品的局限性，提高了选品的适配性和产出，也提高了选品的效率。

第二节　如何构建门店布局模型体系

门店布局模型是实体零售企业的运营策略之一，是以门店业态类型和面积类型为基础，将与门店布局相关的各项元素整合在一起，通过规范标准、制定原则与策略，设定配套的经营指标，构建出为门店布局规划提供参照和指引的模型体系。门店布局模型对实体零售企业的门店规划有重要的指导作用，每一个实体零售企业都应该设计和规划好自己的门店布局模型体系。

一、制定门店布局规划的标准、原则与策略

企业希望自己的门店都宽敞明亮，可视性好，但影响门店结构的因素较多，柱子、楼梯间和电梯往往会打断卖场的连续性，也因此增大了门店布局图设计工作的难度。如果企业没有门店布局规划的原则与策略，遇上结构不连贯或者是不规则的门店，就会极大地影响布局图的设计质量和效率。因此，实体零售企业在规划布局图之前，需要先建立门店布局规划的标准、原则与策略，无论门店结构怎样变化，内在的原则和策略不变。

布局规划是以自身经营策略和业务侧重点为导向的，也会因业务侧重点的变化而调整。另外，每个企业自身发展和经营环境不同，对于标准的认知与要求也不尽相同。因此，在量身定制布局规划的标准、原则与策略时，企

业可以参考以下指引，并结合自身环境进行调整。

以商超为案例，有关如何制定门店布局规划的标准、原则与策略的参考指引如下。

（一）规范和制定与门店布局相关的各项标准

①业态类型，如综合超市、精品超市、社区生鲜店等。

②面积类型，小型店、中型店、大型店以及对应的门店面积。

③不同面积类型下的卖场营业面积和仓库面积的分配标准。

④卖场为一层，以及卖场为两层时，出入口的数量与位置安排原则。

⑤不同面积类型下的出入口、主通道、副通道、货架之间的间距标准。

⑥各种陈列道具和物料的标准。

⑦仓库区规划标准：仓库面积、仓库内设施设备的配置标准。

⑧收银台规划标准：收银台数量和设备的标准，以及陈列在收银区的商品品种和陈列标准。

⑨服务台设置标准。

⑩租赁区域规划标准。

⑪洗手间标准。

（二）制定布局规划的原则与策略

1. 布局规划的原则

（1）安全原则。确保门店的消防、承重、水电工程等合规，设施、设备等安装和运营均正常。货架稳固，商品摆放安全。

（2）舒适原则。为顾客提供宽敞明亮的购物环境，空间、灯光和温度等适宜，避免购物空间拥挤、灯光昏暗等现象。

（3）关联原则。将密切关联的品类就近陈列在一起，为顾客提供购买便利。有的品类可以同多个品类关联，以区域的整体关联为导向进行关联品类的设置。

（4）从大到小原则。对品类空间和关联性的规划，采用先大类，再到中类和小类的顺序进行。

（5）合理性原则。避免将容易产生交叉污染的商品就近陈列，例如，避免食品与日化清洁类商品就近陈列。

2. 布局规划的策略

（1）设置出入口的品类。出入口是顾客的必经之地，也是企业品牌形象的对外宣传重点，对企业的意义重大。因此，在顾客动线开始和结束的两侧，往往设置企业的重点品类、季节特色明显的品类、潮流趋势明显的品类，或者是企业的战略性品类（品类业绩未必很好，却是企业要重点打造和发展的、具有差异化特色的品类）。

我多年前曾到访过几家标杆企业旗下较知名的门店，从现场调研了一些门店出入口品类设置的信息，在此仅为参考，不能代表各企业的全部门店（见表9-5）。

表9-5　　　　　　　　知名零售商出入口品类设置信息参考

零售商名称	卖场为一层的布局	
	入口品类	出口品类
沃尔玛	服装、PBC（Personal Beauty Center，包括个人护理和化妆品）	冷藏奶制品、冻品、干货
大润发	服装、日化用品、图书、文具	酒水饮料、休闲食品
家乐福	服装、家电	冷藏奶制品、冻品、烘焙

（2）规划顾客动线。顾客动线在一定程度上发挥着引导顾客购物的作用，直接影响着顾客在卖场中的停留时间，受卖场结构、面积和零售商的意愿影响较大。典型的顾客动线有U形、L形、F形和O形。过往，有的零售商为解决卖场内较偏区域的客流问题，会设计类似强制性动线来引导顾客经过卖场内的所有区域，这就有悖于以顾客为导向的服务原则了，也容易导致顾客流失，因为顾客有自行选择到哪里的权利，零售商可以引导，但不能强制。

（3）设计热点或亮点。为了烘托购物氛围，零售商会在卖场的不同位置，通过明星品类、主题促销区、顾客体验区，或者一些有特色的物料等，吸引顾客的注意力，提高顾客在卖场内的停留时间，争取销售。注意避免热点过于集中，一些区域过于热闹，另一些区域又过于冷清的现象。

（4）设计主题促销区。为了烘托购物氛围，在卖场内设置主题促销区，作为卖场的热点或亮点，吸引顾客注意。主题促销区包括季节性促销区、节假日促销区、特殊纪念主题促销区（如奥运会、世界杯等）、本地特色节日促销区、进口商品区、本地特产区、自有品牌区、有机类商品区，以及一些自创的主题促销区（如热带水果节、台湾食品节、养生节等）。主题促销商品通常陈列在堆头、端架和组合的促销墙上。

（5）分配各品类陈列空间。布局规划中，品类空间分配是企业层级的业务策略。企业经营策略不同，直接影响生鲜、食品和非食品区域空间。非食品品类因为受互联网电商的冲击较大，近几年在线下实体店的空间一直被压缩。但非食品品类又是利润的主要贡献者，因此差异化、品质、性价比、颜值已经成了当下非食品选品的主要逻辑。

有关品类陈列空间的分配，生鲜通常占卖场面积的30%~40%，食品占卖场面积的40%~50%，非食品占卖场面积的15%~30%。品类空间按从大到小的原则逐级确定，最终完成各品类级别的设定。有了品类级别，就有了各品类级别所对应的财务经营指标和常规货架组数等。设定品类级别的财务经营指标的内容，详见第六章。

（6）规划品类之间的关联。相关品类的组合陈列和就近陈列为顾客购物创造了便利，是零售商服务和专业度的体现，也是创造销售的机会。各品类之间的关联遵循关联原则和从大到小原则。各品类之间的关联性，在品类级别规划时以品类布局图的形式呈现，酒水饮料品类布局示例如图9-1所示。

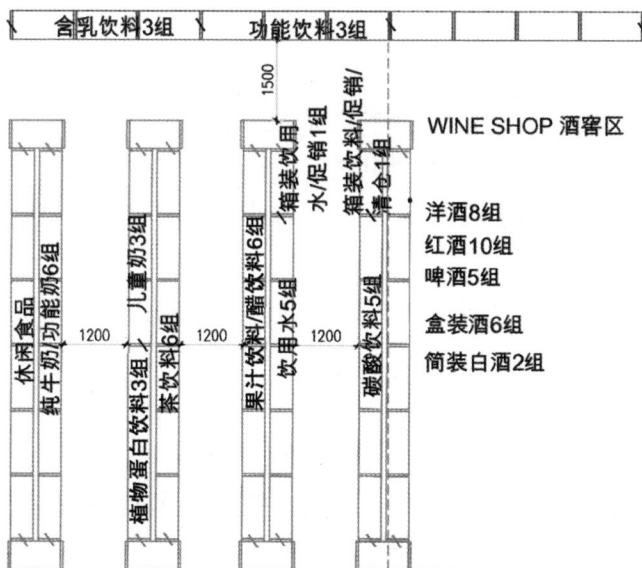

图9-1 酒水饮料品类布局示例

注：图中1200与1500指通道之间的间距，单位是厘米。

225

（7）通过特定的物料增强卖场亲切、友好的氛围。为了提高顾客黏性，吸引顾客到线下门店购物，可以通过一些特定的物料、宣传画，或者视觉营销陈列，与顾客产生更多互动和共鸣。

门店布局规划的标准、原则与策略的建立，使门店布局图的设计工作有据可依，无论门店内部结构怎样变化，都不会影响内在逻辑的设计。同时，因为有布局策略和商品策略的加持，卖场的规划更具有内涵和意义。

二、构建门店布局模型体系

（一）门店布局模型体系的构成

①门店布局相关的各项标准；

②门店布局规划的原则与策略；

③门店布局模型图（按面积分）；

④门店布局模型经营指标预算表。

（二）构建门店布局模型的方法

第一步，以门店布局规划的标准、原则与策略为指引，根据门店最大面积，生鲜、食品和非食品分配的陈列空间制作 AutoCAD 版的区域布局图。

第二步，根据区域布局图，绘制生鲜、食品和非食品的内部陈列道具图，包括生鲜部门的设施、设备，以及其他部门的常规货架。

第三步，根据生鲜、食品和非食品的陈列道具数量，匹配各品类的级别。

第四步，根据选定的品类级别，将各品类布局图导入门店整体的布局图。

第五步，调整并确定大类、中类和小类之间的品类关联。

第六步，完成最大面积门店整体布局图的绘制。

第七步，根据各品类选定的级别所对应的财务预算指标，编制品类财务指标预算表。品类财务指标预算表模板如表9-6所示。

表9-6   品类财务指标预算表模板

品类	面积（平方米）	面积占比（%）	货架组数（组）	货架占比（%）	SKU数量（个）	数量占比（%）	月均销售额（万元）	销售额占比（%）	月均毛利额（万元）	毛利额占比（%）	毛利率（%）
汇总											

第八步，同上，完成最小面积和中型面积门店的整体布局图和品类财务指标预算表。此处以企业实际的面积类型为准，如果只有两种面积类型，只需要制两套图表就可以了。

（三）编制门店布局模型经营指标预算表

根据实际完成的门店整体布局图的套数，结合面积、货架组数、SKU数量，以及企业的经营指标（销售额、毛利额、毛利率、库存标准值、人效、利润）等数据，编制门店布局模型经营指标预算表。其模板如表9-7所示。

表9-7   门店布局模型经营指标预算表模板

模型维度	具体描述	业态类型——××		
	门店类型	小型店——主力店	中型店	大型店
面积	总面积（平方米）			
	营业面积（平方米）			
	仓库面积（平方米）			
品类	SKU数量（个）			
	常规商品货架（组）			
	促销设备			
经营指标	参考月均销售额（元）			
	参考毛利率（%）			
	参考月均毛利额（元）			
	参考货架库存额（元）			
	参考销售额/平方米（元/平方米）			
	参考毛利额/平方米（元/平方米）			

续　表

模型维度	具体描述	业态类型——××		
	门店类型	小型店——主力店	中型店	大型店
经营指标	参考销售额/货架米（元）			
	参考毛利额/货架米（元）			
	各店型下的员工编制			
	各店型对应的利润率（%）			

因篇幅有限，为了使读者对门店布局模型有更全面的了解，此处以某便利店的经营指标预算和布局模型图为案例参考（见表9-8和图9-2）。

表9-8　　　某便利店门店布局模型经营指标预算

模型维度	具体描述	业态类型——便利店		
	门店类型	小型店——主力店	中型店	大型店
面积	总面积（平方米）	40	70	100
	营业面积（平方米）	35	60	85
	仓库面积（平方米）	5	10	15
品类	SKU数量（个）	800	1200	1500
	常规商品货架（组）	20	30	40
	促销设备	—4端架+2堆头架 —3节烟酒小架 —1个收银商品架 —1套关东煮	—6端架+4堆头架 —5节烟酒小架 —3个收银商品架 —2套关东煮	—8端架+8堆头架 —6节烟酒小架 —4个收银商品架 —2套关东煮
经营指标	参考月均销售额（元）	149000	195000	244000
	参考毛利率（%）	27.6	28.50	29
	参考月均毛利额（元）	41124	55575	70760
	参考货架库存额（元）	49047	91533	126500
	参考销售额/面积（元/平方米）	3725	2785	2440
	参考毛利额/面积（元/平方米）	1028	793	707
	参考销售额/货架米（元）	7450	6500	6100
	参考毛利额/货架米（元）	2056	1852	1769
	各店型下的员工编制	2~3人	4~5人	6~8人
	各店型对应的利润率（%）	15	13.6	13.1

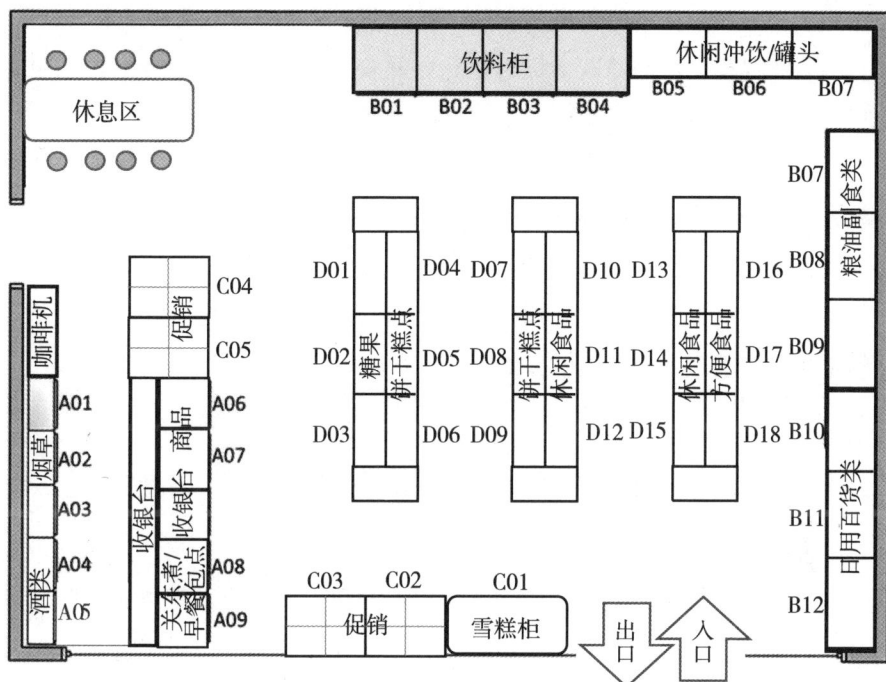

图 9-2　某便利店门店布局模型——中型店

门店布局模型经营指标预算可以为新店确定预算提供参考。现有老店也可以按对应的店型，用实际的经营指标与门店模型下的经营指标预算进行比对，寻找指标之间的差异，挖掘提升门店业绩的机会。门店布局模型经营指标预算中的数据可以在每个自然年结束后更新一次。在门店实际运营中，可以不断验证门店模型的合理性，必要时可作出调整。

（四）提交企业决策层审批

项目组主导，协同设计部、采购部和营运部，向企业核心决策层汇报门店布局模型体系。根据审批意见调整或定案门店布局模型，并最终完成门店布局模型的整体规划。

（五）构建门店布局模型的意义

门店布局规划的相关标准的建立，使管理更加规范，提高了门店设计和规划的质量和效率。

门店布局模型体系的形成，有助于提高企业对外拓展门店的效率与质量。

门店布局模型中的经营指标对比和差异管理体系，使新店预算设定更加合理，同时也为老店提升业绩提供了挖掘机会的方法和工具。

通过门店布局规划原则与策略的制定，使布局设计与商品和顾客服务更好融合，增强了企业的核心竞争力。

商品策略与布局规划的融合，相当于将商品策略融入到日常运营之中，实现了从总部对商品的源头规划到终端对商品的落地执行的完整过程，是商品精细化运营管理体系落地的关键。

第三节 "藏"在布局里的商品策略——案例解读

卖场布局不仅有环境设计的美学，也蕴藏着企业的商品策略和顾客服务精神。掌握规划布局的技巧不仅可以提升门店业绩，也可以触类旁通地透过布局探究出其他零售商设置在布局背后的商品策略。因此，在市场调研的走访中，对竞争对手门店布局的全面了解，是分析和学习的一项重要内容。

我通过市场调研，择取了一家布局较有特点的 X 超市作为案例，详细解读如何透过卖场布局了解零售商在商品上的策略。X 超市卖场实际布局示意如图 9 - 3 所示。

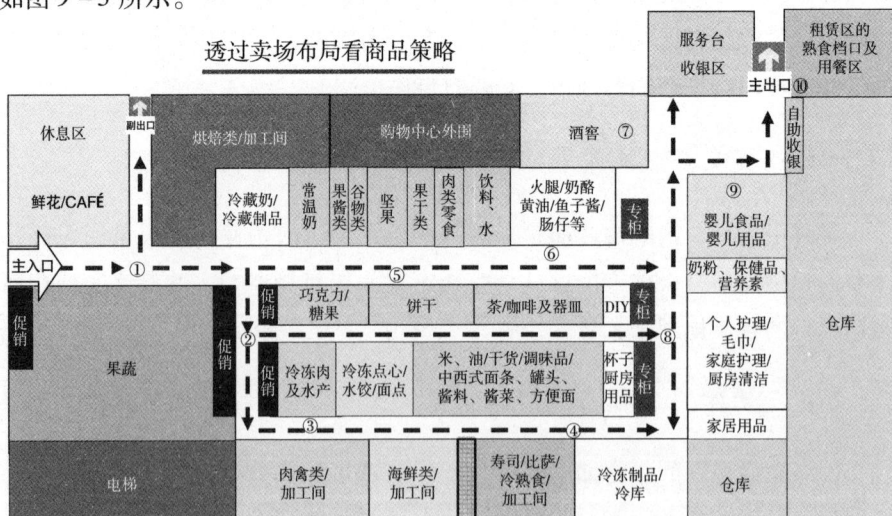

图 9 - 3 X 超市卖场实际布局示意

卖场布局背后的商品策略分析主要包括以下内容。

第一，从设置在出入口的品类进行分析。

从布局上看，该店有一个主入口、一个主出口和一个副出口。

入口处设置的品类是果蔬、鲜花/CAFÉ，充分利用了水果、蔬菜和鲜花的天然色泽，搭配视觉陈列，突出了自然、新鲜、健康和品质，引起顾客对美好生活的向往，令顾客产生购买欲望。

主出口处设置的品类是酒类和婴儿食品/婴儿用品，且都有特定的形象装饰。酒类与其他超市酒类的常规陈列有所不同，其定位为店中店，不仅呈现了品种上的丰富，整体也尽显高端、大气和专业，堪比专卖店。婴儿食品/婴儿用品作为非食品类的末端，区域内营造的是柔软、温馨、备受呵护的氛围。另外，酒类专区与婴儿专区的关联性，也给奶爸人群营造了买酒顺带买婴儿用品，或者买婴儿用品顺带给自己买酒的"爱人爱己"的温情场景。

副出口设置在鲜花/CAFÉ 和烘焙类之间，烘焙类处设置有收银机。除了烘焙类产品的视觉、嗅觉与味觉链接着顾客，这里还有零售商的三个顾客服务的体现。一是鲜花与蛋糕的关联、烘焙类与冷温奶和常温奶的关联等，都给顾客购物带来了方便。二是设置在鲜花/CAFÉ 区域的休息区，使顾客购买商品后可以在此轻松、惬意地品尝。三是给了顾客一个快速离场的捷径。如果顾客只想喝杯咖啡、订鲜花和蛋糕、购买烘焙和牛奶类的商品，在该区域就可以完成整个购买和结算流程，而无须穿越长长的卖场，从而节省了顾客的时间。

无论是从区域装修和装饰上，还是从品类的宽度和深度上，都可以判断果蔬、鲜花/CAFÉ、烘焙类、酒类、婴儿食品/婴儿用品这五个品类在该零售商的业务或是战略布局中发挥着举足轻重的作用。

第二，从卖场内的顾客动线进行分析。

卖场内的顾客动线主要有两种，即 L 形和 O 形，设计意图以引导购物为主。L 形的动线有两条：一条是从主入口进到卖场，经果蔬、鲜花/CAFÉ 和烘焙类，至副出口处的顾客动线；另一条是从主入口处直抵婴儿食品/婴儿用品区，再向上至收银区。O 形顾客动线位于卖场中间开放式的区域。由此可以看出，零售商有意将聚人气的肉类设置在卖场中纵深处的区域来引导客流经过此地。

第三，从卖场设计的热点区进行分析，见图 9 - 3 中①～⑩的标识。

从卖场热点区域来看，该零售商的设计思路可圈可点。

热点区①是一套"组合拳"，果蔬、鲜花/CAFÉ、烘焙类和奶制品类是视觉上的第一场盛宴，也是第一个内在呈现顾客服务的区域。

热点区②用主题促销的氛围引导顾客在卖场停留更长的时间，同时引导顾客向纵深处探索。

热点区③有意将聚人气的肉类设置在卖场纵深处的第一个区域来引导客流经过此地。

热点区④设置了冷冻速食类、面点类，其是近几年快速增长的品类，对面是调味品和干货等品类，形成一日三餐必需品的热点区，进一步将客流引导至纵深区域的末端。另外，热点区域出现了食品非食品品类的衔接，该零售商巧妙地运用厨房用品与厨房调味品做了关联，不仅衔接自然，也带动了关联销售。

热点区⑤位于主动线上，两侧设置了糖果/巧克力、饼干和休闲零食等品类，有意刻画一个零食天地。

热点区⑥设置了火腿/奶酪专区，里面的商品多为进口产品，产品线丰富，并配有进口产区和产品特点的详细说明。购买此专区商品的顾客群体品类忠诚度较高。由此可以看出，这是该零售商战略性投入的差异化和形象品类所在。

热点区⑦酒类是食品品类的末端，也是设置在出口处的重点品类。

热点区⑧在非食品区域，有非食品聚客流的品类，如个人护理/毛巾/家庭护理/厨房清洁，顾客动线处设置的形象专柜，也提高了这个区域的热度。

热点区⑨婴儿食品/婴儿用品是非食品品类的末端，也是设置在主出口处的重点品类。

热点区⑩熟食档口设置在收银线以外的租赁区，与内部自营熟食形成品类互补。

从以上 10 个热点区的设计上来看，它们贯穿整个卖场，且均匀分布在各条顾客动线上，吸引顾客驻留、体验购物之趣，进而贡献销售额和利润。

第四，从品类占据的陈列空间进行分析。

品类陈列空间是一种资源，根据各品类在零售商业务中的优先级别进行分配，是商品策略的最直接体现。从图9-3中可以看出，该零售商主要以生鲜和食品业务为主，非食品品类作为补充品类，主要以个人护理、婴儿用品和家庭生活品类为主，所占空间约为卖场的20%。

看似简单的布局，背后有着丰富的内涵，也是零售商专业能力的体现。只要掌握了读懂布局的技巧，就能快速识别出竞争对手的商业意图，有利于在竞争中制胜。

第四节　打造有"温度"的卖场

随着各大互联网电商业务不断拓展，以及各种直播带货和社区拼团等新型模式层出不穷，线下实体零售门店受到了巨大的冲击，最直接的表现就是客流持续下降。顾客真的不需要线下门店了吗？当然不是。

顾客对实体门店的需求永远都不会消失。线下门店购物的即时效率，购物过程中趣味、潮流与趋势的体验，好奇心被调动和满足等，是线上购物无法替代的。既然顾客仍然需要线下门店，实体零售企业就要把握住这种需求，将真诚与关注通过打造有"温度"的卖场，传递给顾客。

一、打造有"温度"的卖场的"十大法则"

一是员工。让顾客感知到员工的友好、专业、责任心和为他们服务的强烈意愿。

二是商品。为顾客做好选择，减少他们试错的成本，节省他们盲选的时间。保持卖场与时俱进，让顾客感知到市场趋势和时尚潮流元素，同时满足顾客购买方便和及时的需求。

三是价格。定价合理，商品和服务物有所值，让顾客觉得为卖场提供的商品和服务花钱值得。

四是突破传统的品类界限，塑造生活场景，共鸣营销。突破品类界限，通过塑造生活中的一个个场景，引起顾客的共鸣和对营造美好生活的联想。以×超市为例，该零售商专业地刻画了一些温馨的生活场景，既能让顾客感受到购物上的方便，又能起到提醒消费的作用，举例如下。

● 鲜花与烘焙类的生日蛋糕的关联场景；咖啡与蛋糕关联营造的早餐或下午茶的场景。

● 烘焙类的面包、蛋糕与冷温奶、常温奶和果酱的关联，营造了健康、营养的早餐场景。

● 固体咖啡、咖啡豆与咖啡壶和咖啡杯的关联；葡萄酒与醒酒器和酒杯的关联。

● 婴儿奶粉、辅食与婴儿用品的关联。

● 牙膏、牙刷、漱口水、牙线、牙齿美白用品等营造的口腔护理场景。

● 个人清洁、家庭清洁和厨房清洁的场景。

另外，要避免品类之间关联出现不恰当的现象，如葡萄酒货架的对面是清洁剂，如图9－4所示。

五是提供免费的配套服务，并让顾客知道，比如，试吃、免费洗水果、免费加工水果（见图9－5）等，以及雨天的伞、三伏天的凉茶、冬季的养生茶等，让顾客感受到增值服务。

图9－4　品类不恰当的关联　　图9－5　免费加工水果的宣传

六是联合商户组成异业联盟，通过品牌和品类形象彼此赋能，创造多赢的市场效益。比如，邀请葡萄酒的品牌商联合举办葡萄酒节，通过设定不同价位的品酒券，邀请顾客进场参与。品牌商通过介绍各款葡萄酒背后的故事和品酒的专业知识，获得品牌的推广和宣传机会，并通过品酒券获得生意；顾客花比平时少很多的钱品尝多款好酒，以及学习到葡萄酒的专业知识；零售商通过客流聚集，增加了销售的机会，不仅突出了自己的差异性，还增加

了与顾客之间的黏性，达到三方受益的效果。

七是避免卖场空间拥挤，保持适宜的温度和灯光，让顾客在放松的情境下购物。

八是善于使用宣传画，如宜家。

如图9-6所示，多采用关于生活场景的宣传画替代产品功能的宣传画，引起顾客对美好和舒适生活的联想。

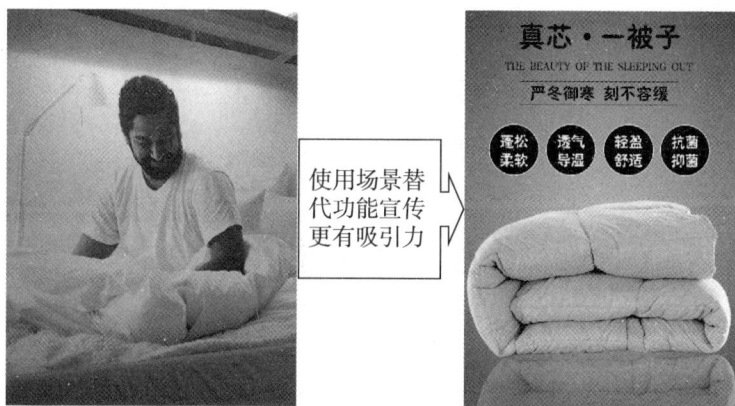

图9-6　生活场景与功能场景宣传画对比

或是通过特定的物料增加卖场中亲切、友好、温馨或幽默的氛围，如元初和大润发超市（见图9-7）。

图9-7　卖场中的宣传媒介

九是根据目标顾客的特点选择卖场的音乐，以及播放的频率和时间。

十是根据目标顾客的特点定期组织他们所关心的活动。

二、打造有"温度"的卖场的"一大禁忌"

"一大禁忌"是指切记不要为了降低成本而牺牲商品质量和顾客服务方面的投入。降本增效应该在创造销售、提高效率和控制其他营运费用的基础上进行。

将卖场打造得有"温度"不是一朝一夕就能完成的，需要企业持续关注、完善与创新。也正是在这一过程中，企业才能完成化茧为蝶的蜕变，通过情感链接巩固住顾客这一宝贵的资产。

第五节　提升平效的方法和工具

无论是商品策略与布局规划的融合，还是商品配置与商圈和面积的融合，解决的都是从源头规划到终端执行的问题，而衡量其效果的关键业务指标就是平效。

$$平效 = 销售额/面积$$

提升平效的方法有以下几种。

①检查顾客动线是否合理：检查是否可以通过调整顾客动线，为顾客提供更多的方便，并能增加品类与顾客接触的机会，吸引顾客延长驻留时间；检查顾客动线上的热点区域是否贯穿整个卖场，并均匀分布，是否还可以增加其他热点区域。

②检查卖场布局是否合理：检查卖场出入口设置的品类是否是重点或是战略性品类，是否具有优先级别的品类都在恰当的位置上；参照从大到小的原则，检查品类之间的关联性是否恰当。

③检查陈列空间是否合理：检查各个品类的陈列空间与其综合贡献率是否匹配，按差异幅度排序，确定要调整陈列空间的品类的优先顺序。检查工具为品类级别与门店空间分配模板（见表9-9）。

表 9 – 9　　　　　　　　　品类级别与门店空间分配模板

大类	中类	SKU数量(个)	销售占比(%)	销量占比(%)	毛利占比(%)	综合贡献率(%)	同比增长(%)	现有货架组数(组)	货架空间占比(%)	数据分析建议货架组数(组)	竞争对手货架组数(组)	手动调整货架组数(组)	新级别SKU数量(个)	新级别SKU数量占比(%)	新级别货架组数(组)	新级别空间占比(%)
		门店基础信息（2020年1月1日—12月31日）											目标配置			
酒	洋酒															
	葡萄酒/果酒															
	国产酒（盒装白酒/简装白酒/滋补酒/黄酒/米酒）															
	啤酒															
	汇总															
饮料	碳酸饮料															
	饮用水															
	果汁饮料/醋饮															
	功能性饮料															
	植物蛋白饮料															
	茶饮料															
	汇总															
常温乳品饮料	纯牛奶/功能奶															
	含乳饮料															
	儿童奶															
	汇总															
酒水饮料汇总																

④检查能否增加品种或专柜：检查是否有需要扩大，或是压缩级别的品类，进行相应调整；回顾卖场是否有额外的空间可以引进异业联盟的专柜或商户，额外增加销售。

⑤检查面积能否压缩并分租：检查是否可以压缩现有布局，释放空间，进行租赁。

对空间的合理规划和使用是对布局设计和规划人员专业水平的考验，也代表着这家企业的专业能力。这个岗位的员工必须熟知品类、品类下的商品，以及品类与品类之间的关系，才能在设计和规划中灵活运用布局规划原则与策略。因此，定期组织这些员工到卖场认知商品，进行相应的考评，并到布局现场体验、发现和总结问题，是提升这个团队专业化水平的有效路径。

对卖场布局进行评估，是提升业绩的关键行动之一。

第九章　思维导图

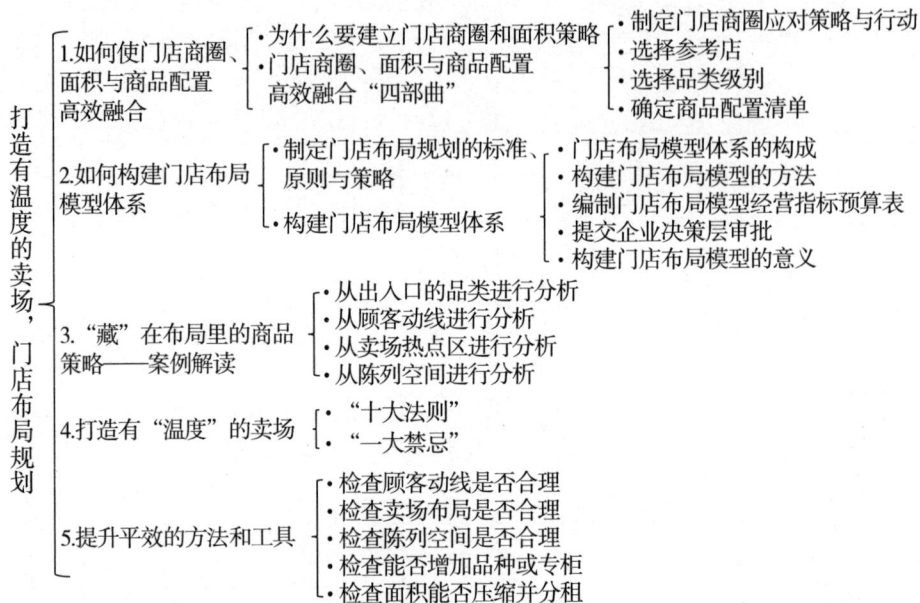

打造有温度的卖场，门店布局规划

1. 如何使门店商圈、面积与商品配置高效融合
- 为什么要建立门店商圈和面积策略
- 门店商圈、面积与商品配置高效融合"四部曲"
  - 制定门店商圈应对策略与行动
  - 选择参考店
  - 选择品类级别
  - 确定商品配置清单

2. 如何构建门店布局模型体系
- 制定门店布局规划的标准、原则与策略
- 构建门店布局模型体系
  - 门店布局模型体系的构成
  - 构建门店布局模型的方法
  - 编制门店布局模型经营指标预算表
  - 提交企业决策层审批
  - 构建门店布局模型的意义

3. "藏"在布局里的商品策略——案例解读
- 从出入口的品类进行分析
- 从顾客动线进行分析
- 从卖场热点区进行分析
- 从陈列空间进行分析

4. 打造有"温度"的卖场
- "十大法则"
- "一大禁忌"

5. 提升平效的方法和工具
- 检查顾客动线是否合理
- 检查卖场布局是否合理
- 检查陈列空间是否合理
- 检查能否增加品种或专柜
- 检查面积能否压缩并分租

润物细无声，组织赋能

零售的本质是商品，商品的背后是各个零售商的经营理念、经营策略和经营哲学，是零售的商道。组织赋能是将零售商旗下有着共同目标的团体聚集在一起，运用规则，在实现一个个目标的过程中建立相互信任、相互扶持和彼此赋能的关系。

组织赋能是企业发展过程中必备的一种核心能力。商品精细化运营管理体系的建立，将原来碎片式分布于不同部门的工作职责重新做了梳理，并整合成了一个跨部门合作的体系，赋予团队专业化和系统化的能力，驱动企业整体商品经营管理的进步。商品精细化运营管理体系下的组织赋能包括组织职能、组织绩效、运作标准与流程、培训与带教，以及实施与指导。

第一节　商品精细化运营组织职能构建

商品精细化运营管理体系对上连接企业顶层架构中的战略定位和业务经营策略，中间连接企业的年度经营目标、目标达成路径、激励与绩效，对下直通到各个职能部门的执行，上下贯穿，成为一个有方向、有策略、有目标、有达成路径、有执行的管理体系，聚焦以商品为主导的业务模式，实现跨部门业务的系统化运作与协同。

鉴于商品精细化运营管理体系对业务本质的重构，我认为这是企业夯实业务基础、构建业务部门彼此协作和赋能的前提，对企业差异化经营和竞争力的提升具有突破性的意义，其在商品管理和终端管理过程中所贡献的价值要远远大于企业对这个组织的投入。

商品精细化运营团队可划分为三个独立的团队，即品类规划团队、陈列规划团队和门店商品布局规划团队。无论是单独组建管理团队，还是将商品精细化运营的职能拆分到其他部门的职能之下，都需要对商品精细化运营的职能和职责进行明确清晰定义。本章将商品精细化运营团队作为一个独立的团队，进行组织赋能的解读。

一、商品精细化运营组织的定位

①以专业驱动效率和利润提升的团队。

②全力为采购和营运部门提供支持的团队。

③致力于从根源上解决问题的团队。

④客观地为企业决策层提供建议和对风险预警的团队。

二、商品精细化运营团队的业务职能

（一）品类规划团队的业务职能

①负责收集企业策略并建档保存，为采购部提供商品策略制定时的参考资料。

②准备360度全景分析的资料，统筹相关部门完成360度全景分析，并建档保存分析结果。

③组织品类规划相关的知识与方法培训，召开项目启动会，设定品类规划时间表，跟进各项工作完成。

④为商品策略、品类角色和策略的研讨提供数据和建议。

⑤协助采购完成顾客购买决策树的设定和维护。

⑥统筹各品类采购完成品类规划，输出品类级别。

⑦根据品类级别清单，输出各品类级别销售、毛利、库存的预算参考值。

⑧针对采购交付的品类规划成果，组织测试、评估和推广。

⑨通过品类空间效益分析，为采购负责人和各品类采购提供空间改善建议。

⑩负责品类规划相关流程和报表的编制和修订。

（二）陈列规划团队的业务职能

①根据顾客购买决策树，制定各品类陈列原则。

②制作各品类各级别商品陈列图，并根据更新的品类级别清单更新和维

护陈列图。

③协助采购共同设定各品类陈列图下载时间表。

④编制终端陈列执行指南，并对门店员工进行培训。

⑤定期检查陈列图在门店的执行效果，跟进和解决问题。

⑥通过月度和季度陈列图数据分析，跟进商品动销。

⑦通过监控陈列图商品配置出样率，提升商品有货率（不含总仓缺货）。

⑧通过陈列图管理库存，使其保持在合理水平。

⑨根据不在图商品的处理方案，监控门店的执行情况与处理进度。

⑩负责陈列规划各项流程和报表的编制和修订。

（三）门店商品布局规划团队的业务职能

①制定和维护门店商品布局规划的标准、原则与策略。

②构建门店商品布局模型体系，为门店拓展、布局设计和商品布局规划提供指引。

③编制各类商品布局模型的门店经营指标预算表，为新店和老店提供对标指引，并定期更新。

④为单店实际商圈和面积匹配相应的品类级别，设定商品配置清单，规划门店商品布局。

⑤调研标杆企业和竞争对手的门店布局，探究布局背后的商品经营策略，为管理层输出布局建议。

⑥结合门店业绩表现，进行品类空间、品类布局优化，以持续提升空间利用率和平效。

⑦负责门店商品布局规划相关流程和报表的编制和修订。

三、商品精细化运营组织架构配置

商品精细化运营组织架构配置，根据企业业态类型、经营范围和门店数量的不同而不同。举个例子，A 企业年度销售规模为 35 亿元，门店有 40 家，业态类型为综合超市，门店面积在 2000～5000 平方米。该企业计划设置独立的团队管理商品精细化运营工作，该部门名称被定为商品运营部，与营运和采购两大部门属于并列的关系。A 企业商品运营部组织架构如图 10－1 所示。

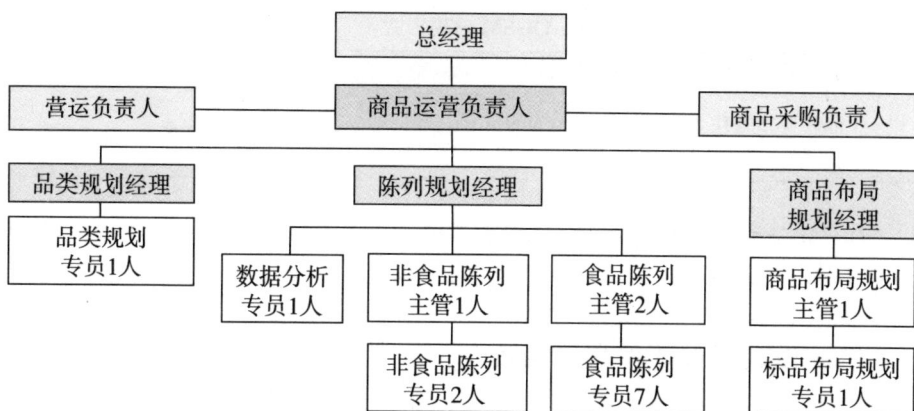

图 10-1　A 企业商品运营部组织架构

因为商品精细化运营工作的专业性较强，企业赋予的定位高，故企业对这三个职能团队的员工，特别是负责人，在专业水平、管理技能、敬业度和责任心上都有着较高的要求，企业在内外部招聘时需要予以关注。

第二节　组织绩效——进取中的脚踏实地

商品精细化运营的职能和职责明确后，就是匹配组织绩效关键业务指标，并赋予相应的管理权限，以确保工作有效落地。

一、OGSM 管理体系

为了使组织绩效与企业经营方向保持一致，并且切实可行，可以在组织内部使用 OGSM 管理体系。其具体含义如下：Objective（O）为战略目的，即要达到的主要目的；Goal（G）为目标，即为达到目的需要实现的具体目标；Strategy（S）为策略，即采取何种策略、措施来实现目标，并且明确目标实现的时间、需要的资源；Measurement（M）为衡量标准，即对目标的完成进行评估的衡量标准，包括量化指标、评估周期、评估频率等。衡量标准应该是明确、可量化、可实现并与目标一致的。

OGSM 表现形式如表 10-1 所示。

表 10 – 1 　　　　　　　　　　OGSM 表现形式

战略目的（Objective）	目标（Goal）	策略（Strategy）	衡量标准（Measurement）
用文字表达要达到什么目的	用数据表达要实现什么目标	用文字表达要怎么做	用数据表达要怎么做

OGSM 是一种有方向、有目标、有策略、有衡量标准、有达成路径的执行管理体系。其不仅适用于企业层面的目标管理，同样适用于部门内部 KPI 管理。

二、设定 KPI 时的思考维度

①根据不同的岗位职能设定不同 KPI，或者不同权重的 KPI。
②确定各项 KPI 的定义与计算公式。
③确定评估 KPI 的数据来源。
④确定 KPI 考核频率，如月度考核、季度考核、年度考核。
⑤提取有关 KPI 的现状值。
⑥设定 KPI 的目标值。
⑦建立对 KPI 的定期检视机制。

三、商品精细化运营各职能组织的 KPI

品类规划团队的 KPI：每年统筹完成品类规划 1~2 次；每年统筹完成公司层级的市场调研至少 2 次；销售额同比增长率；毛利额同比增长率。

陈列规划团队的 KPI：每年针对营运团队开展不少于 4 次的陈列图实施培训；每组货架销售额同比增长率；陈列图商品配置出样率；商品缺货率；下图商品库存占比（关注下图商品库存额的降低）。

门店商品布局规划团队的 KPI：每平方米销售额同比增长率；按时间要求完成门店布局的商品规划；按时完成新店、整改店开业后 3~6 个月内的布局回顾及整改方案。

四、商品精细化运营团队的绩效评估

企业处于不同的发展阶段时，对部门内关键业务指标的要求会有不同。A 企业第一年组建商品运营部时对陈列规划经理设定的 2021 年的 OGSM 考评情况，如表 10 – 2 所示。从表 10 – 2 中可以发现，提升货架产出一项在 2021

年没有实施考核，原因是该企业当年才开始实施陈列图管理，当年的重点是完成陈列图在门店的推广、控制缺货和清理下图商品的库存，之后才会把提升货架产出列为重点业务指标。

表 10-2　A 企业商品运营部 2021 年 OGSM 评估情况（考评对象：陈列规划经理）

战略目的（Objective）	策略（Strategy）	衡量标准（Measurement）			目标（Goal）	数据来源
BSC[①]层面	具体策略	衡量指标	指标计算公式	权重	目标值	
提升企业财务表现	提高销售额	销售收入总额	实际完成总销售/总销售指标×100%	10%	参考企业目标	财务中心
	提高利润额	利润总额	实际完成总利润/总利润指标×100%	10%	参考企业目标	财务中心
提升部门业务管理能力	陈列图管理	重点项目达成	完成陈列图在40家老店及全部新店推广	30%	40家老店全部新店	营运中心
	降低缺货率	缺货率	缺货品种数/门店有效品种总数×100%	20%	常规品≤5%必备品≤3%	营运中心
	降低下图商品库存	下图商品库存占比	下图商品库存额/门店总库存额×100%	20%	≤15%	营运中心
	提升货架产出	品类每组货架米效	陈列图商品总销售额/总陈列货架组数	0	陈列图管理实施第一年，暂不考核	营运中心
学习与成长	团队管理	1年以上员工年度流失人数	部门内离职员工数量	5%	2	人力资源中心
		年度培养主管的数量	部门内晋升员工数量	5%	1	人力资源中心

第三节　流程建设在组织管理中的意义

一个组织想要简单、高效运行，想要长远发展，流程建设是必不可少的。虽然这个道理浅显易懂，但很多实体零售企业哪怕已经发展了十几年，仍拿不出一套完整的商品运营和门店管理指南，只有一些指引性的流程碎片化地分布在各个部门里，或者是在当事人的头脑中，口头相传。

商品运营和门店管理至关重要，是零售企业的任督二脉。很多零售企业

①Balanced Score Card，平衡计分卡。

把大部分的精力都投入这两者外在的指标，即销售和利润上了，没有意识到工作流程梳理与落实可以驱动工作效率提升、部门内耗降低、审批流程简化等，也是利润的来源。更值得思考的是，有些零售企业在强调节省成本、降低费用时，却忽略了流程不清、职责不明所造成的工作重复，部门之间相互推脱，工作失误反复发生等无形管理成本的消耗是更大的损失。

企业的流程建设是在业务操作中一点一滴经验的积累，是对工作细节精益求精的打磨与优化，虽不是一朝一夕速成，但一旦达成就能以润物细无声之势为组织造血和赋能。

流程建设对企业的意义有以下几点。

一是规范管理，提高工作效率。

二是提供工作质量和准确率，减少失误和重复出错。

三是提高执行力，减少内耗。

四是不断优化和简化，使业务精益求精，降低成本，增加效益。

五是从依靠外力到积蓄内力，降低员工流失对工作造成的负面影响。

六是提高快速复制优秀案例和经验的能力。

七是明确权责，减少重复，促进团队间协作。

流程设定的三个准则包括操作步骤简单化、操作细节专业化、数字衡量标准化。

一是操作步骤简单化。流程要具备可执行性，首先要使用简明的语言来表达，不超过 8 个步骤，并尽可能使用表格来管理。删除流程中不必要的修饰语言、等待时间、重复活动，以及不必要的协调、检验和审批环节。

二是操作细节专业化。细节上的专业化是流程的关键点。在专业上，描述流程要知无不言、言无不尽。学习流程时要知其然也知其所以然。工匠精神都是靠几十年如一日在细节上的坚持和执着磨出来的。企业的管理层需要躬身入局，教会员工在流程、指南面前保持敬畏之心。

三是数字衡量标准化。流程中所使用的数字要标准化，做到可衡量，如需要什么资源、需要多长时间、做到什么程度、需要谁参与、需要谁审批等。星巴克在数字标准化上就有着非常细化的可衡量的标准。比如，一小时服务 220 位顾客，顾客结算后 3~5 分钟能拿到咖啡，卡布奇诺的牛奶煮 6~8 秒，以及超过半小时的咖啡要倒掉等。

在一个优秀的企业中，团队的反思和转化成流程的强大能力，以及在行动上的高效执行，是赋能组织企业快速成长，并为高速发展蓄势的关键。

第四节　终端赋能体系的构建

终端承接着企业中大部分经营策略和规划的落地执行工作，大部分目标也是在门店得以实现并输送回总部的。目标能否达成、达成目标的速度、达成目标的质量，以及达成目标所消耗的成本，都与终端的执行团队有着密切的关系。

很多企业传导给门店的是企业要什么结果或目标，门店要怎样配合、怎样执行，在过程中可能还会通过各种方式指出门店哪里做得不好、不到位等，对于为了实现这些目标要给门店投入什么资源，门店是否有方法、有工具，遇到问题找谁解决等却没有过多关注，这属于典型的只索取目标达成型组织。在这种情况下，有的目标在执行后宣告失败，也有的目标虽然实现了，但是完全靠团队的领导者凭借个人能力杀出一条血路，在事倍功半的情况下完成的目标。

也有很多企业立足于基础建设的夯实，在向门店传导企业的目标时会不断为门店赋能，通过提升团队整体素质与能力，确保目标实现，驱动企业健康和长远发展。

商品精细化运营管理体系不仅强调起步于以终为始的源头规划，同样注重终端执行团队的组织赋能建设。商品精细化运营终端赋能体系原创模型如图 10 − 2 所示。

图 10 − 2　商品精细化运营终端赋能体系原创模型

终端赋能体系包括以下内容。

第一，建立清晰的职责、权限、业务指标与绩效激励的组织职能体系。

第二，树立标杆，打造品类规划实施的样板店。在目标完成的过程中，通过先树立实施的标杆样板店，给其他门店提供参考借鉴，实现以点带面。

第三，建立流程、标准等工具指引团队，将商品精细化运营管理体系植入总部和门店的运营体系。

商品精细化运营管理体系从品类规划、陈列规划、布局规划和组织赋能四个独立而又彼此关联的领域入手，打通商品从源头策略规划到门店终端落地执行的业务环节，通过指引与流程的建立，实现有标准可参考、有方法可指引、有工具可使用、有数据可评估，加上持续对员工进行培训，驱动效率提升和目标达成。商品精细化运营管理体系相关指引与流程清单如表 10-3 所示。

表 10-3　　　　商品精细化运营管理体系相关指引与流程清单

序号	指引类名称描述	流程类名称描述
1	企业构建业务方向与指导思想的清单	品类规划与回顾流程
2	构建商品策略的思考清单	竞争对手调研流程
3	品类规划全过程思考清单	商品组合流程
4	各品类顾客购买决策树	新品准入评估流程
5	商品陈列指南	淘汰商品退场流程
6	门店布局原则与策略指引	陈列图规划流程
7	品类级别与门店空间分配指引	陈列室商品进出管理流程
8	参考店选择标准	品类级别构建流程
9	新店商品配置指引	滞销商品管理流程
10	陈列图执行原则与指引	不在图商品管理流程
11	平效提升指引	门店布局调整流程

第四，建立培训体系。通过持续培训，从思想、专业知识和行动上传授团队各种各样完成任务的方法，提高团队的敬业度、专业能力和战斗力。商品精细化运营管理体系在整个规划过程中覆盖的培训课程、主讲部门和学习部门提炼如下，其中有大部分课程可以赋能营运终端提升对商品、陈列和布局的管理能力。商品精细化运营管理体系下的成长培训课程如表 10-4 所示。

表 10 - 4 　　　　　　　商品精细化运营管理体系下的成长培训课程

课程名称	主讲部门	学习部门
商品精细化运营	商品运营部	采购部、营运部、陈列部、商品运营部
如何进行市场调研和有效竞争	商品运营部	采购部、营运部、陈列部、商品运营部
如何设定品类角色与品类策略	采购部	采购部、商品运营部
品类规划	采购部	采购部、陈列部、商品运营部
商品全过程管理	采购部	采购部
供应商管理	采购部	采购部
商品预算规划与分解	采购部	采购部
商品陈列指南	陈列部	采购部、营运部、商品运营部
门店布局策略	商品运营部	采购部、营运部、陈列部、商品运营部
零售数学—销售管理	"采购部 + 营运部"	采购部、营运部、商品运营部
零售数学—利润管理	"采购部 + 营运部"	采购部、营运部、商品运营部
零售数学—库存管理	商品运营部	采购部、营运部、商品运营部
数据分析的力量	商品运营部	采购部、营运部、陈列部、商品运营部
高效巡店	"采购部 + 营运部"	采购部、营运部、陈列部、商品运营部

第五，建立店长问题反馈渠道，保持其畅通高效。当门店对商品、陈列和门店布局有任何的意见和建议，或遇到任何困难和问题时，都可以拨打店长热线或者向在线客服反映问题和寻求帮助，由客服根据问题属性分发给总部相应的部门跟进和解决。

解决问题的主要步骤如下：明确问题；拆解问题，找到问题的根源；寻找解决问题的方法；实施行动；确认成效；总结回顾，萃取经验，把成果转化成流程。

赋能型组织突出的不是个人英雄，而是整个团队。终端赋能体系的建立，使团队在达成目标的动力下，有榜样激励、有方法、有工具执行，而且有接收和聆听一线声音的渠道，使终端和总部之间的沟通渠道更短、更直接，反馈问题和解决问题的速度更快。在解决问题的过程中，总结和萃取案例经验，又会促动总部和终端对各自业务流程不断优化，促使组织不断进步与成长。

第五节　透过差异管理赋能终端业绩提升

在没有实行商品精细化运营管理之前，因为没有品类级别，商品配置也没有标准，很难将具有同类属性和特点的门店进行对比和分析。比如，同样用4组货架陈列茶饮料的门店，其内部经营的商品和商品在货架上摆放的位置却有着或大或小的不同。商品精细化运营实施后，使用同一品类级别的门店的商品配置都是相同的，由此产生的数据和结果就具备了比较的意义。

一、差异管理的定义

所谓差异管理，就是通过对具有相同特征的群组进行各项指标对比，找出其中的差异，并对异常的结果进行分析，在追溯差异原因的过程中寻找终端业绩提升的方法。对比指标时分纵向对比和横向对比。用自己当前的数据与自己历史的数据比较，就是纵向对比。横向对比就是用自己的数据与同期兄弟店的数据比较、与区域汇总的数据比较，直到与全国汇总的数据进行比较。

二、门店分析的细分维度

随着门店数量的增加，对门店进行细分的维度也越来越多，整体上可以按门店基础信息细分、按位置细分、按商圈细分和按 KPI 细分四个部分，具体如图 10－3 所示。

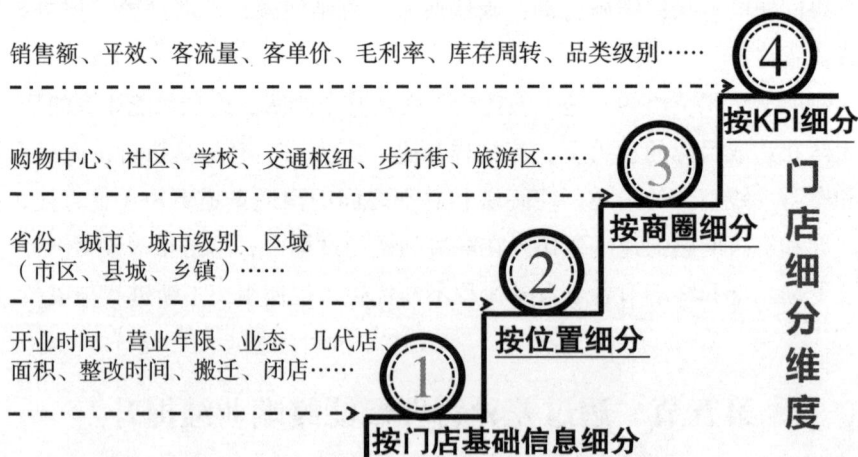

图 10－3　门店细分维度

三、统一数据口径，建立细分数据可视化管理报表

很多企业在数据报表的管理上会存在一个问题，就是缺少统一的业务报表，相同的数据不同的部门都在提取和使用，但数据信息提取的标准不统一，数据信息的输出口较分散。因此，需要企业内部统一数据分析模型和思路，增加过程管理指标，这样可以对问题快速追踪和溯源。另外，基础数据报表可由 IT 部门开发为标准模板，以系统自动生成的形式每日更新，相关部门经过授权后可以即时查看。如此，企业不仅统一了数据的口径，也提高了工作效率，甚至可以节约人力成本。

门店细分数据可以分为综合经营指标数据和品类经营指标数据，相关可视化分析模板如表 10 - 5 和表 10 - 6 所示。

表 10 - 5　　　　　门店综合经营指标可视化分析模板

店号				
门店名称				
开业日期				
商圈类型				
门店面积（平方米）				
销售额（万元）				
销售达成率（%）				
同比增长（%）				
平效销售额/面积（万元/平方米）				
客流量（万人）				
客流量同比（%）				
客单价（元）				
客单价同比（%）				
毛利率（%）				
动销率（%）				
库存周转天数				
整改/迁址/闭店日期				
门店地址				

表 10 - 6   **门店品类经营指标可视化分析模板**

店号					
门店名称					
开业日期					
商圈类型					
门店面积（平方米）					
销售额（万元）					
销售达成率（%）					
同比增长（%）					
毛利率（%）					
SKU 总数量（个）					
陈列图货架总数（组）					
米效［销售额（元）/组］					
××品类	货架组数（组）				
	销售额占比（%）				
	销售额同比（%）				
	毛利率（%）				
××品类	货架组数（组）				
	销售额占比（%）				
	销售额同比（%）				
	毛利率（%）				
……	……				

以上报表可以按月度、季度和年度进行使用。如果管理者想看得更细致、更深入，还可以从盈亏的角度进行差异对比分析，在报表中添加门店员工人数、人效、门店费用、费销比、净利润等指标，具体可以根据企业自身的需求进行调整。

四、如何透过差异管理赋能终端业绩提升

如表 10 -7 所示，以某企业的 8 家专卖店为例，在区域相同、商圈相同、面积近似的情况下，通过对其综合经营指标的分析，了解如何透过差异管理挖掘提升终端业绩的机会。

表 10 – 7　　　　　　　　某企业门店综合经营指标可视化分析

店铺名称	开店日期	商圈形式	面积（平方米）	年均销售额（万元）	销售达成率（%）	销售额同比（%）	年平效（万元）	客流量（万人）	客流量同比（%）	客单价（元）	客单价同比（%）	毛利率（%）
A001	2015/5/15	临街商铺	498	627	112.0	24	1.26	2.6	18.5	237	2.6	30
A002	2017/5/1	临街商铺	466	416	89.0	– 10	0.89	2.1	– 4.5	197	– 6.2	34
A003	2013/8/18	临街商铺	482	556	102.0	10.9	1.15	2.4	3.9	236	6.7	26
A004	2013/6/30	临街商铺	420	459	92.0	– 5.8	1.09	2.1	– 11.0	219	5.8	35
A005	2017/3/18	临街商铺	463	435	91.0	– 1	0.94	2.3	2.6	191	– 3.5	31
A006	2014/9/28	临街商铺	456	405	90.0	5	0.89	2.0	8.0	200	– 4.3	30
A007	2017/6/19	临街商铺	438	498	94.0	9.3	1.14	2.3	7.0	216	2.4	28
A008	2015/5/18	临街商铺	490	517	96.0	3	1.06	2.5	6.2	209	– 2.0	31

在综合经营指标的分析思路上，首先找到各项指标的平均线，再将距离平均线上下差异较大的指标标识出来，按80/20法则确定优先性，然后开始调查差异的原因。影响门店销售的因素比较多，排除门店附近修路、房屋拆迁或周边人口外迁等无法掌控的因素后，将重点放在商品配置、陈列、缺货、服务和人才等方面进行分析和跟进。找差异，差异是问题所在，也是提升的机会。

1. 在商圈相同、面积近似的情况下，寻找门店销售差异的原因

8 家门店的平均面积约为 464 平方米，年度平均销售额约为 489 万元。由此 A002、A005 和 A006 店作为销售额低于平均线较多的门店可以定义为销售差异要跟进的目标。

2. 进一步关注过程指标客单价

这 8 家店的平均客单价约为 213 元，显然 A002、A005 和 A006 店在客单价上都出现了问题，需要关注促销选品、陈列搭配，以及员工的销售知识和技巧。

3. 关注客流量指标

A002 和 A004 店都分别出现了不同程度的客流量下跌，而这两家店的毛利率却高出平均线，需要调查毛利率高的原因，同时考虑是不是价格和服务的问题导致顾客流失。

4. 关注毛利率指标

在分析毛利率指标时发现，A003 和 A007 店虽然销售同比增长、客流和客单价都表现不错，但毛利率只有26%和28%，需要调查毛利率低的原因。

5. 关注销售达成

在销售达成上，A007店同比增长已达9.3%，但其销售达成只有94%，存在预算定高了的可能。

在品类经营指标的分析思路上，首先找出有问题的品类，再向下细挖商品层面出现的问题。主要围绕问题品类今年与去年同期畅销商品的售价、销售数量，供货是否稳定，以及库存量能否支持周期的销售等。

门店细分体系的建立使得门店在所属标签下，具备了对同类群组指标差异进行追溯的基础。企业不仅可以对同类群组中落后的门店进行跟进，还可以对门店的个别落后指标跟进，帮助门店挖掘提升业绩的机会。

如果说品类规划、陈列规划和门店商品布局规划构建了一个铁三角，这个铁三角解决的是商品精细化运营的机制怎样运转的专业问题，那么组织赋能所解决的则是商品精细化运营管理体系运转的效率有多高和能走多远的问题。

商品精细化运营管理体系的构建将企业打造商品的能力对上链接到顶层架构设计，对下贯穿到终端门店的切实执行，使企业聚焦在以商品为主导的业务模式下，实现业务的跨部门系统化运作与协同，如图10-4所示。

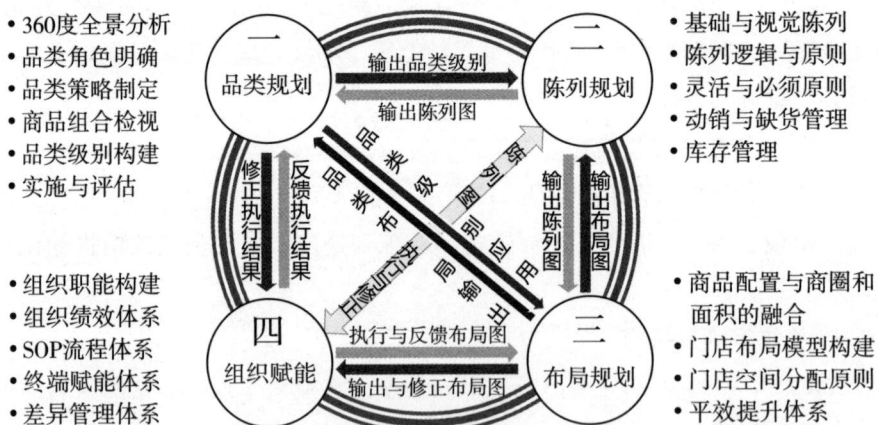

图10-4 商品精细化运营体系原创模型

商品精细化运营管理体系通过品类规划、陈列规划、布局规划和组织赋能四个核心要素的彼此赋能，从360度全景分析、品类角色明确、品类策略制定、商品组合检视、品类级别构建，以及品类规划实施与评估，将商品精细化夯实在商品管理的各个业务环节，并通过陈列规划与布局规划，实现了商品配置与门店商圈、面积和执行的有效融合，驱动管理效率和商品效能的提升。商品精细化运营管理体系的有效实施是连锁企业对差异化竞争壁垒的直接打造。

第十章　思维导图

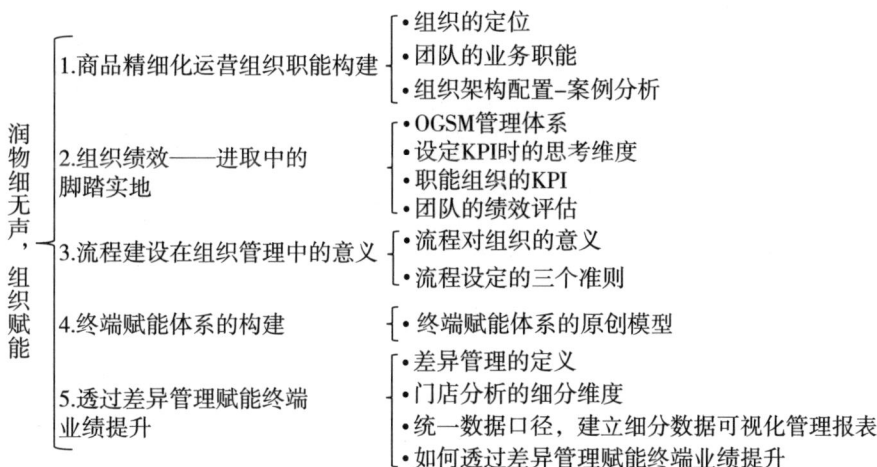

润物细无声，组织赋能

1.商品精细化运营组织职能构建
- 组织的定位
- 团队的业务职能
- 组织架构配置-案例分析

2.组织绩效——进取中的脚踏实地
- OGSM管理体系
- 设定KPI时的思考维度
- 职能组织的KPI
- 团队的绩效评估

3.流程建设在组织管理中的意义
- 流程对组织的意义
- 流程设定的三个准则

4.终端赋能体系的构建
- 终端赋能体系的原创模型

5.透过差异管理赋能终端业绩提升
- 差异管理的定义
- 门店分析的细分维度
- 统一数据口径，建立细分数据可视化管理报表
- 如何透过差异管理赋能终端业绩提升

商品精细化运营实施案例
与标杆企业运作分析

第一节　某大型连锁便利店实施案例解读

一、项目背景

Y企业在线下拥有1000多家连锁便利店，门店面积从几十到上百平方米不等。2020年开始，企业业务发展遇到瓶颈，商品跟不上市场发展趋势，总部与门店在商品配置上的分歧也逐渐加大，商品精细化运营项目在此前提下产生。

二、项目目的

一是通过品类规划，更新升级现有的商品结构，内部优化滞销品，外部持续引进新品，强化重点商品销售，使品类更能满足消费者需求，进而提升销售额和利润。

二是协助Y企业培养一个专业的商品运营团队。

三、现状诊断

一是同大多数经营多年的零售企业一样，Y企业也遭受着商品信息建档和归属混乱，以及无效商品资料庞大导致数据系统效率低下等问题。如果要在源头打好基础，先要做的就是修订品类层级，剔除无效商品，更新主数据商品资料库。

二是缺乏对商品的系统性规划和总体策略，缺乏清晰的品类角色与策略；新品引进、商品的优胜劣汰跟进不及时；缺少关键业务流程，对于商品的滞销、不动销、下图商品如何退场，以及不在图商品如何跟进等没有跨部门业务操作指引。

三是缺乏市场调研及更新淘汰机制，体系内的商品偏传统，新品上架时间通常晚于市场其他零售商，急需根据品类的市场发展趋势，对现有商品进行更新迭代、吐故纳新。

四是数据分析以阐述结果为主，缺乏对结果背后的过程管理指标的分析。

五是缺乏有效的商品配置机制来满足商圈和面积多样化的需求。

六是总部和各地市营运的人力资源不足，定岗、定权和定责机制不明确；零售运营管理方面的知识和经验需要加强，从营运端自身来看，即使就企业现有商品的运营管理而言，也有较大的提升空间。

七是门店商品布局和陈列在关联和空间的有效利用上需要改善。

八是门店货架缺货较多，需要考虑如何降低缺货率。

四、商品精细化运营整体方案构建

在可行性调研和诊断结束后，进入解决方案的定制阶段，商品精细化运营的解决方案会根据每个企业的经营环境量身定制。基于 Y 企业的现状，商品精细化运营的方案做了大胆改变，即将往日从商品端先切入，完成商品调整后再在营运门店实施的规划，调整为从商品端和营运端同时切入，在不改变商品的状态下，从门店经营水平的提升上入手先打造第一批样板店。待商品端的规划完成后，再在门店实施品类规划结果的测试，启动第二批样板店的打造工作，以点带面在体系内推广。项目关键驱动点和过程管理清单如表11 –1 所示。

表 11 –1　　　　　　　　项目关键驱动点和过程管理清单

序号	项目关键驱动点	过程管理
1	组建项目组，完成初期任务清单	完成内部闭门会议、培训、项目初期的调研工作任务
2	建立企业内部数据分析体系	确定数据提取和分析的业务规则，建立 9 份数据分析模板
3	对外市场调研，对内提取数据分析	完成对当地市场知名便利店的调研，完成数据的提取与分析
4	商品精细化运营整体解决方案培训	完成商品精细化运营整体解决方案的专属培训
5	第一阶段营运工作开始——打造样板店	完成样板店的选择、培训、订货，商品布局和陈列调整

序号	项目关键驱动点	过程管理
6	根据数据研讨品类角色和策略	确定品类角色和品类策略
7	制定业务规则	明确核心、必备和长尾商品的定义，制定新增和淘汰商品的规则
8	构建品类级别	完成各品类级别商品清单的设定
9	确定要引进的新品和淘汰的旧品	完成新品的洽谈和引进，以及旧品的淘汰工作
10	门店商品布局规划	门店空间分配原则和体系的建立、商圈分析体系的建立
11	陈列规划	• 各品类商品陈列指南的建立（附陈列原则与陈列图片） • 建议使用陈列图系统规划陈列图 • 动销跟踪体系、下图商品退场策略建立
12	第二阶段营运工作——样板店的打造	每个地市 2 家样板店，实施品类级别的测试，为推广做准备
13	商品运营部的建立（可选项）	商品运营部组织架构、岗位职责、绩效指标的建立
14	商品精细化运营推广	目标区域按时间进度完成品类级别的选择、订货、布局图与陈列图的调整工作
15	建立市调体系	竞争对手调研档案的建立与应用
16	门店空间管理信息库建立	空间管理信息库档案的建立与应用
17	业务流程与报表工具建立	业务管理辅导手册建立
18	商品精细化运营管理体系交付	商品精细化运营管理体系交接清单，项目负责人签字确认

五、现场辅导与实施

项目实施分三个阶段。第一阶段在保持门店原有的商品状态不变的情况下，通过内部运营能力的提升启动第一批样板店的打造，商品端的品类规划也同步启动。待品类规划完成后，启动第二阶段，执行新的商品规划，在营运端打造第二批样板店。第三阶段是向所有门店推广。商品精细化运营实施路径如图 11 - 1 所示。

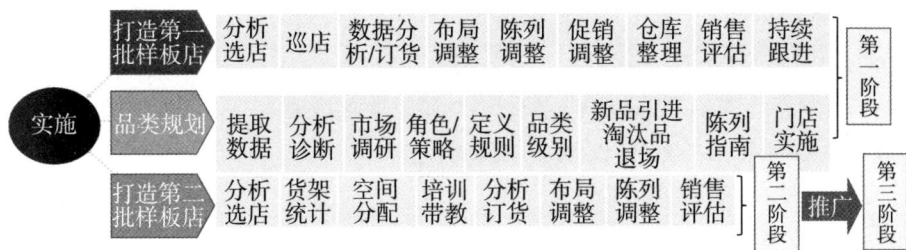

图 11 - 1　商品精细化运营实施路径

（一）第一阶段营运端：打造第一批样板店

1. 选择第一批样板店

Y 企业总部所在城市共有 81 家门店，经项目组与管理层讨论，分别从大、中、小三种面积类型的门店中选出三家代表门店作为样板店。A 门店 200 平方米，B 门店 90 平方米，C 门店 40 平方米，三家门店均开业 5 年以上。

2. 制订第一批样板店实施计划

第一批样板店打造的任务由项目组主导，门店店长配合，计划在 20 天内完成。第一批样板店实施计划如表 11 - 2 所示。

表 11 - 2　　　　　　　　　　　第一批样板店实施计划

序号	详细内容
1	项目组完成各个样板店的巡店，掌握内部商品布局、货架和商品的情况
2	项目组定义必备和核心商品，完成样板店核心商品清单的提取。整个企业，综合贡献率排名前 80% 的商品，加上战略合作的品种为必备商品；以所在城市为基础，综合贡献率排名前 80% 的商品，为地市核心商品；门店现有商品综合贡献率排名前 80% 的商品，为门店核心商品
3	项目组根据各样板店在售商品的销售表现，完成样板店商品的选品
4	项目组召开样板店店长沟通会，明确实施步骤和职责，并为店长答疑解惑
5	项目组与店长确认各样板店商品经营目录
6	店长完成各样板店的商品订货、淘汰和临期商品退货、调转、促销清仓或留店销售
7	项目组根据品类空间分配原则，完成门店商品布局图的调整方案，并与店长确认
8	样板店人员培训（样板店打造计划/选品/补货/陈列/促销/客单提升）
9	项目组制订现场支持计划，并根据商品到货时间，确定到各个样板店现场支持的时间
10	商品到货，项目组辅导各样板店完成商品布局与陈列调整

序号	详细内容
11	规划店内、店外的促销位，重新按品类关联调整促销商品的陈列
12	选择适合陈列在收银台处的商品，调整收银商品的陈列
13	项目组跟进样板店商品补货
14	按周跟进样板店的销售评估
15	样板店实施总结与修正

3. 召开样板店店长沟通会及沟通的内容

建立样板店管理沟通群，召开店长会议，培训如何进行样板店的打造，并为店长答疑解惑，包括以下几个问题。

为什么所在门店会被选中为样板店？

一是门店具有增长和发展的潜力。

二是企业领导认同店长过往的表现，期望通过样板店的建立，提升门店经营业绩和管理水平，为其他门店树立榜样。

对门店的影响有哪些？

样板店建立期间，项目组会协助店长提升门店运营标准、培训零售管理技能，针对必备和核心商品协助补货，协助完善门店布局调整，协助现场陈列调整，从而提升销售额。

店长要做什么？

一是店长与项目组核对门店更新的布局图是否可行。

二是根据项目组下发的必备商品、核心商品清单，审阅必备和核心商品的身份是否"属实"，排除偶发的团购和清仓商品进入核心商品圈。

三是核实系统中库存显示两个以下的商品的真实库存是否准确，修正系统中不正确的库存数据。

四是完成门店商品的补货。

五是到货前，门店整理好仓库，预留出空间存货、提前做好货架的清洁、提前准备货架标签的物料。

六是完成临近效期商品的跟进和过期商品的清理。

4. 第一批样板店计划实施后的结果

第一批样板店计划实施后的结果如表 11 - 3 所示。

表 11 - 3　　　　　　　　　第一批样板店计划实施后的结果

样板店	调整后 30 天销售额同比增长（%）	调整后 60 天销售额同比增长（%）
A 门店	204.64	153.77
B 门店	55	59
C 门店	144.84	93.21

样板店计划实施后所取得的业绩提升极大地增强了管理层、项目组和营运团队对于项目的信心，而取得业绩增长的关键原因在于将运营管理工作重心回归到了以商品为基础这一经营要点上。根据品类业绩表现重新分配陈列空间、调整正常货架的商品陈列、促销位的商品陈列和收银台处的商品陈列，并保持了稳定的库存。

（二）第一阶段商品端：品类规划

（1）梳理并更新商品主数据库。无效商品资料较多会影响主数据库的运作效率。在对库存为零，且 2020 年全年无库存变化的商品数据进行备份后，将其移出主数据资料库。对当下系统中有库存数量，但 2020 年无任何销售的商品进行实物盘点，去虚留实，在数据端实行轻装上阵。

（2）修订品类结构，其也称商品组织结构。

（3）建立品类数据分析体系，设定分析模板，提取数据。

（4）制定各品类角色和策略：通过市场调研、品类历史数据分析和品类发展趋势分析，确定各品类的角色和策略。

（5）从多个维度对品类进行分析。一是从品类结构上进行分析；二是从货源结构上进行分析；三是从供应商结构上进行分析；四是从毛利结构上进行分析。

（6）定义业务规则相关内容。一是必备商品，指整个企业商品综合贡献率前 80% 的商品，再加上企业的战略合作品种；二是核心商品，指除必备商品外，各大类综合贡献率前 80% 的商品；三是选备商品，指除核心商品外，各中类综合贡献率前 80% 的商品；四是长尾商品，指各大类综合贡献率排名后 5% 的商品；五是商品淘汰原则，即长尾商品中，将毛利率低于品类平均毛利率，同比销售连续两年负增长或当年负增长 10% 及以上，功能、规格和价格等重复的商品归入淘汰类别（见图 11 - 2）；六是新增商品逻辑，即通过市场调研和内部品类分析，确定新增商品逻辑（见图 11 - 3）。

食品				百货		
综合贡献率	95%	5%		综合贡献率	95%	5%
SKU占比	27%	73%		SKU占比	14%	86%
毛利率	20.7%	21.2%		毛利率	22.5%	23.5%
SKU数量	626个	1692个		SKU数量	132个	810个

长尾待优化商品

商品淘汰原则：
- 毛利率低于品类平均毛利率
- 同比销售连续两年负增长
- 或当年负增长10%及以上
- 功能、规格和价格等重复

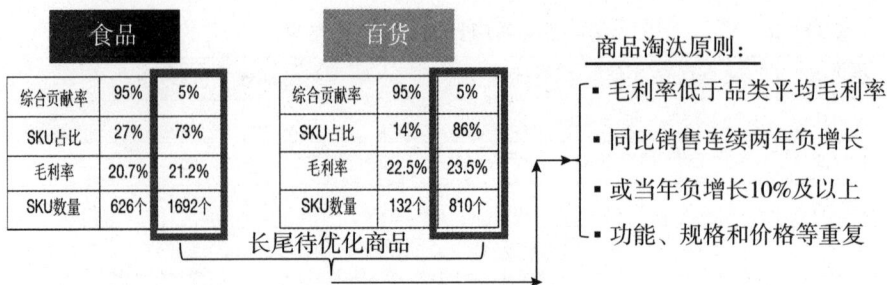

图 11 - 2　商品淘汰示例图

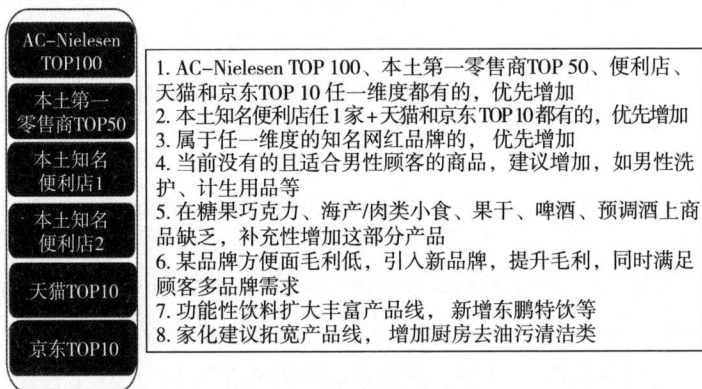

AC-Nielesen TOP100
本土第一零售商TOP50
本土知名便利店1
本土知名便利店2
天猫TOP10
京东TOP10

1. AC-Nielesen TOP 100、本土第一零售商TOP 50、便利店、天猫和京东TOP 10任一维度都有的，优先增加
2. 本土知名便利店任1家+天猫和京东TOP 10都有的，优先增加
3. 属于任一维度的知名网红品牌的，优先增加
4. 当前没有的且适合男性顾客的商品，建议增加，如男性洗护、计生用品等
5. 在糖果巧克力、海产/肉类小食、果干、啤酒、预调酒上商品缺乏，补充性增加这部分产品
6. 某品牌方便面毛利低，引入新品牌，提升毛利，同时满足顾客多品牌需求
7. 功能性饮料扩大丰富产品线，新增东鹏特饮等
8. 家化建议拓宽产品线，增加厨房去油污清洁类

图 11 - 3　新增商品逻辑

（7）根据业务原则，淘汰滞销品、新增结构缺失的商品和市场上的新品，Y 企业商品组合模式如图 11 - 4 所示。

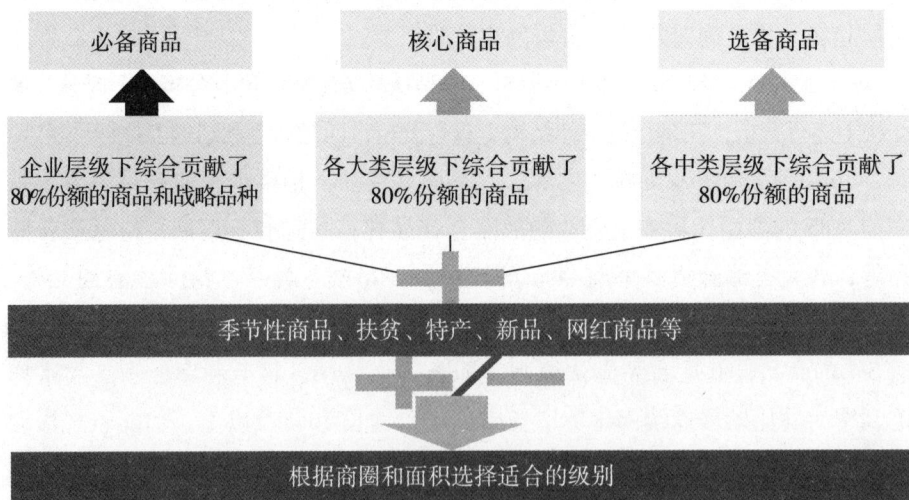

必备商品	核心商品	选备商品
企业层级下综合贡献了80%份额的商品和战略品种	各大类层级下综合贡献了80%份额的商品	各中类层级下综合贡献了80%份额的商品

季节性商品、扶贫、特产、新品、网红商品等

根据商圈和面积选择适合的级别

图 11 -4　Y 企业商品组合模式

（8）根据商品组合，构建品类级别，级别中分别是货架组数和 SKU 数量。Y 企业各品类对应的品类级别如图 11 - 5 所示。

酒类	水/饮料	休闲食品	粮油副食	日配	百货
白酒	水类	饼干糕点	食用油	冷藏饮料	个人护理
葡萄酒	碳酸饮料	膨化食品/海苔类	米/面	冷藏乳制品	纸制品
啤酒	果汁饮料	糖果/巧克力/果冻	调味品	便当类	清洁/消毒品
洋酒	茶饮料	坚果/炒货	腌菜	新鲜糕点	家庭用品
特种酒	功能饮料	果干蜜饯果仁	方便食品		家电
	植物蛋白饮料	肉类小食	包装熟食		家纺
	含乳饮料	海产小食	南北干货		母婴系列
	常温液态奶				宠物食/用品

酒类

级别一	3组/75个
级别二	4组/100个
级别三	6组/150个

水/饮料

级别一	1组/80个
级别二	2组/140个
级别三	3组/200个

休闲食品

级别一	8组/240个
级别二	10组/300个
级别三	12组/360个
级别四	14组/420个

粮油副食

级别一	3组/90个
级别二	4组/120个
级别三	6组/180个
级别四	8组/240个

日配

级别一	1组/20个
级别二	2组/40个
级别三	3组/60个

百货

级别一	1组/30个
级别二	2组/60个
级别三	3组/90个
级别四	4组/160个

图 11 - 5　Y 企业各品类对应的品类级别

（9）设置商品陈列室，现场试陈列，根据顾客购买决策树设定各品类陈列指南及相关业务流程。

（10）为了有效降低缺货率，在采购、物流和门店分别增设了三个维度的业务指标。

一是总仓应有货而没有，该指标考核采购的订货能力。二是总仓有货未配或少配送至门店，该指标考核物流中心的配送能力。三是门店应订货而未订或漏订，旨在通过对过程指标的管理，降低缺货所产生的销售损失和对顾客服务的影响。

以上 10 项任务完成，意味着商品端的品类规划工作完成，可以应用新的商品规划，启动第二批样板店打造的准备工作了。

（三）第二阶段营运端：打造第二批样板店

1. 样板店打造步骤与工具

（1）选店。

每个地市各选出两家门店作为样板店，共 22 家门店。完成 22 家门店各

品类过往 12 个月销售额、销售量和毛利额数据的提取，统计各品类在各门店
陈列的货架组数，并准备好各门店布局图。

（2）在总部举行打造第二批样板店的培训，现场带教完成关键任务。

- 如何根据样板店商圈和面积选择各品类的级别。
- 门店与品类级别有差异的货品如何跟进。
- 根据销售和品类发展趋势，分配样板店各品类的陈列空间。
- 在陈列室现场讲解陈列原则和陈列指南。

（3）商品订货。

（4）准备或订购货架和配件。

（5）门店布局和货架陈列调整、收银台调整、促销位商品调整。

（6）样板店销售评估与跟进。

第二批样板店 2021 年 4 月 26 日完成调整，截至 2021 年 5 月 31 日，第二
批样板店日均销售额对比调整前增长了 59%。而同期企业整体的日均销售额
环比下降了 4%，客流量下降了 7%。第二批样板店调整前后的销售情况如图
11-6 所示。

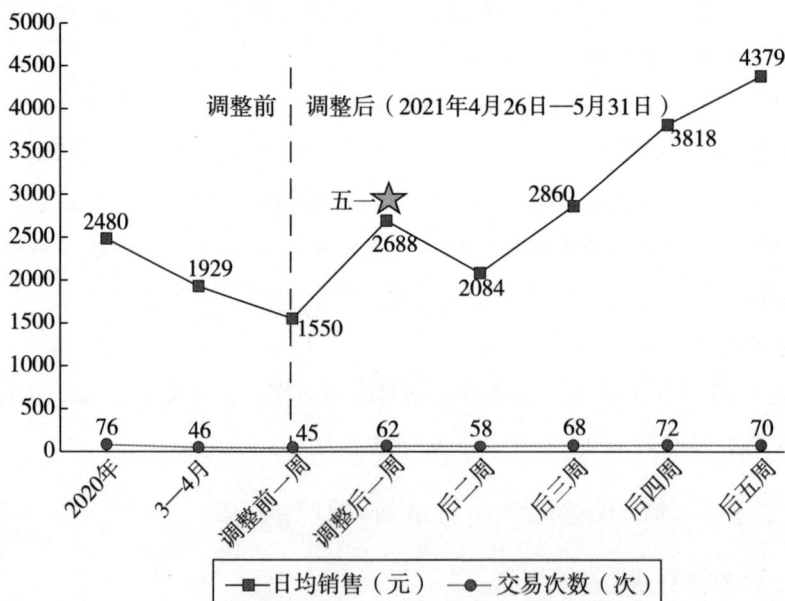

图 11-6　第二批样板店调整前后的销售情况

2. 样板店销售趋势分类分析

（1）结果和过程都逐步上升的门店——保持并萃取经验，作为学习和复制的标杆（见图 11－7）。

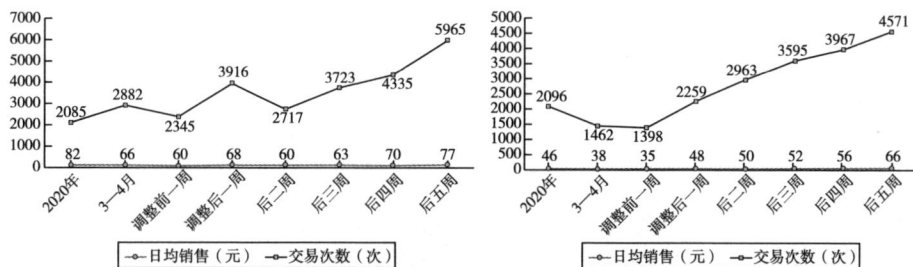

图 11－7　结果和过程都逐步上升的门店趋势

从趋势图中可以看出，这类型门店过程和结果的曲线在起伏中逐步向上发展，管理人员都非常重视样板店打造，且严格按门店商品配置订货，并能及时补货和陈列，门店的增长相对良性。这类门店可作为样板店的研究案例，进行经验萃取，如经验具备可复制性，则可作为其他店学习的标杆。

（2）结果上升，过程逐步由上升转为下降的门店——马上寻找下降的原因，并予以修正。

这类型门店，拉长周期来看，销售情况整体呈上升趋势，但渐渐上升动力不足，开始下滑，这类门店的销售额在调整后冲上一个高峰即开始下行（见图 11－8），需要特别留意商品的补货、陈列和促销，避免前期的胜利战果被蚕食掉。

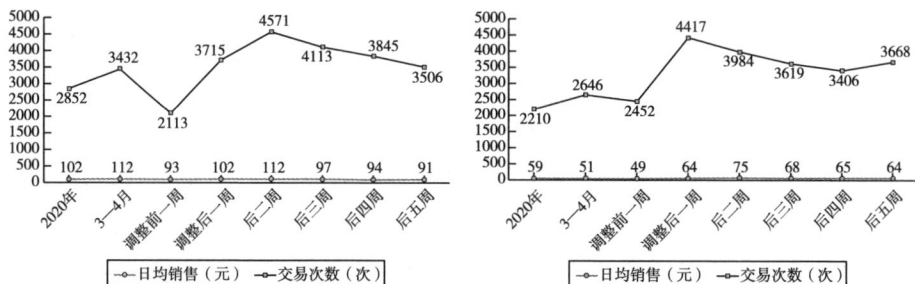

图 11－8　结果上升，过程逐步由上升转为下降的门店趋势

（3）结果下降，过程逐步上升的门店——持续关注订货、陈列。

这类型门店从 5 月与 3—4 月的环比结果看，并未呈现出正向增长，但从每周的销售数据来看，整个过程呈现出不断向上的积极趋势（见图 11-9）。该类门店需要继续按前期所调整的品类级别，进行商品订货、补货、陈列，并执行企业体系下的营销方案。

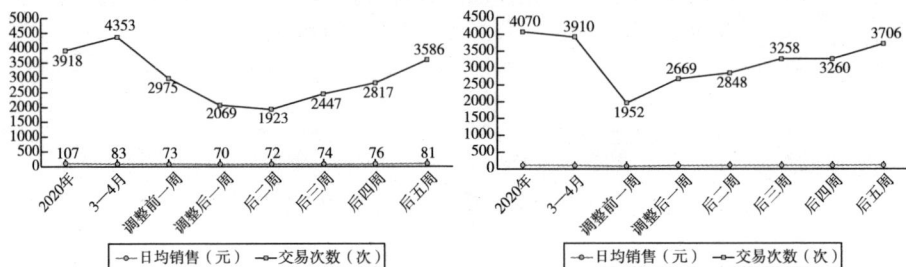

图 11-9　结果下降，过程逐步上升的门店趋势

（四）第三阶段：将第二批样板店的实践经验向所有门店推广

从第一批和第二批样板店打造的良好成果来看，前期品类规划项目中的方案，在 Y 企业具有实施的可行性，并能取得良好的业绩。2021 年 6 月开始，Y 企业通过以点带面的形式正式启动第三阶段的推广工作。

推广过程中的注意事项有以下八个方面。

一是设立项目督进委员会，设立总指挥、副总指挥，由企业高管兼任。总部营运部经理担任项目总负责人，各地市的经理是分部的项目负责人，地市的营运督导、门店店长和员工是具体执行人。各岗位设定清晰的职责、权限和担负的绩效指标。

二是设定军令状。根据每个区域的销售水平设定目标，每周公布区域排名。

三是制订奖励方案，设有目标达成奖和执行奖。

四是总部采购跟进必备商品和新品的订货和补货，门店负责其他商品的订货和补货。

五是面积小、无法满足最小级别货架需求的门店，可以从最小级别的商品中根据商圈和以往销售情况自行选择经营商品，但要确保必备、核心商品和应季畅销品都包含在经营商品目录中。

六是在总部设立一条热线电话和在线客服，专门收集和解答门店所遇到的各种问题。

七是制订每周巡店计划，管理层深入门店了解执行情况和门店的问题。

八是每周做销售分析，包括必备商品和核心商品的到货满足率分析，评估各地市调整后的门店表现。召开每周的项目跟进会，总结和修正问题，跟进负增长的门店，制订负增长门店提升计划，同时请销售表现好的区域负责人做经验分享，树立榜样，传播经验。

六、项目总结与交付

该项目历时 5 个半月，在短期内取得高增长的主要原因如下。

一是企业决策层重视，拥有迫切希望改变的决心。

二是项目组为 Y 企业量身定制的解决方案，将原来从商品端先入手的规划安排，改为商品端和营运端同时进行工作的方式，项目在短时间内取得的进步增强了管理层、项目组和营运团队对改变的信心，为项目的开展奠定了良好的基础。

三是企业内部拥有谦逊务实文化，项目组成员拥有勇于挑战、创新和乐观的精神，以及各地市营运团队积极参与。

商品精细化运营项目交付内容如图 11 - 10 所示。

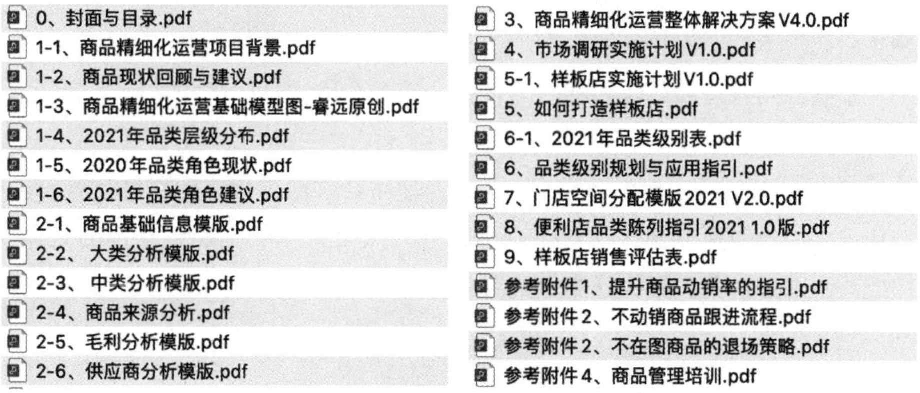

0、封面与目录.pdf
1-1、商品精细化运营项目背景.pdf
1-2、商品现状回顾与建议.pdf
1-3、商品精细化运营基础模型图-睿远原创.pdf
1-4、2021年品类层级分布.pdf
1-5、2020年品类角色现状.pdf
1-6、2021年品类角色建议.pdf
2-1、商品基础信息模版.pdf
2-2、 大类分析模版.pdf
2-3、 中类分析模版.pdf
2-4、商品来源分析.pdf
2-5、毛利分析模版.pdf
2-6、供应商分析模版.pdf

3、商品精细化运营整体解决方案 V4.0.pdf
4、市场调研实施计划 V1.0.pdf
5-1、样板店实施计划 V1.0.pdf
5、如何打样板店.pdf
6-1、2021年品类级别表.pdf
6、品类级别规划与应用指引.pdf
7、门店空间分配模版 2021 V2.0.pdf
8、便利店品类陈列指引 2021 1.0版.pdf
9、样板店销售评估表.pdf
参考附件1、提升商品动销率的指引.pdf
参考附件2、不动销商品跟进流程.pdf
参考附件2、不在图商品的退场策略.pdf
参考附件4、商品管理培训.pdf

图 11 - 10　商品精细化运营项目交付内容

第二节　某大型连锁药店实施案例解读

一、企业概况

S 企业是国内领先的药品零售连锁企业之一，截至 2022 年年底，其业务覆盖全国一半以上的省份，门店数量过万家，是中国连锁药店综合实力百强企业。

二、项目背景

S 企业非常务实，一直比较注重商品管理和门店标准化运营，早在 2010 年就引入空间管理的概念，主要输出的成果是商品陈列图。

该企业的管理团队踏实勤奋，实战经验丰富，非常具有挑战精神，不怕苦、不怕累，对于认准的事情执行力非常强，但也有的管理者对新的事物持怀疑态度，处于观望之中。

企业内部已经有独立的空间陈列管理团队和制作陈列图的软件系统。

空间陈列管理团队的员工对于如何使用陈列图系统制作陈列图比较熟练，而他们通过陈列图应用系统对数据进行分析、发现问题和解决问题的能力还需要培养。

陈列图在该企业推行后，所遇到的一些问题一直没有从根源上得到分析和解决。空间陈列管理部和门店就陈列图的效能存在着分歧冲突，导致陈列图在门店得不到全面和有效执行。

空间陈列管理部总监和部门经理在一年后相继离职，部门主管代为管理整个部门。

该企业的高层管理者始终相信空间管理体系有助于门店的标准化管理和门店发展中的快速复制，并且门店已经进入从野蛮生长到规范管理的阶段，因此一直在通过猎头寻找行业内的专业管理人才。

三、明确项目目标

在明确项目的目标为解决当前问题、提升空间陈列管理部的组织效能，以及在该企业植入空间管理体系后，项目正式启动。

四、通过访谈，初步了解问题所在

项目组开始对门店进行现场巡访，聆听店长和员工对陈列图反馈的声音，与顾客现场交流对于商品和陈列的需求，打电话给几个营运大区的总经理，就空间管理体系的意义、现状和困难坦诚地交换想法。所有的访谈结束后，项目组对主要问题做了以下提炼归纳。

企业当时接近 20 年的发展，门店数量过千家，门店面积从 30 平方米到 300 平方米不等，一方面，遇到不同面积门店怎样配置商品组合更加有效的问题；另一方面，有的门店面积小，门店货架类型多种多样，而且部分货架老旧，因为面积不足和陈列道具的限制，门店往往在陈列图执行上遇到困难。

同一品类陈列的货架组数分布有十几种，陈列空间与品类业绩产出不匹配，在品类货架空间分配上缺乏清晰的原则，复杂多样的货架组数分布缺乏底层逻辑，也增大了管理上的难度。

执行陈列图时，个别门店发现好卖的商品被下图淘汰了，之前卖到过期或清仓而被门店停销的商品却又上陈列图了。

商品这个月被淘汰，从陈列图上被下图了，清完货后过两个月后又重新上了陈列图。

针对门店下图的商品，清理库存需要一定的时间，仍需要在货架上销售，导致货架上商品拥挤；一部分下图商品没有地方销售而堆积在仓库，导致部分商品过期。

缺少空间陈列管理部与营运部的沟通，没有对陈列原则的培训。门店员工当时多用产品的加提点数、毛利情况和商品包装的大小判断商品陈列位置，不了解商品陈列的位置和排面数量背后的逻辑，当门店对商品陈列的位置有不同的意见时，对认同的陈列图就执行，对不认同的陈列图就不执行。

门店中岛矮货架按 5 层、靠墙高货架按 7 层做陈列图，对于包装较小的品类没有执行陈列的两指原则，也没有因此做出灵活调整，导致层板与商品之间的间距过大，造成陈列不美观，也造成了空间浪费。

空间陈列管理部总监离职后的岗位空缺一年多，员工实际人数也比计划编制少了 30%，工作压力大。空间陈列管理部输出的陈列图却得不到门店的认同，员工缺乏工作上的成就，士气低落，没有归属感。

空间陈列管理部的员工多为门店抽调上来的大学生，相关品类管理和商品陈列的理论和实操技能薄弱，但员工综合素质较好，愿意学习，而且学习能力很强。

对于实施陈列图给营运和采购团队所带来的短期阵痛，以及给企业创造的长远效益缺乏正式分析和宣讲，对于短期阵痛没有减缓或治疗的解决方案，使得空间陈列管理部与营运团队的分歧越来越大。

空间陈列管理部对于门店反馈的问题没有及时记录、分析原因和总结，忽略了门店存在的共性问题，采用救火式的反馈方式，导致问题不能从根源上解决，燃火点越来越多。

对执行陈列图时所遇到的商圈差异化问题，没有应对的办法，在执行中缺少灵活性。

缺少关键业务流程，对于滞销、不动销、下图商品如何退场，以及不在图商品如何跟进等没有跨部门业务操作指引。

对陈列图的执行情况缺乏有效监督和检查，没有奖惩，缺少同营运管理团队的绩效关联。

五、解决方案构建

（一）梳理问题的优先次序，建立项目沟通机制，分析问题根源并研讨解决方案

项目组作为统筹部门，直面大家所关注的问题，梳理问题的优先性，并将问题归属按部门分类。有了问题，接下来要做的就是在企业层面建立沟通机制，不回避、不夸大，与相关部门讨论这些问题，然后挖掘和剖析问题根源，引导相关部门从根源上寻求共同的解决方案，执行并跟进解决效果。因为直抵问题的本质，讨论中的激烈程度是意料之中的，但进展出人意料十分顺利。虽然讨论激烈，但大家都非常坦诚，致力于思考自己所管理的部门应该怎样贡献出能量来积极参与解决方案的共创，没有人逃避和推脱应该承担的责任。当过程中碰撞出一些新的思想和管理逻辑时，大家不仅快速汲取，

还能举一反三、快速运用，那种粗犷却不失严谨的担当精神，每每回想，我都会肃然起敬。

（二）抓住核心问题，快速行动

1. 重新定义空间陈列管理团队的组织效能和组织架构

随着项目深入，一些方向和策略上的问题也逐渐显现了出来。组织效能上的问题是，当时企业上下对于空间陈列管理部职能的理解，定义在了商品陈列和陈列图阶段。但对于实际意义上的空间管理体系而言，陈列图仅仅是其中的一个环节，也就是说陈列图是对商品的陈列，所以主体是商品，要在门店中执行，所以承载体是门店。没有对商品主体和门店承载体的管理，只单独对陈列图发力，就会出现产生了问题，却找不到根源，投入了很多精力，却无法达到预期收益的情况。因为商品在源头端的规划一旦出现漏洞，商品陈列和陈列图必然有漏洞，到了终端门店，陈列图就缺乏可执行性。所以空间陈列管理部的职能需要向上延伸到商品空间的管理，向下拓展到门店空间的管理，只有将职能和职责梳理清楚，空间管理的业务链才能通畅。项目启动后两个月，空间管理体系被清晰定义为将企业业务策略与空间策略规划、商品陈列规划和门店布局规划进行有机结合，实现对空间从宏观到微观的有效管理，最大化地支持企业业务发展，提升服务水平和营运效率，最终促进销售额和利润提升。同时，空间陈列管理部划分为空间策略规划、商品陈列规划和门店布局规划（见图 11－11）三个职能团队，完成了组织架构与职能的重新定位。

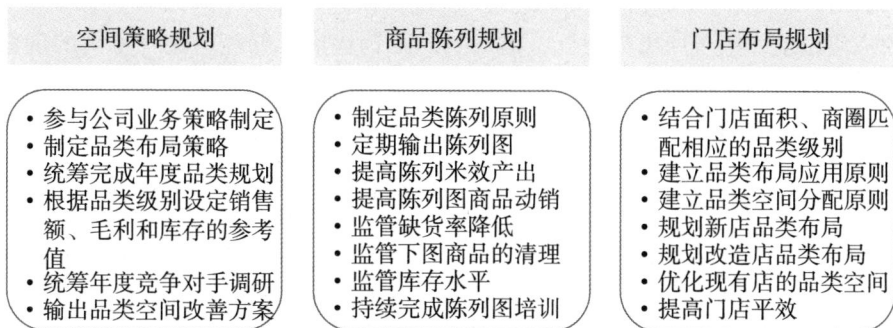

空间策略规划	商品陈列规划	门店布局规划
• 参与公司业务策略制定 • 制定品类布局策略 • 统筹完成年度品类规划 • 根据品类级别设定销售额、毛利和库存的参考值 • 统筹年度竞争对手调研 • 输出品类空间改善方案	• 制定品类陈列原则 • 定期输出陈列图 • 提高陈列米效产出 • 提高陈列图商品动销 • 监管缺货率降低 • 监管下图商品的清理 • 监管库存水平 • 持续完成陈列图培训	• 结合门店面积、商圈匹配相应的品类级别 • 建立品类布局应用原则 • 建立品类空间分配原则 • 规划新店品类布局 • 规划改造店品类布局 • 优化现有店的品类空间 • 提高门店平效

图 11－11 空间策略规划、商品陈列规划和门店布局规划

2. 建立品类级别，使商品配置与门店面积和商圈有效结合

绝大多数经营商品的连锁零售企业都会经历的共性问题，就是没有把源头的品类规划与终端门店的执行贯穿起来。该企业采购团队的整体能力较强，营运团队的执行力也非常强，但在门店数量过千、面积和商圈多种多样的情况下，对于怎样配置门店的商品组合，并合理分配品类的陈列空间，之前则缺少了系统化思考与行动。

以汤料品类的陈列为例，门店汤料的货架从 2 组到 9 组，共有 11 种分布，如表 11 - 4 所示。

表 11 - 4　　　　　汤料品类货架组数分布与对应的 SKU 数量

品类级别规划前	汤料品类货架组数分布与对应的 SKU 数量										
货架组数分布	1	2	3	4	5	6	7	8	9	10	11
货架组数（组）	2	2.5	3	4	4.5	5	5.5	6	7	8	9
SKU 数量（个）	89	101	132	130	127	139	162	181	199	208	210

从表 11 - 4 中可以发现，对于 200 多个 SKU 的品类而言，出现了 11 种货架空间的分布，这给采购和运营造成了管理上的困难，而门店汤料的货架数量和实际陈列的 SKU 数量之间也存在着逻辑不清晰的矛盾关系，4.5 组货架的 SKU 数量比 3 组的 SKU 数量还少，而且从 3 组到 5 组货架，SKU 只差了 7个；进一步分析平均每组货架的 SKU 数量时，会发现 3 组及以下的货架，每组陈列的 SKU 数量超过 40 个，货架拥挤到一个商品一个排面，有的商品因为没有足够的空间而侧放或者躺平在货架上，影响了商品管理、陈列效能和营运效率；如果对应门店汤料品类的销售产出，还会发现有的门店陈列汤料的货架较多，销售产出却很低，出现空间与销售的不匹配。这一系列的现象都涉及空间管理体系中商品与门店执行之间的业务关系和规则的制定，包含在空间策略规划的业务职能中，随着空间陈列管理部组织职能、职责升级与定位的完成，关于怎样划分品类级别，以及品类级别在终端门店的应用，被标识为重点执行计划并提上了日程。

品类级别规划看似与采购相关，实际需要跨部门共同完成。很多企业在实施这一步计划的时候，遇到部门间协作的困难。但对于该企业来说，只要有明确的方向，部门协作和执行力恰好是其优势所在。一项由空间陈列管理

部统筹，商品部门各品类负责人带领采购全程参与，以及营运团队全力支持的任务，随着任务清单（见表 11 - 5）如火如荼进展开来。

表 11 - 5　　　　　　　　　品类级别规划任务清单

序号	工作内容	参与部门（＊为主导部门）
1	现存问题分析、研讨与行动计划的制订与执行	＊陈列部、商品部、营运部
2	品类级别规划的整体方案介绍与启动沟通会	＊陈列部、商品部、营运部
3	提供各品类分析数据	＊陈列部
4	根据数据与竞争调研，制定各品类的品类角色、策略与发展方向	＊品类负责人
5	制定各品类选品原则，完成全品项和必备品项的选品	＊品类负责人、采购部
6	设置陈列室、采购安排陈列样板到位，按小类上架	＊采购部、陈列部
7	调研全国门店各品类货架组数/SKU 数量分布情况	＊陈列部、营运部
8	完成全品项和必备品项陈列，明确最大和最小货架组数	＊陈列部
9	对调研反馈回来的各品类货架组数进行整合与优化	＊陈列部
10	确认各品类最大、最小，以及中间级别的货架组数	＊陈列部、品类负责人
11	向企业核心高管汇报品类级别规划输出的业务成果	＊陈列部、品类负责人
12	根据中间级别的货架组数进行选品	＊品类负责人、采购部
13	完成所有品类级别的陈列，建立各品类各级别信息表	＊陈列部
14	统计下图淘汰商品的库存，制订淘汰商品退场计划	＊采购部、品类负责人
15	建立品类级别应用指引、布局关联、品类空间分配等业务规则	＊陈列部
16	就业务规则与底层逻辑在企业核心业务层面展开汇报与研讨，聆听意见，并达成企业层面的共识	＊陈列部、＊商品部、核心高管、相关部门核心管理人员
17	根据品类布局原则和空间分配原则，以及各门店数据，输出品类级别应用的建议和品类布局调整建议，并与门店进行沟通和确认	＊陈列部、营运部
18	下发新品、淘汰商品目录及下图商品处理方案给营运部提前准备	陈列部、＊营运部
19	根据时间表，门店完成上图商品的订货和货架配件的准备	营运部
20	根据时间表，门店完成布局调整和陈列图的执行	营运部
21	陈列部在系统内完成各门店品类布局的更新与调整	陈列部、图纸设计部
22	执行后复盘、总结与数据评估	陈列部、商品部、营运部

随着品类级别以及品类级别应用指引的建立，商品配置、门店面积、商圈与执行就此成为一体。商品配置领域，无论面对多少家门店，采购需要做的就是管理好品类级别的数量和级别下的商品组合与优胜劣汰；门店需要做的就是在采购规划的品类级别中，挑选与自己门店面积和商圈相符的品类级别，并在一定的销售周期后，根据商圈特色申请屏蔽或新增一定数量的商品；陈列部需要做的除了陈列图的输出与维护外，就是定期通过数据监管陈列图商品的执行、动销、缺货和下图商品的清理，并对过程中出现的问题及时预警。

再以汤料品类为例，如表 11-6 所示，品类级别规划后，其品类货架级别从原来的 11 种优化到了 4 种，货架空间与 SKU 承载量也不再有之前相互矛盾的现象。随着人们对健康的关注程度越来越高，对汤料这一品类的需求呈现增长的趋势，又因为汤料品类是该企业有别于其他医药企业的差异化品类，汤料品类的最小货架组数从原来的 2 组增加到了 3 组，SKU 也扩容至224 个，这是融合了品类角色与策略的体现。作为最先完成品类级别规划的品类，汤料品类在品项和品类级别都优化的同时管理效率提升了，汤料当年销售额同比增长达到 32%。

表 11-6　　品类级别规划后汤料品类货架组数分布与对应的 SKU 数量

品类货架级别	1	2	3	4
货架组数（组）	3	4	6	8
SKU 数量（个）	90	120	180	224

3. 制定陈列图推广策略——以点带面，打造模范区域，变被动执行为主动邀请

对于一家在实战中成长起来的本土零售企业而言，要执行和推广一套较新的管理理念及体系，且这套管理体系在那个年代仅有如沃尔玛、屈臣氏这样的成熟的外资零售企业才使用，难度和挑战是可想而知的。在分析了陈列图之前的推广方式后，项目组决定采取以点带面的方式，先在河源营运区和河南营运区推广。选择河源营运区，一部分原因在于河源营运区的负责人对于新理念乐于尝试，也有在商超工作的背景，对于品类规划相对熟悉；选择河南营运区，是因为河南本地化的商品占比相当高，很多总部畅销品种并不被河南当地的顾客所认同，统一采购与地方采购商品之间的矛盾亟须解决。在推广策略上，项目组相当幸运，在两个营运区领导者的充分支持下，陈列图在执行后，河源营运区达到了27%的销售额增长，河南营运区更是达到了41%的销售额增长。各个营运区开始主动要求空间陈列管理部深入所在区域指导陈列图的推广工作。

（三）多渠道解决传统思想与新思想碰撞过程过程中的情绪问题

解决完方向与策略上的问题后，之前积压和造成矛盾的许多问题也都迎刃而解。短期矛盾似乎就剩下部分员工在情绪上的抵触了。在河源营运区陈列图启动的沟通会上，我代表项目组现场回答了门店店长就陈列图执行所提出的问题，部分内容后被刊登在该企业的内部期刊上，相关内容如下。

问题1：企业为什么要坚决地推广商品陈列图呢？

我们的竞争对手已经在陈列图方面开始投入，我们不进则退。大家试想一下，我们现在有1200多家面积大小不一的门店，每家店都按自己的思路来陈列商品，就会有1200多种商品陈列的方式，参差不齐的陈列方式会直接影响企业的品牌形象。企业很多业务策略要在门店统一执行时，因为不知道各个门店的现状而无法实施，就会影响企业效益。而企业效益不好进一步影响的就是员工的效益。企业好，大家才能好。另外，门店通常有几千种商品，我们没有那么多精力每一个商品都照顾好，但是系统可以将需要门店关注和解决的问题快速提取出来，如缺货、不动销等，使门店的员工从手工作业中解脱出来，有更多的时间去服务顾客和销售商品。

实施陈列图的好处还在于能将功能近似的商品按成分、剂型等集中陈列，方便顾客选购和店员推荐；能将关联商品就近陈列，创造关联销售；能根据销量和毛利率分配商品的陈列位置和排面量，提高销售额和空间产出；能指引门店合理订货，减少缺货产生的销售损失，并优化库存；通过陈列图，门店可以对滞销商品及时跟进和处理；可以通过陈列与供应商展开深入的战略合作，吸引更多的资源投入，降低商品成本。虽然我们的门店多种多样，但商品陈列原则不变，员工不管在哪家店工作，只要掌握了陈列原则，很快就能熟悉门店的商品陈列位置，提高工作效率和顾客服务水平。这些都不是单一的门店追求陈列自由所能实现的，当大家能客观和全面看待陈列图的"束缚"，明白不实施陈列图可能导致我们落后于竞争对手，以及懂得陈列图所能产生的收益后，就明白企业坚持推广陈列图的良苦用心了。

问题2：商品陈列图究竟对销售能不能起到提升作用，您能举一两个案例说明合理的陈列会对销售带来积极的影响吗？

案例1：××店轮椅类别连续6个月没有动销，项目组到该店对轮椅进行实地陈列。首先按照采购的商品目录增加了品种，然后将轮椅按功能进行了分类陈列，为每个轮椅都制作了清晰的既有价格又有卖点的标牌，同时把轮椅区域做了清洁，在完成陈列的两周内该门店即销售了两台轮椅。

案例2：我与执行总裁和门店管理部总监去巡店，当时×店所在的广场上正在举办地方特产节，广场上的销售气氛很热烈，而我们门店所在的位置却冷冷清清。大家商量后马上把汤料的货架搬到广场上来，现场将猴头菇、香菇、木耳、红枣等商品分类集中陈列了出来，与地方特产节相呼应。因为当天天气比较热，大家又把陈列了饮料的冰柜从后面搬到明显的位置。当大家还在陈列商品的时候，有些顾客就已经围过来挑选和购买商品了。

这两个例子都很好地说明了商品陈列对销售的推动和促进作用。

问题3：商品陈列图项目已经开展两三年了，有些店员甚至包括管理人员都不是很了解，甚至有些抵触情绪，如何解决这个问题？

有的人把商品滞销归结为执行了商品陈列图，那么是不是没有陈列图就不会有滞销商品了呢？显然不是这样。因为商品出现滞销甚至是不动销是受多种原因影响的，如商品结构不清晰、商品价格与同行比没有优势、陈列的位置和排面不合理、员工不具备足够的商品知识和技巧来销售商品等。如果一线的同事们能客观地对滞销商品作出分析，然后有针对性地寻找销售的方法，对那些做出努力后仍然不能改善销售状况的店，再向总部直属业务部门反馈情况和寻求帮助，对滞销商品的跟进才会真正有效。某店有个商品到店后销售量一直为0，店铺训练师就该商品的疗效和销售技巧对员工进行了培训，又把产品整齐丰满地陈列在货架上，接下来的一周就卖出了24盒，所以商品滞销就是陈列图引起的观念需要调整，这样才能使我们不偏离根本，客观地来面对问题、解决问题。

类似这样的沟通，在项目实施期间，不仅通过内部期刊，还通过核心高管宣讲、门店巡访、会议、培训等多种形式和渠道不断进行着，对重点业务领域的管理层更要重点沟通，他们理解得越深刻，执行就越有效率。当员工渐渐地知道企业为什么要在现阶段实施陈列图，陈列图是怎样规划出来的，以及陈列图能给门店带来哪些收益后，空间管理体系才能真正植入企业，并与企业的其他管理体系融合。

为了能更好交流和解决问题，项目组在空间陈列管理部设立了店长热线电话和在线客服，当门店对陈列图商品、门店布局和陈列有意见和建议，或遇到任何困难和问题时，都可以拨打热线电话或与在线客服反映问题或寻求帮助。这一沟通机制的建立，使相关的业务伙伴反馈问题更加方便，在执行中的不回避和及时反馈使得问题不再是阻隔陈列图执行的原因，对问题的跟进与解决反而促进了伙伴们专业知识经验的累积与成长。

（四）建立空间陈列管理的业务规则

解决了情绪问题，接下来就到了空间陈列管理部业务规则的建立上，这个阶段就如同建楼房时打下的地基，必须踏踏实实，一步一个脚印。

1. 在商品陈列规划上的业务规则

（1）门店货架层板的长度有两种，分别为 90 厘米和 100 厘米，项目组将层板统一按 90 厘米长度作图，对于 100 厘米长的层板所多出的 10 厘米，可以陈列畅销商品或用作下图商品的临时陈列位。

（2）在货架层板的层数上，项目组打破原来中岛货架固定用 5 层、靠墙高架固定用 7 层的设置规则，统一按商品实际高度进行设置，并以在层板上摆放和拿取方便为原则预留出两指的空间，多出的空间增加房板。门店层板的增加，不仅解决了原来空间浪费和陈列不美观的问题，还可以增加 SKU 数量，解决商品拥挤和下图商品清理时没有位置的问题。新的陈列图实施后，平均每家店增加了 30% 的陈列空间（约 175 个 SKU），有效地促进了销售额的提升。

（3）项目组按照 GSP（药品经营质量管理规范）法规对部分商品类别分区域或分货架陈列的要求，纳入陈列原则，使陈列图在源头上就是合规的，避免员工被动整改影响工作效率，开辟了医药连锁企业遵循 GSP 达到陈列合规的先河。

（4）增加门店在陈列图执行过程中的灵活原则。有的商品在某些门店畅销，在另外一些门店可能销售平平，灵活原则允许门店结合商圈的特点，根据商品的销售情况，适当地增减商品的排面，但必须保持商品的品种数不变。如果从门店的层面提出新增或停售不在陈列图上的商品，需要向空间陈列管理部申请。

（5）将面积有限、货架组数在 23 组以下的门店设为非陈列图门店，不限定非陈列图门店的商品配置，这类门店经营的商品可以从陈列图门店的商品清单中自主选择。处方药、贵细和中药饮片的货架不计入 23 组的统计中。

（6）建立数据分析和跟进体系，对商品动销、缺货、不在图商品库存清理按周期出分析报表，及时对经营中的例外问题进行预警，并推动相关部门对问题进行跟进和解决。

2. 建立陈列室，提高部门专业性与陈列图质量

在商品陈列上，项目组在门店设立了临时陈列室，带领空间陈列管理部的员工走出办公室，到现场实地陈列。在手把手地带教下，员工的专业知识和实操技能都得到了极大提升，陈列商品时可以将商品策略、顾客购买决策、商品的销售表现和运营效率有效结合，使陈列图的质量和效率得到不断提高，门店对陈列图的认可度和执行力也都得到了提升。空间管理体系开始正向且深入发展开来。

3. 门店布局规划上的业务规则

（1）建立门店布局规划原则，指引大类、中类与小类之间的品类关联。

（2）建立门店品类空间分配原则，建立参考店选择标准，根据门店面积、商圈为各品类匹配相应的品类级别，使空间分配更加客观和合理。空间陈列管理部通过调研全国现有门店各品类货架陈列空间的分布情况，根据销售业绩和品类市场趋势，评估品类占有空间的匹配度，对不合理的品类空间进行优化，同时对不合理的品类布局作出调整和修正。

（3）建立企业空间管理信息资料数据库，记录门店省/市/区域、面积、商圈、500 米内竞争对手、开业日期或改造日期、门店销售级别、品类销售级别、各品类的商品级别、促销道具资料、货架总数、员工人数、人效、平效、毛利率、客流量、客单价、利润率等。该数据库一方面可用于对门店进行细分管理、差异提升，另一方面可为企业高层分析业务时提供决策支持。鉴于该数据库中有比较敏感的信息，需设置使用人员的权限，并不可作为常规流通资料所使用，如确需对外，需做核心信息加工。

空间管理项目方案在 2013 年实施和推广，其在 2013 年和 2014 年的关键业务成果如表 11 - 7 所示。

表 11 - 7　　　　　空间管理项目方案实施的关键业务成果

业务领域	业务驱动点	2014 年项目发展期	2013 年项目实施期	2012 年项目启动前
商品管理	空间管理	根据商品尺寸设置 5~8 层层板陈列，层板与商品保持 2 指原则，单店平均增加了 175 个 SKU，创造 2290 万元的销售业绩		中岛货架陈列 5 层，靠墙高货架陈列 7 层，层板间隙大影响美观，也导致空间浪费
	品类规划	结合品类角色与策略的制定，完成品类级别的规划，将商品组合与门店面积、商圈和执行贯穿在一个业务链条上管理。每年完成 1~2 次品类级别规划		—
	陈列米效增长（%）	13.2	16	
	缺货率（%）	4.15	5.99	6.12
	不动销商品率（%）	17	35	
	不在图商品率（%）	14	19	33
组织效能	员工发展	空间陈列管理部随着职能的增加，员工编制陆续增加，2014 年共有 22 人，其中 10 人相继获得晋升		部门实际员工："1 名主管 + 10 名员工"
	业务职能	商品陈列规划：增加贵细、中药饮片等，全品类启动陈列图	● 空间策略规划：启动品类规划与管理 ● 门店布局规划：建立品类布局原则、建立品类空间分配原则	● 空间策略规划：无 ● 门店布局规划：协调图纸 ● 商品陈列规划：执行品类包括 OTC（非处方药）、医疗器械、保健、汤料、美容
	业务流程参考资料	空间管理指南和《营运中心门店陈列标准化手册》		空间陈列管理理论
	培训	空间陈列管理部内部专业培训、营运区店/班长陈列图培训、店长/片区主任/储备营运区经理培训		—

六、项目总结

空间管理项目的实施，大致分为四个方面：一是梳理问题的优先次序，建立沟通机制；二是抓住核心问题，快速行动；三是解决员工对陈列图的抵触问题；四是建立空间陈列管理体系的业务规则。从项目启动，到陈列图完成全国推广，历时 7 个月，该企业执行陈列图的门店达 894 家，陈列图门店覆盖率达 74.5%。

空间管理项目的工作任重而道远，不是在短期内可以一蹴而就的事。这套体系之所以能在该企业生根、发芽，直至结出果实，并推动企业在空间管理领域成为行业内的领跑者，是因为以下要素：一是企业的决策层在项目实施阶段所给予的关注、信任和资源投入；二是项目组的专业，对问题的准确研判能力，以及坦诚、不回避问题的态度；三是企业内部务实、进取的文化与环境。

如今，空间管理体系已经成长为该企业非常明显的竞争实力，是该企业有别于同行的差异化优势壁垒，而当年奔赴项目前线的小伙伴们也都一直伴随着这家企业，用专业的心成就着专业的事业。

第十一章第二节　思维导图

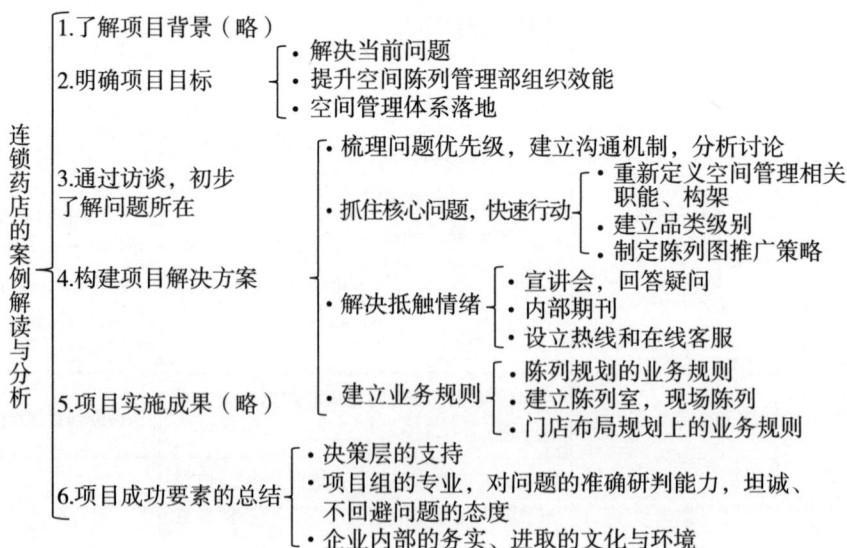

连锁药店的案例解读与分析

- 1.了解项目背景（略）
- 2.明确项目目标
  - 解决当前问题
  - 提升空间陈列管理部组织效能
  - 空间管理体系落地
- 3.通过访谈，初步了解问题所在
- 4.构建项目解决方案
  - 梳理问题优先级，建立沟通机制，分析讨论
  - 抓住核心问题，快速行动
    - 重新定义空间管理相关职能、构架
    - 建立品类级别
    - 制定陈列图推广策略
  - 解决抵触情绪
    - 宣讲会，回答疑问
    - 内部期刊
    - 设立热线和在线客服
  - 建立业务规则
    - 陈列规划的业务规则
    - 建立陈列室，现场陈列
    - 门店布局规划上的业务规则
- 5.项目实施成果（略）
- 6.项目成功要素的总结
  - 决策层的支持
  - 项目组的专业，对问题的准确研判能力，坦诚、不回避问题的态度
  - 企业内部的务实、进取的文化与环境

第三节　标杆企业运作分析：笃行致远
——山姆会员店成功的驱动要素分析

一、25 年磨一剑，砥砺奋进中的坚守

并不是所有的零售商都有能力经营会员制商场，即使有能力经营会员制商场，也未必能让会员持续充满价值感。早在 1996 年就进入中国的山姆会员店，其总部的第一家门店始创于 1983 年的俄克拉荷马州，是美国沃尔玛旗下付费会员制业态的商场，也是中国零售市场上第一家真正意义上的会员制商场。山姆会员店在中国发展的二十余年中，不断深入研究和洞察定位的会员特征、会员需求和消费行为，持续为会员创造价值，堪称业界楷模。

截至 2021 年，山姆会员店在中国市场共有 36 家门店，销售规模突破 400 多亿元，付费会员突破 400 万人，是什么力量支持和支撑着山姆会员店达成如此骄人的业绩？中国沃尔玛总裁及首席执行官朱晓静女士曾在中国连锁经营协会举办的新消费论坛系列峰会上发表了名为"实体零售转型升级中，做难而正确的事"的主题演讲，其简明扼要地介绍了山姆会员店的四个核心经营理念：一是本土化运营；二是差异化的精选商品体系；三是极致追求效率；四是永远坚持会员第一。这四个核心经营理念的背后，是山姆会员店二十余年对中国零售市场从未动摇过的信念、从未止步的会员价值创造和对精细化管理的极致追求。

作为曾经的沃尔玛人和中国沃尔玛建设队的第一批成员，我很荣幸参与过山姆会员店的开店建设工作，也很幸运地遇到了很多出身于山姆会员店的卓越人士，得以学习管理精髓。当我萌发写一篇关于山姆会员店经营管理的文章时，脑海中忽然闪过一念，追溯山姆会员店今天所取得的成功背后的原因，我看到的是一群信念坚定、目标一致且秉持相同价值观的人在砥砺前行中对核心经营理念的践行和坚守的画面。之后，我怀着无比敬重和谨慎之心，尝试提炼这幅画面背后的核心竞争力，落笔过程中虽然有忆往昔之感，却也几度战战兢兢，唯恐言有不及之处。

山姆会员店在中国的第一站为广东深圳，与其在同一阶段同城开业的还有美国沃尔玛旗下的另一种业态——沃尔玛购物广场，沃尔玛以两种业态同时试水中国的零售市场，服务不同定位的消费人群。山姆会员店以服务中高端收入家庭为主，经营 4000 多种商品，对付费会员开放。沃尔玛购物广场则对所有消费者提供开放式的一站式购物体验，经营商品 2 万多种。

作为世界排名第一的零售商，沃尔玛先进的零售管理理念触发并引领了中国零售市场的变革。购物广场这一业态的商场快速地被中国的消费者所接受，接下来的五年，沃尔玛购物广场相继进入东莞、昆明、大连、福州和厦门等城市，门店数量蓬勃发展起来。

相对沃尔玛购物广场业态的快速发展，山姆会员店这一业态在中国的起步则缓慢了很多。出于付费购物、大规格和多数量的包装、与高品质商品所对应的价格门槛、某些食品口味在早期偏重国外人群等种种原因，许多消费者未选择山姆会员店，我记忆中仍然有偌大的停车场内稀疏地停着一些车的场景。山姆会员店在深圳"蛰伏"了五年后才开始向外拓展，于 2001 年分别开出了福州和昆明的山姆会员店。从山姆会员店在中国内地的门店发展信息中的数字可以看出，即使启动了开店的步伐，山姆会员店在中国的发展计划仍然在谨慎地进行着（见表 11-8）。

表 11-8　　　　　　　山姆会员店在中国内地的门店发展信息

阶段	年份	累积门店数量（家）	阶段门店总量（家）	阶段标签
第一个五年	1996	1	1	启动中的坚持
	1997	1		
	1998	1		
	1999	1		
	2000	1		
第二个五年	2001	3	3	试错与纠正
	2002	4		
	2003	4		
	2004	3（关闭 1 家）		
	2005	3		

续　表

阶段	年份	累积门店数量（家）	阶段门店总量（家）	阶段标签
第三个五年	2006	3	6	蓄势待发
	2007	3		
	2008	3		
	2009	4		
	2010	6		
第四个五年	2011	8	12	锋芒毕露
	2012	8		
	2013	10		
	2014	11		
	2015	12		
第五个五年	2016	15	31	行业标杆
	2017	20		
	2018	24		
	2019	26		
	2020	31		
第六个五年	2021	36	42＋	竞争中的变革
	2022	42		
	……	……		

如果把山姆会员店以五年为一个单位进行分析，在其进入中国的 15 年中，其一共开出了 8 家门店。昆明和长春的第一家山姆会员店表现持续低于预期，后来转型成了购物广场，而昆明山姆会员店在转型为购物广场业态后的第一年内就实现了盈利。这一阶段，山姆会员店一方面在以守为攻的模式下，潜心地探究中国的零售市场和消费人群，特别是已经定位的消费人群的特征与行为；另一方面培养团队修炼商品和运营管理方面的基本功，招募多元化的经营管理人才，蓄势待发。这些为其进入第四个发展中的五年做了非常充足的准备。

虽然前三个五年，山姆会员店在门店数量上增长缓慢，但商品和运营能力的增长，以及会员服务能力的增长是快速的。特别是在深圳的第一家山姆会员店，随着经年的积累和沉淀，出色的商品和服务逐渐被消费者所接受，在会员强大的信任和消费能力下，2011 年销售额突破 10 亿元，至此成为沃尔玛全球销售额排名第一的门店。7年后，该店年销售额突破20亿元，2021年更是突破30亿元。要知道在2021年，整个消费品行业的上市公司中，年销售额超过30亿元的全国也就118家企业。该门店的成长是中国实体零售门店的传奇，也是世界零售史上的传奇。

如果根据门店数量对山姆会员店在中国发展的每个五年阶段做简要标签，我会这样来定义：第一个五年，启动中的坚持；第二个五年，试错与纠正；第三个五年，蓄势待发；第四个五年，锋芒毕露；第五个五年，行业标杆。回望历史来定义，难免有先打靶后画圈之态，还好有起步不久的第六个五年，我所给出的标签是竞争中的变革。

探寻山姆会员店成绩背后成功的要素，可以用大道至简来描述，其内涵是既有顶层建设的战略和人文，又有核心能力驱动和价值观所构建的中流砥柱，是一套形式与内容相辅相成的管理体系，这也许就是山姆会员店的外在总是被模仿，内在却无法被超越的根本所在。

山姆会员店的成功，首先在于外部环境的促动。中国经济的发展拉动了人民生活水平的提高，购买力也逐年增强。波士顿咨询（BCG）数据显示，到2021年，中国已经拥有6700万中高收入家庭，这些家庭成员具有明显的消费升级需求，从物质追求到精神享受，从中国市场到全球购物，愿意为符合需求的产品与服务而买单，这些消费能力日益增长的人群正是会员制商场的精准用户，也是未来会员制商场的"必争之地"。山姆会员店的成功，更多来源于内部环境的促动，主要有以下三点。

第一，坚持核心理念。在那个人们想不通买东西要凭会员卡还要交会员费的年代，山姆会员店率先开创国内付费会员制模式，在这一经营理念下，山姆会员店始终以会员为第一，并持续为会员提供高品质和高性价比的商品。除此之外，山姆会员店一直注重人才和团队的培养，对人才的关注度始终高过于对利润的追求，"山姆铁军"是山姆会员店最核心的竞争力。

第二，试错与纠正。刚进入中国时，山姆会员店在经营的SKU数量上也存在着意见上的不一致，一部分管理团队认为应该参照美国式山姆会员店的经营方式，另一部分管理团队希望用丰富的商品吸引更多的会员。在不断摸索中，山姆会员店经营的SKU数量一度超过12000个。美国国际部副总裁来中国巡店时曾评论中国的山姆会员店有点"四不像"，不像会员店，不像超市，不像量贩式商场，不像仓储式商场。后来，山姆会员店开始改革，大幅度删减 SKU，直至 4000 个左右，重新回到少而精的商品经营理念上。进入中国市场的早期，沃尔玛还尝试过在东莞和汕头各开了一家兼容山姆会员店和沃尔玛购物广场两种业态的门店，实行会员价和非会员价，后来它们相继都转型回归到了购物广场业态。

第三，相辅相成的管理体系。参考沃尔玛官媒发布的中国总裁及首席执行官朱晓静女士 2021 年"在实体零售转型升级中，做难而正确的事"演讲中的权威发言，结合我过往对山姆会员店的理解与认知，将其管理体系整合与提炼如下（见图 11 - 12），并对管理体系中的关键驱动要素解读，留作纪念与借鉴。在这篇文章创作后不久，我幸运地得到了一张印制时间在 2003 年的山姆会员商店五个承诺的卡牌，更为惊奇地发现，时隔近二十年，山姆会员店的精神始终未变。

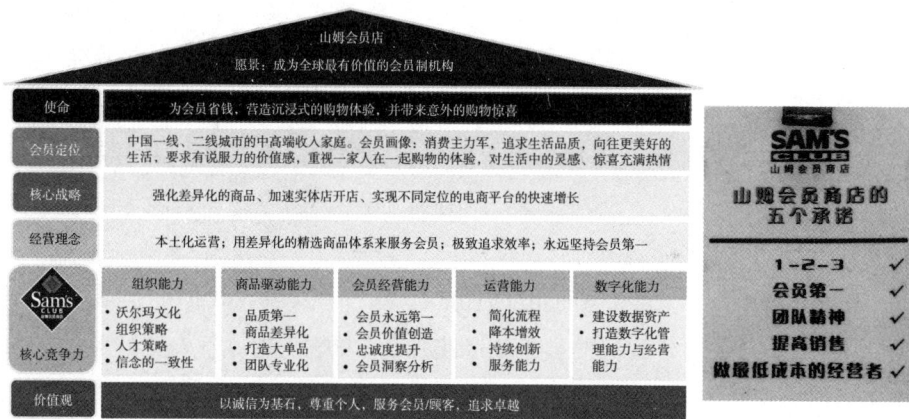

图 11 - 12　山姆会员店管理体系提炼

资料来源：沃尔玛中国总裁及首席执行官朱晓静女士的演讲——"在实体零售转型升级中，做难而正确的事"。

二、山姆会员店成功的驱动要素

（一）沃尔玛的人文体系

人文体系主要包括愿景、使命、价值观和企业对组织的管理能力，这是山姆会员店能向着长远目标奋进，战略和核心管理理念能得以长期传承的必要条件。山姆会员店的愿景是成为全球最有价值的会员制机构，以此来表达其存在的最终目的。其使命是为会员省钱，营造沉浸式的购物体验，并带来意外的购物惊喜。价值观是以诚信为基石，尊重个人，服务会员/顾客，追求卓越。通过愿景、使命和价值观的渗透，山姆会员店将一群敢闯敢拼、勇于创新的山姆人凝聚在一起，清晰地向所有员工传递出山姆会员店的最终目标，为什么要去实现这个目标，以及怎样去实现目标，再通过内外兼修和一点一滴打磨，让这个团队充满战斗力。

虽然沃尔玛购物广场和山姆会员店定位的业态不同，但沃尔玛宣导的企业文化是统一的，被口口相传的有沃尔玛顾客服务原则、沃尔玛成功的十大原则、诚信行事、公仆领导、门户开放、现场指导、成功指导、共赢、合规等。我很幸运，在踏入社会的初期就被沃尔玛的人文体系感染着，来自文化的浸润和正能量源源不断带给我们那一代沃尔玛人的积极影响是无法用语言形容的。那些穿透文化所形成的信念是在实现目标的路上，心无旁骛；是跌倒了也会快速爬起来，即使起不来，也不会被队友丢下；是心甘情愿地舍小我而顾大局；是面对极具吸引力的眼前利益下，毫不犹豫地舍弃而去追求健康长远利益；是即使离开沃尔玛若干年，也会被瞬间带入那段无悔的激情岁月；是与当年的伙伴许久未见，偶然相遇，仍然不陌生，十分默契。我常被其文化背后的力量所震撼……

刚进入中国时，沃尔玛的员工工牌上有一句话是"我们的员工与众不同"，后来其升级为"我们的员工创造非凡"，可见企业对于人文的关注。除了文化的影响和渗透力，沃尔玛对组织的管理能力还体现在各项组织职能分工与职责的明确，以及清晰的管理架构和管理权限上。其管理绩效下的各项KPI设计均与战略布局保持一致，不仅可以突出相关业务领域的重点，而且其会基于管理过程的健康角度而设置KPI，使绩效指标摆脱仅以销售和毛利来设置的局限。而其人才策略中的获得人才、培养人才、留住人才和成就人才，则是又一核心制胜点。沃尔玛的培训体系、课程研发能力非常强大。其根据员工的工作岗位和职位，提供一系列的顾客服务、思维拓展和领导力提升等课程。资深的讲师团队不仅理论扎实、经验丰富，而且有着国内外多元化的背景，本身就是励志的典型。除了本土的培训机制，沃尔玛还为优秀员工提供在沃尔玛国际部学习和成长的机会。文化中一直对人的关注，使沃尔玛员工的综合素质和敬业度都是行业的标杆。

正是在沃尔玛的人文体系下，山姆会员店无论是前期低谷中的行进，还是试错与纠错期的成长，又或是新店开业日一推再推中的等待，其对人才的关注度始终高于对利润的追求。这种坚定不移的人才策略让山姆会员店吸引了众多外部优秀的人才，也培养了众多内部快速成长的后起之秀。本土管理人才的成长，加上美国高级管理人才的进驻和赋能，为山姆会员店的成功奠定了坚实的基础，也造就了中国的第一家山姆会员店。自2011年开始，直至本书完成撰写时，一直蝉联世界单店业绩之首。对于进入中国市场的第一家店来说，如果没有当时的忍受孤独，就没有现在的辉煌。沃尔玛的人文体系为山姆会员店在中国的发展做了地基式的支撑，是其核心竞争力的先锋要素。

（二）目标顾客定位清晰

对于要服务的消费人群的定位，很多零售商的态度是顾客多多益善，希望通过更多消费者的光顾来提升销售业绩，这种胡子眉毛一把抓往往使得企业降低了自身的特色。也有的零售商将细分消费人群作为战略布局，却又在风吹草动中摇摆不定、患得患失，这样的结果往往是付出了时间和管理成本，却没有获得期望中的业绩提升，而与顾客定位相关的业务，如商品策略和服务定位等也在摇摆中模糊不定。

山姆会员店在会员定位上则没有那么纠结，而且执行得非常严格。凭借多年对中国市场的深耕和对消费者的研究，山姆会员店清晰地把目标人群定位为生活在中国一线、二线城市的中高端收入家庭。这些中高端收入的家庭追求生活品质，向往美好生活，对新生事物充满热情和好奇，更愿意去尝试、体验新的商品和服务，更容易被消费趋势或社交媒体所影响，更重视消费过程中的服务和体验给家庭带来的价值感等。

在目标顾客和他们的特征聚焦后，山姆会员店要做的就是持续构建创造价值和精准服务的能力，提升和巩固会员的忠诚度，这一能力的构建则又回到经营理念的践行轨道上，两者步伐一致，聚力向前。会员为什么要光顾我们？他们需要什么商品和服务？他们在未来需要什么商品和服务？我们如何持续为会员创造价值？山姆会员店在不断思考和回答中，打造了一个又一个为会员创造价值的商品和服务。

（三）发展战略清晰而坚定

有着雄厚资金实力的山姆会员店前期在中国的拓展速度是非常缓慢的，但其在低调中的坚定与其说是保守，倒不如说是早期的发展战略所在。那时的山姆会员店追求的是在中国市场上对品牌的积累和沉淀、对会员的探究和洞察、对商品需求的理解与规划、对团队能量的蓄势、对运营能力的打磨，当然更有对中国市场的信心和坚守。直到第一家山姆会员店在中国爆发式增长的业绩打破单店销售额的世界纪录，山姆会员店至此按下了加速键，彼时已进入其在中国发展的第四个五年。

时任山姆会员店中国业务总裁的 Andrew Miles（文安德）2017 年在上海接受媒体采访时，分享了山姆会员店的业务发展战略：强化差异化商品，加速实体店开店，实现不同定位的电商平台的快速增长。2021 年 11 月，中国沃尔玛总裁及首席执行官朱晓静女士在"在实体零售转型升级中，做难而正确的事"的主题演讲中，也分享了中国沃尔玛的核心战略——差异化的商品力、提升端到端效率、全渠道体验，同时提升数字化升级和人才/组织/文化两个核心能力的支撑。从中我们可以发现，从 2017 年到 2021 年，从山姆会员店到中国沃尔玛，从山姆的业务总裁到中国沃尔玛的总裁，虽然是不同时间、不同业务单元和不同的领导者，在有关战略的诠释上却是一致的、承接的和坚定的。因此，无论是早期的坚守，还是当前线下线上的扩张，都有着清晰且坚定的发展战略，是山姆会员店制胜的成功要素。因为相信，所以看见。

（四）差异化的商品力

无论是中国沃尔玛顶层策略端所给出的指导思想，还是山姆会员店的经营理念，都把差异化的商品力作为第一着眼点。这体现在对商品品质和食品安全的严控、选品的逻辑、独家或专供商品的性价比、自有品牌在研发中的品牌价值感，选材上乘与配方独特的自制商品，以及与供应商合作的商品共创能力，构建了差异化的商品精选体系。

第一，没有任何利益可以凌驾于品质之上，品质永远第一。在山姆会员店对外宣导的标语中，出现频率最高的一句是"优质优价在山姆"，对商品品质和食品安全的把控是山姆会员店一贯秉承和优先坚守的，这也是整个沃尔玛体系的基本原则。任何有损商品品质和食品安全的行为都会被绝对禁止，一旦发生则是零容忍的严惩。在具体的执行中，山姆会员店对供应商进行严格甄选和资质审核，确保供应商在产品品质和安全上的各项指标合规。对于新签署的食品供应商，山姆会员店的供应商管理体系要求对供应商进行年审和行业内知名的食品检测公司进行第三方验厂，全方位对供应商审核，工厂周边水源及生态环境、车间环境、卫生自控流程等，必须达到国家标准。即使是对已经建立合作的供应商，每年都要做一次复查，评估分下降或者不合格的，需要停业整改。山姆会员店对商品的配送、验收、储存都有着严格的标准，并与供应商合作推出更多生鲜品类的预包装产品，避免了商品裸卖过程中被污染的风险，在稳定品质的基础上降低了损耗。对于在卖场中销售的商品，山姆会员店有着严格的销售时间和有效期检查标准。对于部分新鲜食品的销售时间甚至严格到以小时为单位，在保证新鲜与口感上，山姆会员店是不计成本的。在严格的管理下，员工的心智快速成长，能掌握生产和销售的平衡，损耗也逐渐降低。有关第三方验厂、质检标准、食品安全标准等体系，引领并推动整个行业朝合规和更好的方向发展。

在活鲜品类上，因为生存在深海冷水的海洋生物在运输过程中和在浅水养殖时都极易出现死亡，为了保证商品品质，2019年，山姆会员店敢为天下先，在卖场内停止售卖活鲜，推出以预包装式的冰鲜和冷冻海鲜替代活海鲜，虽然一度挑战了活海鲜口感和营养更好的传统观念，但其对品质与食品安全的用心，最终让会员接受了包装的冰鲜和冷冻海鲜。原来投入在养殖、宰杀和清洁上的人力也获得了释放，工作效率提高的同时损耗降低了，在毛利提升的同时，海鲜部的购物环境也得以提升。

山姆会员店率先在国内引进步入式冷藏库，实现从运输到销售的全程冷链管控，极大地提升了商品的安全性、品质和新鲜度。在后区加工间，员工在工作中的个人清洁卫生，现场分割、加工、包装、清洁和消毒等均有严格的操作规范，操作间完全按照食品安全的传递流程设计规划，甚至连清洁消毒的化学用品和道具都有严格的要求。

第二，提供真正优质和有价值的商品。山姆会员店经营的品项数在4000个左右，在SKU数量的严格控制下，采购人员必须聚焦会员的核心需求，所有的商品都必须为会员创造价值。这些选择背后是一套严谨的品类规划体系和选品逻辑。

其一，制定品类角色定位、经营策略、分配资源和各品类的 SKU 数量。针对每个品类每年会有 1～2 次全面诊断和改善的业务行为，在企业业务策略的指引下，通过商品表现分析，会员消费行为分析，市场发展趋势、竞争对手表现等，制定出每个品类的角色定位、经营策略、分配资源和各品类 SKU 的数量以及各品类的货架空间。新品开发的数量和旧品淘汰周期等也是在这一业务行为中提前布局和规划的。

其二，利用全球采购资源，构建有质量和高性价比的商品组合。根据各品类角色与策略，规划进口品牌、供应商品牌和自有品牌商品的结构组合、SKU 数量，以及销售和毛利预算。对于国内外的知名品牌和畅销品牌，厂家往往会为山姆会员店量身定制包装，其以独家或专供商品的身份和必须具备的市场价格优势呈现在卖场中，为会员创造极致的性价比。很多优质商品仅在山姆会员店销售，这就为商品增添了价值感。即使是同类商品，山姆会员店也一定有价格优势，真正落实了优质优价在山姆的理念。山姆会员店对外宣导给会员带来的价值节省 5%～20%，这也符合大包装商品的薄利多销的属性。

对于日常销售中流转率不高的商品，山姆会员店也舍得将价格降下来，让会员以低成本来体验，如果仍然不好销售，就会快速做淘汰处理。在整个优胜劣汰中能保留下来的商品，都是各品类中购买频率高、消费者忠诚度高的精品，从根本上也确保了选品的质量。

第三，差异化、竞争力与利润三合一的自有品牌优势。自有品牌 Member's Mark（会员优品）的成功得益于山姆会员店长远的发展战略和始终如一的品牌形象的塑造。与大多数零售商对自有品牌一投入就希望效果立竿见影不同，Member's Mark 从一开始就不是期待一蹴而就的成功，而是以会员为导向的润物细无声之势，伴随着山姆会员店在中国稳扎稳打前行了二十余年。在发展的过程中，"Member's Mark 会员优品"通过品类引导和教育，强化与中国消费者之间的互动，虚心聆听他们的声音，洞察他们的需求，持续通过改善自身去满足不断升级的消费需求，消费者在购物过程中被潜移默化地影响着，当会员认知到这个品牌时，往往已经被"圈粉"或在生活中离不开这个品牌了。

如今的 Member's Mark 既可以与其他兄弟品牌遥相呼应、相辅相成，又可自成一体，向会员诠释个性、尊贵、独特、高品质和与众不同的价值感，对内则是企业差异化和利润的见证。自有品牌的打造是一个长期的历程，采购不仅需要研究消费者当下的需求，把握消费行为在趋势中的变化，还要挖掘国内外优质可靠的生产资源和材料的原产地资源，需要在源头创建产品标准，把握产品品质，需要精打细算核算成本和利润，需要挖掘出产品的营销卖点。山姆会员店在自有品牌发展上的投入是巨大的，当然也是收获满满。从销售占比不足 1% 到接近 30%，山姆会员店在产品研发、生产，品质控制，品牌形象打造和营销上所付出的耐心和努力，是非常值得其他零售商研究、学习和借鉴的。

第四，打造品质与价格领先优势的自制商品。山姆会员店的自制商品也是差异化的商品理念中一道独特的风景线，不仅拥有独家配方，对原材料的选用也是精益求精。比如，熟食类的美式烤鸡，对鸡的规格、重量、腌制酱料的配方、腌制时间、烘烤时间等都有着严格、统一的标准，出炉的烤鸡外酥里嫩、松脆香甜，让人垂涎欲滴。对于卤料的选取、配比、火候工艺、卤制时间都有严格要求。采购对卤水原料也是精挑细选，牛肉一定选用的是南美牛腱肉。在这样条件下卤出来的牛肉，色香味俱全，供不应求，特别是到了节假日，一陈列出来就会被等候多时的顾客抢购一空。烘焙类如自制枣泥核桃蛋糕，用的红枣、核桃和油脂等都是优质的，类似产品还有口感香浓醇厚的麻薯球等，以榴梿千层蛋糕为代表的生日蛋糕，更是美味与性价比兼具。

第五，持续且快速的上新品能力。为了保持商品的活力与新鲜度，山姆会员店每年至少保持 30% 的新品上市率，与其对应的则是旧品的淘汰，且都有上下对应的周期。有些旧品虽然销售情况不错，到了周期也要淘汰或升级包装，以此来促动采购和供应商开发更新、更有吸引力的好商品，给会员带来更好的价值体验。新品结合现场演示和试吃是山姆会员店让顾客认知新品的法宝，虽然没有什么技术难度，但能像山姆会员店一样持之以恒的商家则少之又少。对于上市的新品，评估是补货推广还是淘汰出局，在 2~3 个月就会根据数据的复盘而决定，不会有任何拖拉。

第六，与供应商合作共创的能力。在严格的供应商甄选与审核体系下，山姆会员店积累了很多优质的供应商，这使得山姆会员店前端可以根据对会员的研究和洞察，去研发符合会员需求的产品，并与供应商以共创和共赢的模式，共同开发这类产品。为了确保高品质，山姆会员店对产品的生产标准和工艺要求都极为苛刻，如果供应商提供的标准不符合山姆会员店的要求，采购团队则着力优化甚至从零起步创建"山姆特色"的产品标准，一个又一个好商品通过与供应商的这种合作方式打磨而出。例如，新疆和田红枣的开发。采购人员在对全国各地红枣产区的土质、光照、树龄、果实大小、品相、口感、甜度等对比和研究后，确定新疆和田是红枣的最佳产地。开发团队几度飞去和田与供应商和枣农一起根据产区的立地条件，研究枣树的株间距保持多少距离可以长出更大、更饱满的果实，树株修剪到多高可以确保产量和积蓄更多的糖等技术指标，并帮助当地供应商引进温水洗枣、多温区烘干的技术，最后制定出枣树出肉率≥90%，单颗均重≥12克，果实大而丰厚，果肉瓷实有嚼劲，枣色暗红透亮，干而不皱，通过洗烘处理可直接食用的产品标准。这款原产地高标准出品的和田红枣一上市就成为该品类下的明星产品。

对于有产品优势但是缺乏供应链资源的供应商，山姆会员店会采用外部赋能的方式，协助供应商完成资源配置和整合。在没有产品缺陷的情况下，山姆会员店对所有自有品牌的商品或者按山姆标准生产的商品只销不退，大幅度降低了商品的成本。同时，没有后顾之忧的供应商则将全部精力投入产品研发和打造，稳定的订单又为供应商持续不断提升生产加工效率提供了保障，形成共创、共赢、相互成就的零供关系。

第七，打造大单品。与其他商超不同的是，山姆会员店不玩高低价的促销游戏，更讲求价格的稳定，并注重通过商品本身的价值创造，打造大单品的营销策略，单品年平均产出过千万元。

第八，专业的采购团队。在构建商品差异化的道路上，山姆会员店的采购团队在业界以经验丰富、专业、学习和转化能力强著称，其对商品有着敏锐的洞察力和规划能力，对会员需求和消费行为有着清晰的认知，可以精准地从消费者的角度思考什么是会员需要的，怎样能为他们创造更多和更大的价值。在业务指标的考核上，除了销售、毛利、库存等基础指标，品类内的创新、差异化和引领市场也是追溯采购业绩和能力的重要方面。

（五）会员价值的创造

消费者来山姆会员店要先交会员费、办理好会员卡才能进入。有关为什么要收会员费，为什么只让会员进入，为什么品项比较少，为什么多是大包装等问题，山姆会员店在卖场内的宣传语给出了答案（见图 11 - 13）。

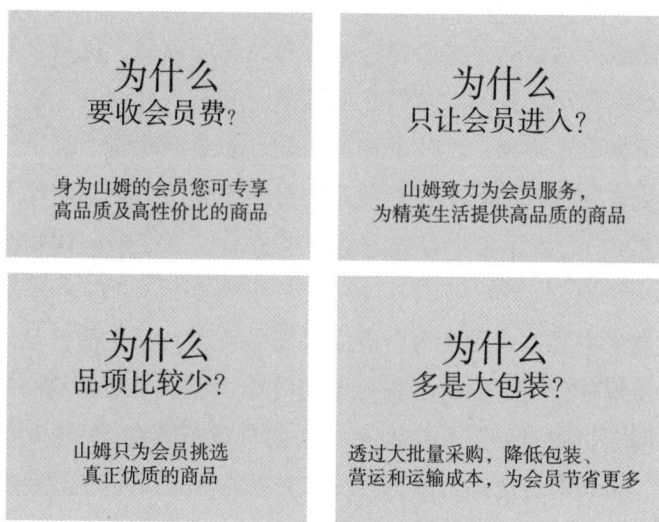

为什么
要收会员费？

身为山姆的会员您可专享
高品质及高性价比的商品

为什么
只让会员进入？

山姆致力为会员服务，
为精英生活提供高品质的商品

为什么
品项比较少？

山姆只为会员挑选
真正优质的商品

为什么
多是大包装？

透过大批量采购，降低包装、
营运和运输成本，为会员节省更多

图 11 - 13 山姆会员店在卖场内的宣传语

在坚持会员第一的理念下，无论是选择商品、提供服务，还是追求效率，山姆会员店都将为会员创造价值定义为存在的第一要素。此外，山姆会员店通过会籍数、续卡率、选购率、复购率、会员满意度等指标的实际表现，反向验证为会员提供的服务是否真实、有效。在会员价值的创造上，山姆会员店致力于提供舒适的购物环境、优质优价的商品选择、家庭式的购物体验，以及多元化的会员权益与服务。从零售管理的角度，如果过程指标管理好了，自然有好的销售和毛利等结果指标达成。

第一，舒适的购物环境。为了提供宽敞、舒适的购物环境，山姆会员店放弃商业利益，取消了通道上的堆头；为了安全性，建筑物内荷载承重至少3 吨；为了购物健康，山姆会员店的空调系统均有新鲜空气循环通风，还有卖场内使用的设备都以环保节能为首选。为了停车便利，选址时目标建筑必须配备千位数以上的停车位。为会员营造舒适和良好的购物体验，是山姆会员店一直追求的目标。

第二，提供优质优价的商品选择，节省会员的时间和试错成本。山姆会员店多年来一直把为会员开发差异化的优质商品作为首要任务，并持续在会员增长和满足会员不断变化的需求上苦下功夫，一句"优质优价在山姆"的承诺，最朴实无华地展现着山姆会员店为会员创造价值的态度。山姆会员店的采购利用全球采购资源，从世界各地甄选进口名优商品，同时来自国内畅销品牌的特制或专供商品、精心打造的自有品牌的商品、优质食材和独家配方相结合的自制商品、具有地域特色的商品、有机认证商品，以及黑科技潮品等，为会员奉上了丰富、优质的商品组合，彰显着稳重、高端、大气与独特的会员价值，而且有些产品在其他商场是买不到的，在山姆会员店顾客没有选择"困难症"，入手皆为好物，从根本上节省了会员的购物时间和试错成本。

山姆会员店主要追求的是为会员提供高品质和差异化的精品所创造的独特价值，这使得部分商品的价格有一定的门槛，但如果经营的商品在市场上有同类，山姆会员店对外宣导给会员带来的价值节省在 5% ~ 20%。除了价格上的节省，山姆会员店还可以为会员带来提前拥有商品的优越感和尊贵感。在山姆会员店，会员不用为今天买的商品明天降价了而顾虑，一方面，山姆会员店不玩这种高低价的游戏；另一方面，会员犹豫和等待降价时，商品可能已经卖断货了。因为专业，所以成本降低；因为追求为会员创造价值，所以把因专业节省下来的钱又投入商品的定价中。这就是山姆会员店的健康循环链路。

第三，山姆会员店倡导家庭式的购物体验，为一家老小营造美好的购物时光。在山姆会员店，会员不仅可以享受到宽敞、舒适的购物环境，在琳琅满目的货架间购物、试吃，也是山姆会员店一道亮丽的风景线。通过现场品尝，会员可以亲身尝试到各种免费的美食，会员可以与烹饪的技工交流加工的方法，而且可以减少试错成本，营造了山姆式的购物体验和购物氛围。以谷饲眼肉牛排为例，在深圳某店，一天下来用于试吃的产品成本 1 万多元，而带动的牛肉品类销售额则为几十万元，会员并没有辜负山姆会员店在经营上的用心良苦。

在健康中心，有专业的药师协助老人测量血压和血糖、试戴助听设备等，会员还可以检查视力，不仅专业，而且免费。在非食品区域，既有高端的家用电器，又有轻奢的小家电、服装、化妆品和家居用品等，而生活的易耗品则以大包装的形式尽情展示着品质与实惠。在食品区域，阵阵香味飘来，小朋友们流连在一个个的现场试吃展位，品人间美食，忙得不亦乐乎，相信他们长大了也会是山姆会员店忠实的顾客。

第四，多元化的会员权益与服务。为了满足高端会员对高品质生活的需求，山姆会员店在个人会员、商业会员的基础之上，对会员等级再一次进行了升级，新增卓越会员，卓越会员费为每年680元，拥有高端医疗、生活服务、网购免邮，以及积分返券等服务。除了来自商品上的会员价值，会员还可享受到会员卡在全球通用、免费送货、无忧退换货、爱心伞，以及享受联盟商户优惠政策的会员权益等。在山姆会员店，每年都有定期的会员回访，企业通过聆听会员的声音，为精准选品和精准定制会员服务提供决策依据。

第五，会籍经营。山姆会员店用了多年的时间潜心修炼，如今有效会员的总量突破400万人，续卡率一直保持在80%以上，这背后是强大的个人和商业会籍管理体系。

山姆会员商店中国业务总裁Andrew Miles表示：山姆会员店以会员第一的理念深耕中国二十余年，伴随着会员，不断追求更高品质的生活方式，树立了具有口碑的"山姆式"高端会员制体系。回顾这套会员制体系，我想应该是舒适健康的购物环境、是欲罢不能的消费冲动、流连忘返的购物体验、悉心和专业的会员服务与会员权益，是山姆会员店打动会员的点点滴滴的积累。

（六）追求效率，降低成本

相对于严谨的选品逻辑，以及对自有品牌精益求精的研发标准与要求，山姆会员店对效率的追求一直在前进的路上，向效率要利润，并将效率提升所节省的成本再投入到为会员进行价值创造上。山姆会员店对效率的追求主要体现在以下几个方面。

第一，对SKU数量的严格控制与管理，为山姆会员店的运营管理带来了极大的效率。相对于商超 5000 平方米的卖场动辄 2 万 ~3 万个 SKU 而言，在山姆会员店约 1.5 万平方米的卖场中，4000 个左右的 SKU 数量不仅使商品展示的视觉形象更加突出、销量更加集中，在商品订货、配送、仓储、陈列、补货、数据分析等各个业务环节都带来了工作量和管理难度的降低。这就如同 1 个老师带 50 名学生和 1 个老师带 150 名学生，在相同的时间内，无论是老师的工作负荷量、工作质量，还是学生得到的关注度、学习收获等，其结果都差异甚大。这或许就是"Less is More"（少即是多）的一种再现。除此之外，虽然门店面积和城市本土化开始多元化起来，但是山姆会员店的管理模式会保持各地门店在商品结构上的统一，便于采购有效管理。

第二，大包装商品，销售单位的规格大、数量多。会员制商场中，多数商品的销售规格和包装数量都是常规商超的几倍。比如，在商超中水果可以按斤称重购买，在会员制商场中就需要按袋或整箱购买；在商超中坚果的销售规格在 500g 以下居多，在会员制商场中则常以 1000g 的规格售卖，大包装商品可以提高周转率和销售效率，降低营运成本，同时降低了商品的包装费。

第三，PDQ（产品快速展示）包装陈列与 PDQ 带板运输和陈列。PDQ 包装通过对整箱商品的外包装箱或包装盒极简处理后，就可以呈现出商品的原样，并可以直接将整个包装箱或包装盒陈列在货架或卡板上销售。PDQ 的英文全称是 Product Display Quickly。PDQ 包装省却了员工拆装、上货、补货的烦琐流程，极大地节省了运营成本。PDQ 包装的商品按卡板订货，供应商运抵后，扫描卡板上的电子标签即可收货，然后用叉车带卡板入库或者陈列到卖场中即可，无须员工卸货甚至多次搬运和整理。卡板的规格可根据商品销量和陈列要求进行定制，如全卡板、1/2 卡板或 1/3 卡板等，这种方式给销售和陈列带来了灵活和便利性，同时提高了运营效率。

第四，生鲜商品的预包装。山姆会员店在生鲜品类上不断改良售卖方式，将散装售卖的商品改为预包装，部分商品由供应商直接包装，部分在收货后由生鲜技工进行二次加工和包装。预包装的售卖形式提升了商品的标准化程度，提升了品质和食品的安全性，在提升效率的同时降低了生鲜商品的损耗。另外，山姆会员店活海鲜改为预包装的冰鲜后，原来投在养殖、宰杀和清洁上的人力得到了极大节省，损耗的降低更是促进了生鲜毛利的提高。

第五，国内率先引进步入式冷藏库。这种冷库在美国被广为使用，对有温度要求的生鲜和日配类商品可以实现从运输、仓储到销售的全冷链管理，减少了商品从常规储藏冷库出来到冷藏展示柜之间的常温搬运次数和搬运时间，在提升效率的同时提高了商品的安全性、新鲜度和商品品质。

第六，用陈列图管理货架商品。山姆会员店对 SKU 数量的严控，以及不同门店间商品结构大同小异的属性，为陈列图的实施和管理提供了非常好的执行环境。陈列图可以通过对商品策略、销售业绩的分析，结合商品实际的尺寸和要达到的视觉陈列效果，为每一个商品规划出在货架上的陈列位置和陈列方式，为山姆会员店的各个分店提供了商品在货架上的陈列标准和指引，减少了员工主观和人为判断上的不一致性，提高了执行标准和效率。

第七，SOP 业务流程的标准化。山姆会员店对日常经营管理有一整套业务流程与标准的操作手册，为员工在执行工作的过程中提供参考，使工作标准、质量和工作效率都得到提升。

第八，采购会议简单高效。与很多企业天天开会有所不同，山姆会员店采购内部的会议非常少，除了经营策略、预算和品类回顾等策略性会议，常规会议每周只有一个"Buyer Meeting"，对上一周销售进行回顾总结、纠错、修正，并分享新品，就没有其他会议，采购因此有充足的时间专注在商品研究和开发上。

（七）数字化能力的提升

背靠沃尔玛强大且成熟的 IT 网络体系，山姆会员店在数字化转型和能力的提升上发力，科技部相继推出山姆网购、山姆京东旗舰店、山姆全球购、极速达和山姆 App，打造云仓，实现了实体门店、用户、库存互通的"三通"战略。在线下触达上，山姆会员店与达达、京东到家合作，解决零售"最后一公里"问题，实现线上线下一体化融合，以顺应全渠道的发展战略。在中台，针对全渠道订单服务、商品服务、库存服务、定价服务、促销服务、会员服务等这些场景的数据，做大数据整合和人工智能运算，更好地支持线上线下一体化融合。

笃行致远，山姆会员店在对会员定位、战略和经营理念坚定不移地践行中，为山姆这一品牌赋予了诚信、尊贵、品质、独特等积极的正能量标签。

随着对会员日益深刻的洞察能力和精益求精的管理水平不断提升，山姆也在组织、商品经营、门店运营、数字化和会员经营上锻造出了具有特色的核心竞争力，成为会员制商场的领军品牌。如何经营好现有的 400 万优质会员，如何吸引全国 6700 万中高收入家庭这一庞大的目标会员群体，如何通过精准服务和价值创造转化更多优质且高忠诚度的会员？在消费迎合、消费引导和消费教育下，山姆会员店依旧任重而道远，我始终相信持续修行中的山姆会员店，一定会给中国的零售业带来新想法、新创举，并引领行业不断升级与进步。

三、对山姆会员店后续发展的思考

2021 年，是山姆会员店进入中国发展的第 25 个年头，这一年无论是门店数量、销售规模，还是品牌影响力，都创了新高。山姆会员店成为行业学习的标杆和会员制的领军商场，但如期而至的，除了辉煌的业绩，还有中国零售市场竞争格局激烈变化，新生代消费人群崛起。是否能够继续超越自我、引领市场风向，如何巩固并扩大市场份额？山姆会员店进入了重要的决策时刻。

继 2019 年美国 COSTCO 在上海开出第一家付费会员店，两家具有相同国籍、相同基因、相同年龄，甚至经营理念都非常近似的会员制企业拉开了在中国的血战。新零售的代表企业盒马也打出"中国人自己的会员店"的旗号，接连在全国范围内开出了盒马 X 会员店。永辉、北京华联也都相继在会员店上发力，加上颇具商业会员经营优势的老牌会员制商场麦德龙，来自会员制商场的竞争越发白热化。

山姆会员店进入中国发展的二十余年，主流消费人群集中在"60 后""70 后"和"80 后"，随着新生代消费人群的崛起，"90 后""00 后"开始引领社会消费潮流，他们在消费内容和消费行为上都有着这个时代的特色与特征。因此，山姆会员店的第一个思考点是面对竞争与潜在的会员分流，如何守住差异化的特色并在会员价值上不断创新，如何面对新生代消费人群的崛起与会员增量的开发。

盒马 X 会员店的侯毅曾公开说明 X 会员店采用"抄、操、超"的策略，这种策略不仅有学习和借鉴已经成熟的外资品牌在会员店模式上好的运营经验的含义，也有在实践中探索和突出自有特色，最终超越的含义。所以在盒马 X 会员店，会感受到山姆会员店的元素，但同时盒马也做了非常多的有中国特色的改良和升级。特别是海鲜品类，在品种丰富和价格超值方面做出了盒马特色的品牌形象，商店的现场氛围和购物体验都为消费者所喜闻乐道。在 COSTCO 的卖场，奢侈品的品种和价格似乎更有品牌优势。COSTCO 的休闲食品仿佛把会员带到了零食的海洋，除了味觉上的盛宴，还有赏心悦目的彩色包装。麦德龙则发力商业会员的生意，以及产品动感的包装。相对于这些竞争对手，山姆会员店的第二个思考点是如何面对竞争对手的强势品类和优势，以及如何快速找出自身的短板并加以修正。

对于山姆会员店来说，曾经一起开疆拓土的将士们实战经验丰富、专业性强，但已渐进不惑之年，经营管理的重担渐渐向年轻的管理团队转移，他们有着良好的国内外高等教育背景，眼界宽、学习能力强，更加积极，敢想敢拼。因此，山姆会员店的第三个思考点是新老管理团队如何秉持各自的优势做好融合，持续探索和实践山姆会员店的成功路径，并将管理中心向年轻化侧重。

针对山姆会员店商品的大包装，一直都有消费者呼吁减少的声音，但山姆会员店强调大一点的包装更能为会员带来节省和更多的价值，同时能满足家庭的日常需求，多年来坚持不变的原因，一方面与会员定位相一致，另一方面是为了保证服务的质量。随着中国人口结构的变化，山姆会员店如果不能在早期争取到这些人口数量少的中高端收入家庭，他们也许会成为其他竞争对手的忠实顾客。山姆会员店的第四个思考点是当竞争格局发生变化时，山姆会员店是否愿意重新回顾过往的呼吁，为会员增量而作出妥协。

山姆会员店严控 SKU 数量在 4000 多个，一方面是坚持每个商品必须为会员创造价值的选品原则，另一方面是追求效率降低管理成本的一个重要体现。但品项同时为管理提出了一个更高的要求，那就是品项的更新迭代必须要快，才能让会员不至于产生购物疲倦感。因此，山姆会员店的第五个思考点是如何在保持商品快速上新和迭代的同时，仍能保证商品的选品价值和质量。

以上几点仅为我在回顾完山姆会员店成功的驱动要素后的思考，随着

时代的变迁，零售市场竞争格局的转变，山姆会员店也需要在变革中继续
向前。

注：本节在撰写中，参考了中国沃尔玛媒体中心对外发布的官方资料。

第十一章第三节　思维导图

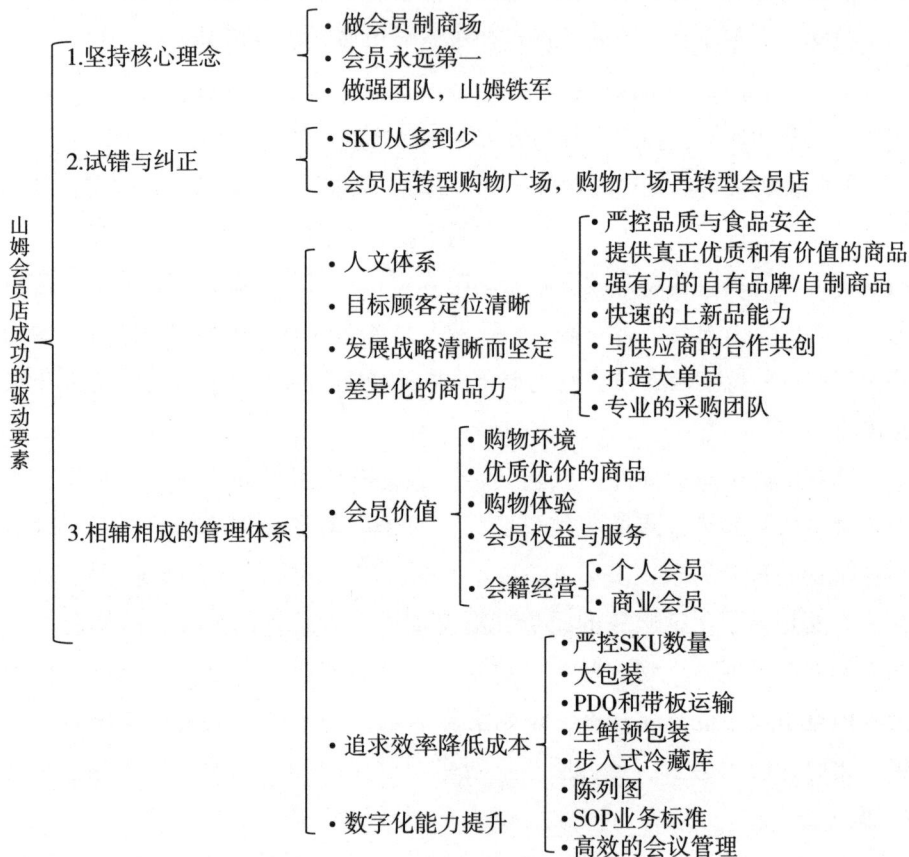

山姆会员店成功的驱动要素

- 1.坚持核心理念
  - 做会员制商场
  - 会员永远第一
  - 做强团队，山姆铁军

- 2.试错与纠正
  - SKU从多到少
  - 会员店转型购物广场，购物广场再转型会员店

- 3.相辅相成的管理体系
  - 人文体系
  - 目标顾客定位清晰
  - 发展战略清晰而坚定
  - 差异化的商品力
    - 严控品质与食品安全
    - 提供真正优质和有价值的商品
    - 强有力的自有品牌/自制商品
    - 快速的上新品能力
    - 与供应商的合作共创
    - 打造大单品
    - 专业的采购团队
  - 会员价值
    - 购物环境
    - 优质优价的商品
    - 购物体验
    - 会员权益与服务
    - 会籍经营
      - 个人会员
      - 商业会员
  - 追求效率降低成本
    - 严控SKU数量
    - 大包装
    - PDQ和带板运输
    - 生鲜预包装
    - 步入式冷藏库
    - 陈列图
    - SOP业务标准
    - 高效的会议管理
  - 数字化能力提升

附录　对实体零售企业数字化转型的思考[*]

什么是零售企业的数字化？

狭义的零售企业的数字化是指依托大数据、云计算和人工智能等技术，将零售链路上所涉及的商品信息、物流信息、交易信息和会员信息等变成可供计算机识别、分析、整合和优化的数据资产，用于影响零售管理中经营策略、业务规则和流程的建立，指导和纠正业务行为，实现降本增效和提升消费者的购物体验。

广义的零售企业的数字化是指零售企业在数字化时代背景下，在流量去中心化、交易线上化且基于数字化带来的商业透明化的场景下，建立起组织的快速迭代与创新能力，利用数字化的技术与人才，让第一曲线持续并保持存活，最终努力成功找到企业的第二曲线。广义的零售企业的数字化的本质是组织创新能力的快速迭代。

由于数字化是一个既可以很专业，内涵也可以无限扩展的课题，企业该怎么做？

要有战略和战略解码的能力。企业的数字化失败往往不是没有战略，而是无法对战略做解码。战略解码后输出的，是责权利清晰的组织，以及清晰的战略目标和目标达成的路径图。责权利清晰的组织是最低成本的保障，也是建立人才基座的保障。清晰的战略目标和目标达成的路径图考验的是系统性规划能力和全局思考能力，既有战略高度，也有对业务的精细化运营。

狭义数字化的第一阶段是系统的数字化，第二阶段是系统的智能化，两者在不同维度提效。智能化的必备条件之一是建立数据基座，通过数据积累和沉淀，使系统与决策更客观、更透明高效。

---

* 此文作者系汪晓波。

狭义数字化的一个重要条件是建立人才基座，是指有质量的人才和适合人才生存的环境。企业的数字化需要具有能让数字化人才存在和发挥作用的土壤，首先要能识人，其次企业自身要改良环境。

广义的数字化要求对企业文化做改良，以及明晰部门责权利。抛开人才自身的因素，人才如果不能适应，其一是土壤本身的问题，包括缺失可坚定信仰的文化，鼓励创新的氛围、开放式的沟通等；其二是责权利不清晰，责权利不清晰，就容易产生推诿、不承担责任等内耗现象。

对大部分零售企业，数字化如果失败，往往是以上内容没有做好。追求决策的稳妥正确，与决策的速度同样重要，二者的平衡非常关键。数字化最终考验的是企业的定力，其所需的时间取决于高管的认知改变速率。经常性头脑风暴、参与行业会议和与高手过招，往往是改变认知的好方法。数字化的时代背景是商业环境的快速变化、技术的快速变化，要求企业具备快速革新的能力。数字化的终局则是组织能长出这种快速革新的能力。这种能力进一步具象，就是高管的认知能力，以及部门间的高效协同能力。

如果读者对以上内容有感，欢迎继续读下去，我会进一步娓娓道来。

第一，最低成本的快。

财经图表网站 Visual Capitalist 对近现代以来的重要发明做了一个盘点，来统计各项技术发明达到 5000 万用户时所需的时间。数据显示，飞机、汽车、电话等代表的技术要达到这一用户规模，至少需要 46 年；信用卡、电视、计算机等代表的新技术革命的产品需要 12～28 年；而到了互联网技术，如 Facebook、微信、Pokemon GO 等，用户累积到 5000 万名，平均只用了 3 年、1 年和 19 天。处于互联网时代的我们，正面临非线性、指数式的发展，这是当今时代的一个特征。

毫无疑问，这种非线性、指数式的变化给企业带来了巨大的机遇与挑战。数字化本质上是企业在当今时代面对机遇与挑战的变化时能快速适应并生存下去的能力。

首先，企业是否能捕捉到环境和时代变化的信息？比如，当消费者受限于到线下门店购物，变得更愿意去看小红书、更愿意刷抖音，企业能否提前预测并感知到，还是等竞争对手已经做好准备并有所行动了，才不得不面对这种改变？

其次，企业是否可以快速适应新的环境，并快速培养适应新环境的新能力？新的能力包括业务能力与技术能力，如何让组织快速生成可以适应新环境的能力？如何最小成本投入？组织如何设置才能让这种能力的成长速度变得更快？如何迭代？如何在新的环境下管理？这些已成为企业是否能顺应时代变化继续成长的关键。

企业数字化转型，在非线性变化的时代下，真正考验的并不是企业的技术和数据能力，而是企业用最快的速度迭代和改变自身的组织能力，是如何用最低成本创新、持续发展，并最终适应新环境的能力。最低成本的快，是数字化的核心路径。

最低成本的快的前提是有清晰的目标，两者互为因果。

清晰的目标体现的是企业的认知能力，不是一个人的认知，而是一群人的认知。企业改变的速度往往取决于一群人认知改变的速度。为什么说企业的认知是产生清晰目标的动力？就是因为认知带来的判断是在最合适的时机能找到最佳平衡点。这个平衡点的产生，能为企业带来最低成本的快。

以时下流行的实体零售的私域运营来说，设置清晰的目标，至少要解决几个问题，那就是到底什么用户是优先并重点发展的群体，利益机制如何设置，商品如何定价。

以利益机制设置为例，又需要讨论在产生销售的过程中，提供货的一方更重要，还是产生销售的一方更重要；如何平衡两者的利益关系使得全局最优；定价角度不同的角色主体，在定价这件事情上，对企业的最佳利益到底是什么；以用户来说，变成我们的好友重要，还是变成我们的群用户重要；不同阶段下的比例关系什么是最佳的。只有想清楚这些问题，并在企业内达成共识，才可能设定出清晰可行的目标。

没有想明白根本目的与方向的决策，哪怕看起来很快速，执行也很到位，但给企业带来的则是更慢的数字化速度。从行业里寻找有正确高认知的人才，也许只是人力成本的内容。如何使正确的高认知拓展到企业的一群人，变得异常困难。如果其中一个或多个关键人物的思维很难改变，基本会使得企业试图变快的能力变得缓慢。

真正留给老板的问题是如何让团队快速建立这种认知。找到关键问题，并不断与团队头脑风暴，最终做好关键问题的顶层设计。与所有核心管理层定期高频次头脑风暴，哪怕没有结果，也会逐步触达根本问题的本质，这是找到清晰目标的重要方法。

第二，目标与战略解码的重要性。

对老板而言，找到能树立远大宏伟目标的高级管理者并不难，真正难的是能树立大目标，同时能将大目标拆解成不同模块的小目标，并把目标落实到每件具体的事情上，驱动团队跨部门的协作和执行以实现目标。

战略解码中各个模块的中间层则需要有责任心、有担当、对事不对人的项目经理或产品经理，他们不仅懂业务，也懂技术，同时有跨部门协作的经验。这样的中间层需要了解自身的企业，也需要有冲劲与好奇心。这个中间层的存在是企业巨大瑰宝与核心竞争力，他们是企业要持续挖掘和重点培养的人才。

在企业数字化过程中，最缺的是可拆解、可落地、切实可行的目标和目标达成的路径，这需要对整个市场宏观判断，需要对自身企业能力深度了解。目标的确立也意味着战略解码的完成，因为目标是基于战略解码推出来的。

数字化是否成功的深层次原因，本质在于组织能力以及企业文化问题。IDC此前对2000名跨国企业CEO做了一项调查，传统企业数字化转型的失败率依然在70%~80%。这么高的失败率本质是企业的组织能力与企业文化很难适应数字化时代快速迭代的要求。

目标的合理设置、组织能力的建设、对事不对人，以及创新的企业文化，必当落入企业CEO的肩上。如果CEO是职业经理人，则需要老板共同参与。数字化转型是"CEO工程"，老板的认知最终决定了数字化转型的成功率。

第三，责权利清晰的组织是数字化转型的核心保障。

权责不清是组织设置中常见的问题。很多企业都会认为自身的权责非常清晰，部门A负责这些事，部门B负责那些事，似乎这样权责就很清晰了。事实上，数字化转型的每个小项目都往往不是一个部门闭环可以完成的，成功的关键在于项目中相关岗位的授权、责任和利益清晰，跨部门协作顺畅。

比如，企业老板希望零售的采购部门，利用数字化工具来做商品采买，这就需要数据团队配合提供数据，需要技术团队在系统里面改变流程并完成开发，需要市场团队提供会员的营销信息等。采购部门的负责人是否得到足够的授权来调动这些团队的支持？在安排工作的时候，如果调动不了资源，或者只是表面上调动了资源，商品采买的数字化转型是很难实现的。

授权不是给一个职位，或者宣称谁负责某件事情，而是要匹配对应的资源。否则，给的就是虚权，而一旦缺乏实权与资源，就很难确保目标的达成。在这种情况下，活干得越多，出错的机会可能也越多。于是企业文化也变得越来越保守，能不出头就不出头。这样的环境下，企业的数字化转型与创新是很难实现的。

建立一个权责明晰的高效技术组织，企业不同部门与角色之间呈现的相关性如图1所示。

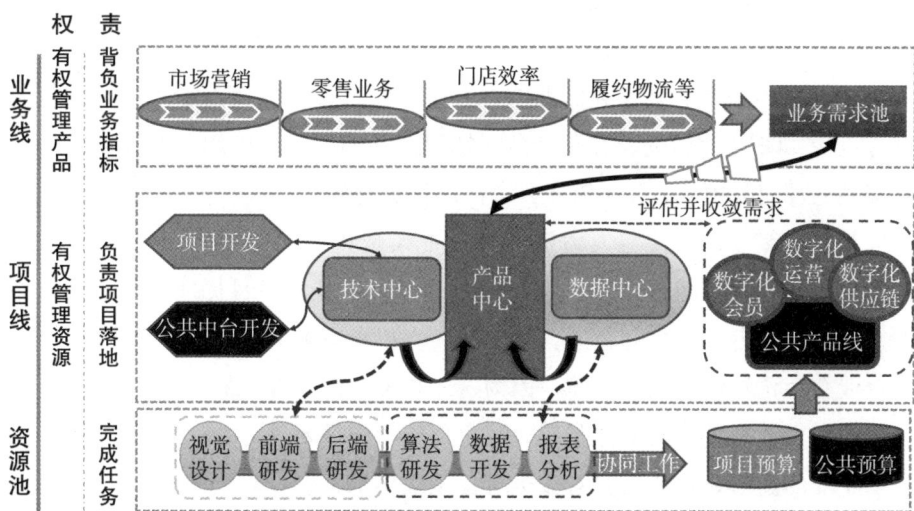

图1　权责明晰的高效技术组织示例

企业经常赋予某个业务负责人某项责任，比如，某商超要求自有品牌负责人把企业的自有品牌业务增长10%。为了完成这个任务，自有品牌的负责人需要产品技术资源的支持，在小程序里配置自有品牌的频道和对应的功能模块，但这个部分是会员项目的负责人来管理的。如果自有品牌负责人的方案与会员项目负责人的方案出现了差异，如何处理？这种矛盾在很多企业都是屡见不鲜的，那如何避免这类权责不清的情况呢？

数字化转型项目的复杂度，在于每个项目其实都有跨越边界的可能性。为此，就要将这盘大棋划分好边界与领域，并找到第一负责人，赋予权责。对于边界之间的灰色部分，也要尽可能做到清晰明了，讲清楚主次，并设定好沟通渠道，避免无效的内部消耗。特别要避免为了追求部门的平衡人为使一些权责变得模糊不清，这会直接导致企业资源与效率的损失。

数字化的本质就是通过数据让一切更透明、更高效。至于第一负责人是否合适，需要建立跟踪反馈机制。首先，疑人不用，用人不疑。其次，定期复盘，做对人的复盘、对做事方法论的复盘。跟踪的不仅仅是结果，也是过程。如果负责人具备专业性、逻辑性、对事不对人的特征，即使短期内没有明显的产出，也应该更多包容，因为创新本身是低概率的成功事件。

OKR（目标和关键成果）制度的建立，明确了企业和团队的目标，以及衡量每个目标是否完成、关键结果是什么，这可以使跨部门的责权变得更清晰。但千万别以为引入 OKR 制度只是弄几个软件，然后大会上说一下就可以了。OKR 的本质是企业文化的改变，是企业做事方式的重大变革。数字化转型过程中，OKR 比较适合在跨部门、知识性强的部门中使用。对大部分劳动密集型的部门与模块，KPI 依然非常适用且更有效。

某种程度上，老板与人力资源的负责人是数字化转型项目成败的关键，他们是权责利制度的设计者、是组织的设计者、是最终目标的设计者、是企业文化的设计者。一个创新的、自驱的、责权利清晰的、对事不对人的团队，是企业数字化转型的核心保障，因为这才是第一性原理中的"一"。

第四，数据基座与人才基座对数字化转型的重要性。

企业的高级管理者需要对数据具备基础知识，会看数据，不见得懂数据。真正懂数据的管理者，至少要对数据有以下几点认知。

其一，数据的应用至少有四个层次，即透过数据能了解客观发生了什么、能分析出为什么发生、能预测未来可能会发生什么，以及构建未来的战略。

绝大多数的企业只停留在第一个层次，即透过数据能了解客观发生了什么。形式往往是各种报表，报表多而杂，大部分报表都是同一类数据（进销存）的不同函数或同一个函数下的不同参数，但可能出自不同的口径。而看的人也因为职位不同、部门不同，对不同的报表数据有不同的根因解读，这导致讨论数据本身不在一个语言体系里面。

如某连锁商超，采购部门有自己的数据报表分析师，营运部门和财务部门有自己的数据报表分析师，不同的地区办公室也有自己的数据报表分析师，总部还有数据中心。每个部门每周都用自己的报表解读业务，其取数的逻辑和周期不可能都相同。于是，对统一数据口径的关注，超越了做数据报表的初衷，即如何分析原因，以及改善行动。

如果读者所在的企业也存在相同的问题，首先需要做的是统一报表语言，对相似的数据口径或字段用同一个函数、同一组参数来计算。学会做减法，而不是增加更多的报表。

其二，管理者对数据源要有基础的理解。

数据产生于各种场景，主要有内部场景与外部场景。对于大部分传统零售企业来说，内部场景下的数据往往都是进销存数据。这些数据有个特点，数据量相对于互联网企业来说其实很小，但随着企业开始进行数字化变革，尤其是会员数字化相关的工作会越来越多积累顾客的行为数据，而这些数据则是海量的，也对数据中台、大规模的数据处理与计算有了新的运用需求。

管理者一定要知道，涉及顾客的个体行为数据都是受法律保护的。因此，这类数据都不能用于交易或交换，不要认为可以通过外部获得所谓的个体标签和个体数据，这些都是不靠谱且容易触及法律的。

很多企业启动了数字化基建，积累了很多消费者的行为数据，却不知怎样有效利用，原因是缺乏可以将这些数据与业务相结合起来的业务技术人才。企业管理者需要了解自身的基础数据是否已经存储了消费者的行为数据，如果已经存储了，这些消费者的行为数据是否已经在业务上有实际的应用，以及怎样运用。消费者的行为数据如果不能给业务规划带来参考，就是一种浪费。

除此之外，企业的管理者还需要知道通过外部可以获得什么数据。外部的数据往往有四类，即 SDK 厂商的数据、BAT（百度、阿里巴巴、腾讯）等大厂数据，三大运营商数据，以及其他渠道的数据。这部分数据中的公开数据，可以通过爬虫获得。

其三，管理者需要建立起数感。

什么是数感？数感就是了解数的大小。了解数的大小是为了知好坏，并基于好坏采取行动。比如，告诉你某家企业的平均毛利率是 30%，问你这家企业到底好不好？你可能很蒙，那是因为你不知道 30% 到底算好还是算不好。但如果告诉你 A 股所有企业的平均毛利是20%，这时候你是否知道30%是好是坏呢?

在企业中，经常会出现类似这样的数字。数字到底是好是坏，是基于比较得来的，这种比较会来自历史与经验，同时需要建立自己的数感框架。这样一旦关键数据发生变化了，就能警惕，知道好坏，并对于好坏的数据有某种决策行为。数感体系越完备，越会发现数与数之间有极强的关联性，并以此审视数据，找到矛盾点。这种矛盾点的出现往往是数据报表的疏漏导致的，或者出现了新的机会或风险。一个具备数感的管理者会有极强的逻辑性，以及对企业经营数据超强的敏感度。这对数字化转型企业的高管，提出了更高的数据能力要求。

数据基座要求企业的管理者建立以上三点认知，并基于认知有适合的行动。包括数据的四个层次应用、内外数据源的管理与使用，以及建立基于数据的数感体系。知数据好坏并迅速决策，是数字化时代管理者的核心竞争力。

除了建立数字化的数据基座以外，建立数字化的人才基座对企业也至关重要。什么是数字化的人才? 数字化人才的能力要求究竟是什么? 我列举了尽可能多的特质，然后通过做减法后发现，数字化人才最核心的能力是逻辑性强、足够专业、开放协同。

一是逻辑性强。

数字化人才的思考路径往往是基于理性的，理性意味着数据与推理。逻辑性强的数字化人才往往具备几个特点:

• 能迅速找到问题的重点，理解事情的大小，并基于大小选择最佳的路径。

• 上传下达非常畅通。领导能快速理解其意图，下属能高效执行其指令，一切简单明了。

• 并行处理效率高，可以同时有条不紊管理多个项目或者处理多件事情，是极强的时间管理大师。

• 遇到问题，会基于合理的假设预期，思考可能的结果，并对未来的前景作出预判。会有很强的 Plan A 与 Plan B 的并线计划，且预设的结果都考虑非常完备。这是逻辑性强的典型体现。

二是足够专业。

大部分时候，我们对专业的深度比较容易考察，对专业的广度往往很难发掘。数字化人才需要做到像乔布斯说的那样，之前的专业经历，都是一个个有趣的节点，在某个时候，似乎都有了很多关联。真正专业的人不仅有深度，也有广度，在打通部门壁垒、跨越不同专业工作的时候，可以用彼此的语言去沟通，极大地提升效率，以及提升最终事件闭环的准确度。

专业是要付出极大的精力去学习的，也注定需要极强的好奇心，耐得住寂寞，同时对万事有好奇心。腾讯有个概念叫作"微创新"，数字化时代要的创新，往往不是要做那种开天辟地的事，更多是将很多点结合起来，形成一个新的适应企业执行的方案。因此，对专业的要求是多元且切合实际。

三是开放协同。

这是隐含在冰山下的特质。如果由缺乏开放协同精神的人来扛数字化的大旗，则该企业的数字化转型很难成功。如果不能做到开放协同，就意味着遏制创新，很难客观处理跨部门之间的协作事宜，内部协作不顺畅就容易形成企业内耗，这对企业是非常危险的。

第五，从研究商品延伸到研究消费者。

零售的根本是商品。如果要更好规划商品，就必须清楚了解消费者及其需求。大部分企业最大的短板往往不是对商品的研究，而是对消费者的研究。试想下自己的企业，有多少分析和研究商品的报表，又有多少分析和研究消费者的报表？很多企业对消费者的研究往往是不及格的。

我曾有一次参加一个零售企业的会议，台上老板不停地重复用户心智，要以消费者为核心云云。然后布置工作的时候，依然是商品应该怎么配、市场部应该从采购那边要什么资源、营运部应该怎样执行等。相当一部分的零售企业讨论商品时是带有惯性思维的，消费者研究只是一个时髦词，大部分人还不知道怎么去研究消费者，或者不知道怎样把研究结果应用到为业务规划提供参考上去。

为什么要研究消费者？那是因为市场发生了很大的变化。我们从一个缺衣少食的时代进入了物品极大丰富的供过于求的时代。消费者有太多不同的选择，而研究消费者就是为了找到那个杠杆，达到利出一孔的效果。研究商品的本质是为了提升零售效率，研究消费者的本质则是为了达到人货匹配，用更合适的商品去撬动合适的人群，达到寻找目标客户的成本更低、商品的流转效率更高的目的。

对于本身有 C 端顾客的零售企业，要如何去研究消费者？我有以下几点建议供参考。

其一，建立 C 端的数字化产品矩阵，并做好数据埋点工作。

最常见的做法是开发 App 或微信生态的小程序，在软件中植入用户埋点，并收集与整理数据。如果是在其他公域平台销售，也可以与其建立合作关系，并基于对方开放的接口，收集对应的消费者行为数据。这些浏览、点击、评论数据，对研究消费者的行为非常重要，也是大部分研究消费者数据的企业的重要数据来源。

其二，重视客服体系的搭建。

除了终端的员工，面向消费者重要的窗口单位就是客服部门。客服部门是了解消费者售前、售后信息最直接和重要的窗口。客服部门可以直接以问卷或电话连线的方式，收集客户对产品、服务、流程等一系列问题的观点与看法。这些数据与信息是最直接也是最有用的小数据集。

某商超利用其数字化会员的年龄和性别两类标签数据去关联其订单行为数据，计算出 TGI 值（Target Group Index，品类与人群标签的相关性）统计人群标签与不同品类的相关性。然后，基于相关性的强弱与对应的门店定位，给出陈列品类的定位与大、中和小版的选择，取得了不错的效果（见表 1）。

表 1　　　　　　　　　　　　　品类与人群标签的相关性

品类	陈列品类 ID	陈列品类	对标店群平均 SKU（件）	对标店群平均板型	板型商圈配置	年龄对比 TGI				性别对比 TGI				
						波士顿矩阵分布象限（金额、增长双高＋，双底－）	青年（30岁及以下）	中年（31~40岁）	中老年（41岁及以上）	男	女	建议板型	建议板型等级	陈列品类定位
非食	1241	压力锅	10	T	常规	*	*	*	＋＋	*	*	T	常规	高销高毛
非食	1242	蒸锅	11	T	常规	*	*	*	＋＋	*	*	T	常规	高销高毛
非食	1243	汤锅奶锅汤煲等	18	T	常规	*	*	*	＋＋	*	*	T	高端	高销高毛
非食	1244	炒锅	15	T	常规	*	*	*	＋＋	*	*	T	常规	高销高毛

续 表

品类	陈列品类 ID	陈列品类	对标店群平均SKU（件）	对标店群平均板型	板型商圈配置	年龄对比 TGI				性别对比 TGI			建议板型等级	陈列品类定位
						波士顿矩阵分布象限（金额、增长双高+，双底-）	青年（30岁及以下）	中年（31~40岁）	中老年（41岁及以上）	男	女	建议板型		
非食	1245	锅具套装	18	M	高端	*	*	*	++	*	*	M	常规	高销高毛
非食	1246	锅具配件	25	T	常规	--	*	*	++	*	++	T	常规	高销高毛
非食	1247	烧水壶	15	T	高端	--	*	*	++	+++	++	T	常规	高销高毛
非食	1251	厨房用具	48	T	常规	++	*	*	*	*	*	T	高端	高销高毛
非食	1252	厨房杂件	55	T	常规	++	*	*	*	*	*	T	高端	高销高毛
非食	1253	调味盒/罐	40	T	常规	--	*	*	*	*	*	M	高端	高销高毛
非食	1254	刀具/砧板	40	T	常规	++	*	*	*	*	*	M	高端	高销高毛
非食	1261	清洁小件	44	T	常规	++	*	*	*	*	*	L	高端	高销高毛

这是基于用数据获得不同人群对于不同品类的喜好进行业务选择和判断的，减少了采购的主观性，增加了客观性，因为大数据更懂消费者。

在数字化转型中，需要企业里负责业务的团队能提出符合业务背景的需求。比如，业务团队希望用更合理的数据来驱动品类在门店的空间分配。在传统的做法中，超市空间管理部经常会利用不同品类的销售数据。来确定门店所需要的品类大、中和小板型。如果业务团队能提出类似的需求，企业的技术团队就可以尝试朝这个方向努力和创新，去落地业务团队提出的需求。在很多企业都客观存在着数字化转型中一个尴尬的现实，就是业务团队提不出数字化的需求。这就好比马车时代提不出造汽车的需求。造汽车的需求是工程师提出来的，并不是用户提出来的。

从技术角度，业务团队如果提出了需求，怎么去实现也是个问题。比如，企业的订单数据中是否有会员信息？能否获得会员的画像标签？这两个基础数据建设在很多企业并不具备，如果创新的基本原料都没有，就无法谈满足需求了。这部分就需要企业本身有一个能提供基础数据的团队，而这对于很多企业也意味着新的配置与投入，在潜在收益不明朗的时候，很多企业是不愿意投入成本的。

假设企业有这些基础原料，由于目标是实现"一店一配"，就需要对店铺做定位标签配置。比如，需要了解这个店铺周边的年龄结构，得出这个店铺的画像是不是社区店（老年人为主）、是不是学校店（年轻人为主）等，店铺的定位标签是人工收集还是大数据来建立规则并给出？如果有几百家店，又如何能清晰了解店铺人群定位？这个部分取决于企业早期对店铺定位的数据是否准确，这部分工作是否有缺失？

当我们有了基础的会员数据，以及对应的人群标签、有了店铺定位（基于年龄、收入、其他人群特征）、有了订单数据（关联品类与人群特征），我们就要思考如何建立关联性的矩阵列表，用的方法论是什么。在这里面，可以借鉴波士顿矩阵，基于品类的金额与增长，建立波士顿矩阵的象限，来确定品类的发展策略（增长、维持、缩小）。同时，又可以借鉴品类与人群标签的相关性（基于 TGI 来计算），来确定在这个店铺是否对某个品类有额外的加成系数，最终来确定品类。最后，与业务团队不停打磨算法，参考合理性，才能真正落地到具体的场景。

这个例子想说明的是，数字化转型中任何创新的出现其实是非常不容易的。首先，业务要提出需求（这对业务团队就有了很高的要求，这好比马车时代要求他们提出造一辆汽车的需求那么难）；其次，为了实现需求，企业本身需要有很多基础建设（如这里面的会员数据，以及会员数据关联到订单，这种基建都是需要早期积累的）；再次，技术团队需要有足够的专业广度和深度，知道选择合适的技术来实现目标（需要了解营销中的 TGI 方法是什么、了解波士顿矩阵是什么，而且能快速使用工具，比如 Python 来完成最小可行性闭环的产出）；最后，得出的产品方案需要跟业务团队不断打磨迭代，用结果反馈不断改进和优化方案。其中任何一环出现问题，这件事都不可能有结果。

针对能提出创新的需求（马车时代提出汽车的需求）、跨部门和谐沟通（业务部门与技术部门深度互相合作）、数据与技术的基础建设到位、技术上的专业性可以真正跨领域找到最佳实践方法这四点，如果要说最重要的部分是什么，业务团队能提出在企业可以落地的创新需求，应该是最难的部分。到底业务团队往技术领域走一步，还是技术团队往业务领域走一步，不同企业的选择是不同的。以我的经验，技术团队往业务领域走一步会比业务团往技术领域走一步容易并可行得多，且存在很多成功的案例。但与此同时，对技术管理者的要求变得异常高。

第六，数字化转型离不开消费者运营。

相当一部分的企业在数字化实践中绕不开消费者运营的问题。以下的提问是写给老板或企业的高级管理者的，也许能帮助大家少走些弯路。

是否明确好消费者运营的各方权责范围？

消费者运营的直接结果是销售，企业是否明确销售的负责人？一人还是多人？一个部门还是多个部门？如果是多头，为了达成销售目标，必然染指消费者运营，并需要更多的资源，如产品技术资源、消费者流量资源等。这种关系是网状交叉，还是已经分配好大致的边界范围，并定好相对清晰的责权主体与规则？如果这些规则都是默许或灰色的，内耗存在是必然的。管理者最好不要把内耗当成一种平衡，内耗就是内耗，耗完了企业就没了。

是否明确消费者运营的终局目标是什么，以及知道企业处于消费者运营的哪个阶段？

企业对消费者运营的终局应当有清晰的目标。以社区团购的消费者运营为例，目标都是通过小区团长获得流量入口，通过低价最终将消费者引入App，并培养成最终的自然流量。为此，在前期付出了 10% ~ 15% 的佣金成本给团长，并用大量的低价菜吸引顾客，终局就是把顾客引入 App 成为自然流量，后期将团长变成履约端的员工。这样的业务终局，早在这个业务开始前就已经被规划得很清晰了。

作为一个企业，需要思考消费者运营对该企业来说终局是什么？以及目前处于什么阶段？这个阶段的最大短板是什么？如果明确了终局目标，这条路上就少了很多障碍，因为任何的行动都可以用目标为准绳来评判。

是否重视技术的重要性？

消费者运营是个业务话题，但数字化时代消费者运营更多是个技术话题。在国外，相当一部分消费者运营的负责人是技术出身的首席增长官。因为消费者在数字化时代已然变成了一个个数字化 ID，变成了可以通过技术跨越空间、时间接触的主体。这里面有相当一部分工作范畴是传统的营销线负责人无法理解的，哪怕他们很努力，还是会有相当一部分真空。另外，技术虽然跟钱有相关性，但不是花钱就能得到的。重视产品技术与业务的结合，单点聚焦才能真正发挥价值。

是否知大小，并学会做减法？

这几乎是最难的一条，因为其本质需要足够的专业性。消费者运营可以是个无限延展和无穷选择项的话题，而很多选择问题对企业基本是陌生的。盲目选择大而全，不仅会耗光企业的资源，更重要的是耗光企业的时间。找到问题的重点，学会做减法，是消费者运营中必须谨记的要则。在你不确定是否找到了关键问题的时候，不要盲目扩大消费者运营投入，因为绝大多数可能是打了水漂，但如果能从水漂中积累经验，还是值得的。

核心决策是如何完成的？

第一种方案，找高手（无论内部提拔还是外部空降），给权、给资源，高手按自己的逻辑，努力联合其他相关方，雷厉风行地执行。运气好的时候，高手的目标方向符合时代的大盘，虽然期间也会有曲折，但对企业来说还是得到了相当程度的良性改变。但是，如果高手的方向不对或是高手的方向是对的，但是带不动其他资源方怎么办？再比如，是否有给这个高手足够的时间来等到良性改变的出现？还有企业真的能给这个高手足够的资源，还是只给了个帽子？

第二种方案，集体作战方案，就是所有的相关方的负责人都集中起来对关键问题集中决策，不断头脑风暴，最后达成相对共识后，执行落地，且最终对企业有了相对良性的改变。但是，相关方的所有人的认知并不完全在一个维度，要达成一致会很困难，尤其是针对很多的细节。集体决策机制最容易产出相对稳妥和正确的决策，缺点是效率低、决策速度慢。决定企业命运的不全是方向，慢也会失败。

企业到底选择第一种方案还是第二种方案呢？这取决于老板的识人能力。第一种方案就是赌，第二种方案虽然稳妥，但也许会因慢而失败。最佳策略是两种方案融合，在建立责权范围的基础上，部分决策由相关的第一负责人进行，而有些内容通过头脑风暴来集体决策。

企业在数字化进程中需要建立数据基座与人才基座。其中的数据基座要求企业对数据的不同维度有足够的认知。人才基座要求企业具备数字化人才的挖掘、培养、储备和学以致用的能力。在目标透明清晰、战略可解码和落地、责权利清晰、数据认知充分、数字化人才充足这些条件下，基于最小可行性闭环的做事原则，来寻找每个阶段的最大短板，并联动完成创新的产品与应用，生成新的适应环境的能力。

我在前文主要对数字化的核心要求、组织的权责利设置的重要性、如何产出清晰的目标并战略解码、什么是数字化的数据基座与人才基座，以及如何利用内外的数据建立创新性的应用等做了探讨。最后总结了下面的观点，供企业在数字化战略上参考。

数字化本质上是企业面对环境的剧烈变化，能快速适应并存活下去的生存能力。如何在相对最低成本下，建立快的能力，是数字化的终极探讨。

能否有清晰的目标体现的是企业的认知能力。认知带来的判断不是选择，而是知大小，并在最合适的时机，能找到最佳平衡点。认知绝对不是一个人的，是一群人的。大部分企业的慢，来自认知的扩张速度慢，及因此带来的决策茫然性。

快速建立团队认知的方法之一，是老板与所有核心管理层定期高频次头脑风暴，哪怕没有结果，也会逐步触达到根本问题的本质，这是找到清晰目标的重要方法。

在企业数字化过程中，最缺的是可落地、可拆解的可行性目标确立。因为可行性目标的确立，需要对整个市场宏观判断，需要对自身企业能力深度了解。目标的确立也意味着战略解码的完成，因为目标是基于战略解码推出来的。

"高层要的是权、中层背的是责、基层看的是利"，貌似清晰的责任，实际上是企业把责任都给了不同的人，每个人都认为自己背负了责任，需要获得更多的资源，并因为做事的方法不同出现竞争与内耗。数字化转型项目的复杂度在于每个项目其实都有跨越边界的可能性。为此，要将这盘大棋的大部分确定好边界与领域，并找到第一负责人，赋予权责。对于边界之间的灰色部分，也要尽可能清晰明了，并讲清楚主次，避免内耗。

数据的应用至少有四个层次，即透过数据能了解客观发生了什么、透过数据能分析出为什么发生、透过数据能预测未来可能会发生什么，以及透过数据来构建未来的战略。绝大多数的企业只停留在第一个层次，即透过数据能了解客观发生了什么，而形式往往是各种口径不一的报表。报表多而杂，大部分报表都是同一类数据的不同函数或同一个函数下的不同参数。

数据基座要求企业的管理者，基于认知有适合的行动，包括数据的四个层次应用、内外数据源的管理与使用，以及建立基于数据的数感体系，知数据好坏，以及迅速决策。

数字化人才最重要的能力是确定逻辑性强、足够专业、开放协同。逻辑性强表现在遇到问题会基于合理的假设预期，确定可能的结果，并对未来的前景作出预判，往往会有很强的并线计划，预设的结果都考虑非常完备。专业性表现在多元且切合实际。数字化时代要的创新往往不是要做那种开天辟地的事，而是将很多点结合起来，形成一个新的并适应企业执行的方案。开放协同是隐藏在冰山下的特征，如果不能做到开放协同，就意味着遏制创新，很难客观地处理跨部门之间的协作，内部协作不顺畅就容易形成企业内耗，这对企业是非常危险的。

大部分企业的最大短板往往不是对商品的研究，而是对消费者的研究。在数字化时代，对消费者的研究真的不能只是一个时髦词。

在很多企业都客观存在着数字化转型中一个尴尬的现实，就是业务方提不出数字化的需求，这就好比马车时代提不出造汽车的需求。造汽车的需求是工程师提出来的，并不是用户提出来的。

消费者运营可以是个无限延展和无穷选择项的话题，而很多选择问题对企业基本是陌生的。盲目选择大而全不仅会耗光企业的资源，更会耗光企业的时间。找到问题的重点，学会做减法，是消费者运营中必须谨记的要则。

集体决策机制最容易产出相对稳妥和正确的决策，缺点是效率低、决策速度慢。决定企业命运的不全是方向，慢也会失败。

在明晰权责范围的基础上，重大问题集体决策，权责范围内问题部门第一负责人决策，两者糅合应当是最佳实践。

向数字化转型对企业充满着诱惑，如果转型成功就获得了新的能力，突破自己的第一曲线，并建立企业发展的第二曲线。但也会出现耗费了财力、物力和人力，数字化转型在企业却难以落地和见效的现象。

希望我的这些观点和文字，能帮助读者厘清数字化转型背后的困惑，能让大家找到适合自己的路。

本书作者注：

本文作者汪晓波老师，现任某运动服饰品牌首席数据官，曾在国内外多家知名零售、电商、金融等企业从事研发技术、数据模型、数字化转型、营销和用户运营增长的工作。其同时拥有多个专业的硕士学位，对不同行业、不同业务的数据、技术都有较深刻的理解。

晓波老师是为数不多的技术专家、数据专家，还是熟知业务的专家。每次向他请教技术问题，都感觉是一场酣畅淋漓的业务交流，他对零售业务的深刻认知总是让我联想到一句话：业务专家中最懂技术的，技术专家中最懂业务的，非晓波老师莫属。

本文特邀请汪晓波老师撰写，为读者剖析影响数字化转型成败的关键要素，希望能给读者带来思考和收获。